DATE DUE

Demco, Inc. 38-293

ENSAYOS SOBRE ICONOGRAFÍA

VOLUMEN II

OBRA DIVERSA

Ensayos sobre iconografía

VOLUMEN II

Carmen Aguilera

INSTITUTO NACIONAL DE ANTROPOLOGÍA E HISTORIA

Aguilera García, María del Carmen, 1929.
Ensayos sobre iconografía / Carmen Aguilera. – México: Instituto Nacional de Antropología e Historia, 2010.
2 v.: il.; 26 cm. – (Colección Obra Diversa)

ISBN: 978-607-484-095-7 Obra Completa
ISBN: 978-607-484-097-1 Vol. 2

1. Iconografía prehispánica – México – Colecciones de escritos. 2. Simbolismo en el arte – Mesoamérica. 3. Deidades aztecas – Iconografía. 4. Cosmovisión azteca – Iconografía. 5. Aztecas – Religión y mitología. 6. Flora – Mesoamérica – Iconografía. 7. Fauna – Mesoamérica – Iconografía. I. t. II. Serie.

LC: F1219.3 / R38 / A3844

Primera edición: 2010

Portada: Coyolxauhqui

D.R. ©   Instituto Nacional de Antropología e Historia
Córdoba 45, Col. Roma, C.P. 06700, México, D.F.
sub_fomento.cncpbs@inah.gob.mx

ISBN: 978-607-484-095-7 Obra Completa
ISBN: 978-607-484-097-1 Vol. 2

Impreso y hecho en México

ÍNDICE

A CASE OF MISTAKEN IDENTITY: CIHUACÓATL, NOT CHANTICO[*]

INTRODUCTION

The title of this article would appear not to belong in a symposium on Indian literature. The title alludes to a single word that cannot by itself be a piece of literature except that the word in question, written in Latin script over a female figure, reads "Chantico" (*Codex Telleriano-Remensis*, 1964, vol. I, lám. XXVIII, 2ª parte) and identifies the wrong goddess. The mistake has altered the reading of the *tonalpohualli* ("count of days") and other religious treatises. The prayers and incantations in the form of poems and songs, by which the ancient priests invoked their gods, are indeed literature and have to be addressed to the right god, in this case Cihuacóatl.

This article will show that the female figure is in reality not Chantico, a goddess of lesser importance, but Cihuacóatl, the most important female deity in the Mexica pantheon. The esoteric meaning of the attributes, and the place in the ancient religion and culture that, until now, were associated with Chantico, can be ascribed to Cihuacóatl, regent of the eighteenth week of the *tonalpohualli*.

[*] "A Case of Mistaken Identity: Cihuacóatl, not Chantico", *Messages and Meanings, Memorias del XII Simposio Anual de Latin American Indian Literatures*, Ed. Mary Preuss. Lancaster, California, Labyrinthos, 1997: 77-83. Acknowledgments to Rafael Tena for helping me read the texts of page XXVIII of *Codex Telleriano-Remensis*, to Elizabeth Cuellar for correcting the English of a previous version of this article.

Eduard Seler, the German philologist and pioneer in many areas of Mesoamerican studies, accepted the identification of the goddess Chantico in the codex. I believe that later researchers on the subject have also been misled. The intended correction is based mainly on the iconographic study of Cihuacóatl's headdress in two *códices* and on pictographic manuscripts of the ancient Mexicas and two very important carved stones (Seler, 1991a, vol. II: 251).

CODICES WITH THE WRONG GLOSS

The gloss identifies the goddess patron of the eighteenth week of the *tonalpohualli* as Chantico in two religious pictorials of ancient Mexico: the *Codex Telleriano-Remensis* and the *Codex Vaticano-Ríos*. Both are believed to be copies of a now lost common original, the *Codex Huitzilopochtli*, which integrated several documents. The two famous pictorials are well known to specialists; each is annotated or glossed in Spanish in several scripts, one of which is believed to be that of Fray Pedro de los Ríos, of whom very little is known (Glass and Robertson 1975: 186-87, 202-203).

CHANTICO AND THE WRONG GLOSS

The wrong gloss "Chantico" appears above the representation of the goddess regent of the eighteenth week of the *tonalpohualli* (figure 1). The picture is surrounded by glosses of differing handwriting that read as follows:

> Chantico o Quaxólotl. Que es lo mesmo porque llevava los aderezos de Xólotl en su cabeça.
>
> [Chantico or Quaxólotl. One and the same, because he [*sic*] carries Xólotl's attributes on his head.]
>
> El que nacía en Uno Ayre sería de nacimiento sano pero si enfermaban les causaba grandes dolores de costado y cáncer porque estas dos enfermedades son aplicadas a este dia.
>
> [He who was born on [the day] One Wind would enjoy good health but if he was sick he would suffer from great pain in his side and from cancer, because these two illnesses are connected to this day.]

Fuego/Agua

[Fire/Water] [pointing to the respective components of the *all tlachinolli* or war symbol.]

Salvóse después del diluvio. [Was saved after the deluge.]

El primero que sacrificó y deste atrevimiento an venido las destrucciones del mundo

[The first to sacrifice [himself], and this boldness has caused the world's destructions]

Llamabase IX perros de su nacimiento

[She was [also] called IX Dog, [the date] of her birth.]

Este Chantico era señor destos XIII dias. Este era señor del chile, que quiere dezir muger amarilla. Este fue el primero que sacrifico despues que se salvo del diluvio, y dice la conseja savia que luego comio un pescado asado y aquel humo que subio al cielo y que de esto se anojo Tonacatecotle y que le echo una maldicion que se volviese zerro y asi fue y llámanle a este Chantico tanto como Miquitlantecutle.

[This Chantico was lord [sic] of these XIII days. He [sic] was lord of the chili peppers, which means "yellow woman". He was the first to make sacrifices after being saved from the flood, and legend says that he then ate grilled fish whose smoke ascended to heaven. This angered Tonacatecuhtli, who sent down a curse that turned him into a dog; and they called him Chantico as well as Miquitlantecutle] (*Códice Telleriano-Remensis*, 1964, vol. 1, lám. XXVIII, 2ª parte).

The glosses, written in archaic Spanish, are somewhat freely translated to facilitate their comprehension. They refer to Chantico according to the data in other sources, but there are gross errors. The glossists are not sure of the gender of the goddess; they equate her either with Xólotl, the nocturnal aspect of Quetzalcóatl, or with Mictlantecuhtli, the lord of death. She does not carry Xólotl's headgear but the very important specific headdress examined below.

Chantico, whose name means "On the hearth", is a very ancient goddess, patron of earthly fire and of Xochimilco and its goldworkers, since they had to melt the ore at high temperatures to produce their works. She is associated with chili peppers because they burn (the throat) like fire and with the dog, as shown by another of her names, Cuaxólotl, or "Dog's head," and hence her calendrical name Chicnahui Itzcuintli, "Nine dog", because canine bites also burn like fire.

CIHUACÓATL, THE MOST IMPORTANT GODDESS

The importance of Cihuacóatl begins to be apparent in the revision of the sources written in Latin script. They produced more information on Cihuacóatl than on Chantico. In this case the colonial information is more relevant than that of the pictorials, since the identification of the goddess is based exclusively on the wrong gloss written after the conquest. Cihuacóatl, "Woman serpent", was also an ancient goddess, and the most important in the Mexica pantheon, according to Fray Bernardino de Sahagún and his informants (*Códice Florentino*, 1979, vol. I, bk. I, f. 2v). Cihuacóatl is the mother of the Mexicas and foretold the ruin of Tenochtitlan. She so loved her children that to this day she wails and cries by night for them. Cihuacóatl still lives in ethnography in the form of La llorona, "The weeping woman", known all over México, while Chantico has been obliterated from the myths, traditions, and folklore of modern Mexicans. Limited space for this article does not allow me to list all the data on the goddess, whether as Cihuacóatl or as La llorona, and only a brief summary of her attributes will be discussed here.

Cihuacóatl is the wife of Mixcóatl, or "Cloud serpent", who is the male aspect of the Milky Way, and thus Cihuacóatl is the female aspect of this heavenly phenomenon. She lives in the celestial realm as a *Tzitzimicíhuatl*, "Frightful woman". Other names for her are Cuauhcíhuatl, "Eagle woman", because the eagle's realm is also in the skies; Yaocíhuatl, "Woman warrior", like her husband; and Cihuacóatl, "Woman serpent" or "Twin (or Double) woman" (Torquemada 1975, vol. 1: 117), perhaps because of her role as consort of the Milky Way.

In spite of her antiquity and importance, Cihuacóatl did not appear either in the *xiuhpohualli* ("count of years") or in the *tonalpohualli* ("count of days"), and this seemed odd. On the other hand, Chantico was noted as the patron of the eighteenth week in all ritual calendars, according to the gloss in the *Codex Telleriano-Remensis*.

CIHUACÓATL AND CHANTICO IN SAHAGÚN

The *Primeros Memoriales* (1559-1561), the first drafts collected by the Franciscan Sahagún in the small town of Tepepulco, has pictures of both goddesses, along with their names and lists of their attire. The pictures are small and schematic and the different items of dress do not match one-to-one those in the written text. Apparently the *tlacuilos,* the native painter-scribes who produced the figures, were different persons than the informants who recited the lists of the deities descriptions. However, the Náhuatl list of attire and the pictures complement each other and offer useful information to differentiate between goddesses.

Both divinities have the same red and black facial paint and the same dress, shield, and sandals, but there are meaningful differences. Cihuacóatl has a headdress of feathers that the Náhuatl text calls *cuauhtzontli,* "eagle-feather headdress", and carries in her right hand the weaving stick or *tzotzopaztli* (*Primeros Memoriales,* 1993: f. 264v). Chantico wears the *itlazolxochiuh* or "her straw [dried cornhusk] flowers". (Molina, 1971, f. 118v), also in the same folio of the *Primeros Memoriales* (1993, f. 266v), the figure of the goddess has three or four forms that could be flowers are tied to her short hair by a strip of the same material.

As Chantico's attire, the text also lists *imamanticac meiotli,* which is difficult to translate. It could be "she carries radiations on her back" (Seler, 1991a, vol. II: 265) or "she carries a handful of light on her back" (León-Portilla, 1958: 149). Both terms suggest the effect of light and fire, which is fitting to the patron goddess of the metal workers of Xochimilco, and both are related to the noun *tonameiotl,* "radiance of the sun's rays" (Molina, 1971, f. 149r).

The picture shows a strange large element that ends in two tufts of an unidentified material. It seems that the painter had no idea of the shape or material of Chantico's headdress. In her hand she holds *ihuitopil in itlaque tlaitzcopintli,* "her staff of feathers dressed with angles like obsidian points", which indicates that she was a *cihuatéotl,* a deified woman who died in childbirth. The similarly dressed goddesses thus are differentiated only by their headdresses and staffs.

CIHUACÓATL AND CHANTICO IN THE TEMALÁCATL

Two very important pre-Hispanic monuments, both in the Mexica Hall of the National Museum of Anthropology at Mexico City, have unequivocal pre-Conquest representations of Cihuacóatl and Chantico. They are the recently discovered Moctezuma (Motecuhzoma) I stone and the so-called Tízoc stone. These *tamalácatl* are "round stones" or low cylinders that have reliefs carved on their circumferences. A sun disk is carved on top, and in the case of the Motecuhzoma I stone it includes a depression in the center and Xiuhtecuhtli's image.

Each Aztec or Mexica ruler had to commission a *tamalácatl*. Both of these monuments have reliefs of conquests on the outer circumference of the cylinders. They were used for the gladiatorial sacrifices during the feast of Tlacaxipehualiztli. Both are similar in concept, although the conquests of Motecuhzoma I (1440-1469 A.D.) are fewer than those of the later Tízoc (1481-1486). The workmanship of the first is less accomplished than that of the second.

The Motecuhzoma I *temalácatl* was found in the subsoil of the courtyard of the residence of the Archbishop on Moneda Street in down-town Mexico City in July 1988. The reliefs are carved in a cylinder of basaltic stone that measures 68-76 cm in height and 224 cm in diameter. The upper and lower bands contain fifty-nine and fifty-seven squares, respectively, consisting of various symbols, and the central section is divided into eleven large representations of scenes of the ruler's victories.

The Tízoc stone was excavated in 1791 in the west corner of the Cathedral of Mexico City, which was Tenochtitlan's ceremonial center. The stone is of very hard basalt and measures 90 cm in height by 270 cm in diameter. Its circumference is divided into three bands: the upper band represents the celestial realm (with astral bodies) and the lower, the terrestrial area (adopting the shape of a saurian with open jaws). The wide central section is divided into fourteen large representations of the ruler's victories (Solís, 1994: 225).

The pattern for the conquest scenes on both monuments is the same: the ruler grasps the subdued lord by the hair; each is dressed as the patron deity of his city. In the Motecuhzoma I stone it is Xiuhtecuhtli, and in the Tízoc stone it is Tezcatlipoca. Both stones show the conquests of Xochimilco and Culhuacan, with their respective glyphs: the flowered parcel of land and the hill with the curved profile, too.

The patron goddesses of these two places, Chantico and Cihua-cóatl, are dressed similarly. The *aztaxelli* or "divided [feathers] of heron" is a headdress composed of two tied white heron feathers that spread apart at the ends, and it is worn on top of the head. The two deities appear nude from the waist up and wear horizontally pleated skirts with a line of disks in the center. They wear a skull attached at the back, white sandals, and they carry identical darts in the left hand.

The differences start with the number of darts, two for Chantico and three for Cihuacóatl. In her right hand Chantico holds the *átlatl* and Cihuacóatl the *tzotzopaztli*, the previously mentioned weaving stick. The most significant difference is found in the headdresses. On the Moctezuma I stone Chantico's head is tied with a wide band that ends at the back in a trapeze, with two unidentifiable forms over it (figure 1a). They have undulated edges that end in a point. On the Tízoc stone she wears the same band head with the trapeze in the back. The two elements have the shape of leaves (figure 1b).

In the two *temalácatl* Chantico's headdress is very geometric, which is unusual in Mesoamerican iconography. It seems to be made of metal, perhaps gold, which is fitting, because she is the goddess of earthly fire; her temple was called Tetlanman. Cihuacóatl's headdress, as opposed to Chantico's, has exactly the same form in the two stones. It consists of a leather band with a big ball of eagle down, from which emerge two large eagle feathers (figures 1c and 1d).

CIHUACÓATL'S HEADDRESS

Cihuacóatl's headdress is called *cuauhtzontli*, "eagle headdress", in the *Primeros Memoriales* (1993, f. 264r) because it is formed of eagle feathers, but the band is called *tzoncuetlax*, "cured leather headdress" (1993, f. 264v), and it is also worn by Mixcóatl (figure 1f) (*Códice Borbónico*, 1979, lám. 33) (figure 1f), and the name of the headdress is *cuauhpilolli*, "eagle hanging". Hermann Beyer was the first to isolate and identify the "eagle hanging" element and to notice that it was Mixcóatl's headdress. He did not notice, or possibly it was beyond the scope of his work, that the same headdress is also worn by Cihuacóatl and that this element is the sign of the Milky Way.

Figure 1. a) Chantico's headdress, as shown on the Motecuhzoma I stone; b) Cihuacóatl's headdress, the *cuauhpilolli*, on the Motecuhzoma I stone; c) Chantico's headdress as shown on the Tízoc stone; d) Cihuacóatl's headdress, the *cuauhpilolli*, on the Tízoc stone; e) The eagle Mixcoacuauhtli as the place glyph of Macuilxochitepec-Cuauhquechollan (*Códice Mendoza*); f) Mixcóatl wearing the *cuauhpilolli* (*Códice Borbónico*).

Mixcóatl and Cihuacóatl, as husband and wife are the male and female aspects of this astral body and both wear it.

In the *Codex Mendoza* there is an eagle called *mixcoacuahtli*, "Mixcoatl's eagle", that exhibits the *cuauhpilolli* (figure 1e) (*Códice Mendoza*, 1979: f. 42). The eagle forms part of the place name of Cuauhquechollan Macuilxochitépec, "Eagle of Quecholli [Mixcóatl's month']" or "Place of the flowery hill". It is from this eagle that Mixcóatl and his wife Cihuacóatl acquired the headdress element.

CIHUACÓATL AS PATRON OF THE EIGHTEENTH WEEK

Cihuacóatl (*Codex Telleriano-Remensis*, 1964, vol. 1, lám. XXVIII, 2ª parte) has her head in profile and covers it with a red cloth with a white border. Over it are two elements seen in frontal view so that they can be read correctly. Above is the enormous *cuauhpilolli* enriched with eagle down balls and the precious quetzal feathers. This denotes one of her names, Cuauhcíhuatl, "Eagle woman", and at the same time signals that she is the female aspect of the Milky Way.

Below is the beautiful *atl-tlachinolli* that means "water-fire [something burnt]", the symbol of war, naming her Yaocíhuatl, "Warrior woman", another of her names. She wears gold earrings and a noseplug that signify fire that can be earthly or celestial —in this case celestial—. Her whole body is painted yellow because she is a woman and a warrior. Her face in profile exhibits the paint of the Otomí people, and she grows fangs instead of teeth; this conveys the idea that she is hungry for the nourishment of the gods, human hearts, since she is *a cihuatéotl* and *a tzitzímitl*.

Cihuacóatl wears a kind of sleeveless upper garment (probably a *quechquémitl*) as an ancient goddess, and over it, a wide turquoise necklace bordered with gold bells tied to the red edge. She wears a blue skirt with a white hem covered with feather balls that substitute for the disks that represent stars, because on her back appears the complement, a red skirt formed from strips of leather with a fringe of shells. This is called the *citlalinicue*, or "star skirt".

Under the skirt she wears a loin cloth whose end shows in front; this means she is brave and manly. Her wrist bands are rich and her furred greaves protecting her calves are the same as those worn by her husband Mixcóatl. The greaves show these gods to be Chichimecs. Her sandals are white and plain in the picture, but the text says they have *tzitzilli,* bells that make a pleasant sound when she walks. She seems to be seated on a big red cushion with a white fringe.

CONCLUSION

The patron goddess of the eighteenth week of the *tonalamatl* is not Chantico, as the gloss reads in the *Codex Telleriano-Remensis,* but Cihuacóatl. In most of her representations she wears the diagnostic element called *cuauhpilolli* that she shares with her husband Mixcóatl.

She exhibits the *cuauhpilolli* because she represents the feminine aspect of the Milky Way, just as her husband Mixcóatl represents its male aspect. This is, perhaps, what has made her the most important goddess in the Mexica pantheon.

The form of Chantico's headdress is problematic, and the fact that it is entirely different from Cihuacóatl's in the Latin texts of the *Primeros Memoriales* and the two pre-Hispanic *temalácatl* leaves no doubt that the figure in the *Códice Telleriano-Remensis* (1964, vol. I, pl. XXVIII, 2nd part) can only be Cihuacóatl.

ACULTURACIÓN EN EL *CÓDICE COSPI*[*]

INTRODUCCIÓN

El objeto del presente trabajo es reafirmar la hipótesis de que el *Códice Cospi* fue pintado después de la llegada de los españoles. La hipótesis fue propuesta al hacer un comentario a este códice (Aguilera, 1988) y más tarde en la ponencia presentada en el "VII Simposio de Literaturas Indígenas de Latinoamérica", publicada en *LAILA Speaks. Selected Papers* en 1990. Posteriormente los investigadores Christian Duverger y Laura Laurencich Minelli han escrito sobre el tema y reforzado la hipótesis con argumentos adicionales.

Insisto en el tema porque en la reciente edición del *Códice Cospi*, editada por el Fondo de Cultura Económica en 1995, los comentaristas Ferdinand Anders, Marteen Jansen y Peter Van der Loo (a quienes aludo sólo con las iniciales AJL en las siguientes páginas) acometen su labor en contra de mi primer trabajo de 1988, pionero sobre este mismo códice, ignorando el segundo de 1990 y sin consultar tampoco los trabajos de Duverger y de Laurencich Minelli, trayendo repetidamente a colación su autoridad como expertos en códices y los trabajos de Karl Anton Novotny.

La definición de la época de manufactura de un códice, en este caso el *Códice Cospi*, especialmente en una época de cambio, es particularmente importante, porque la aculturación o grado de occiden-

[*] "Aculturación en el *Códice Cospi*", *Estudios de Cultura Náhuatl*, núm. 27, México, IIH-UNAM, 1997: 227-246. Mis agradecimientos a Ana Iturbe por hacer los dibujos que ilustran este trabajo, y a Patricia Molina por la revisión del manuscrito.

talización del documento involucra a la cultura dominante y a la dominada o receptora, lo que da lugar al fenómeno de un nuevo estilo artístico. La aculturación en el *Códice Cospi* es uno de estos casos, pero no es uniforme y se presenta más en unas partes que en otras.

Este estudio no pretende ser exhaustivo, sino que se aboca a estudiar los iconos, lo que basta para mostrar que fue hecho después de la llegada de los españoles. Por lo anterior, resulta obvio que el presente análisis es mayoritariamente estético, basado en el análisis formal y no en la iconografía, haciendo el estudio de la línea y la progresión de la forma. Ambas se examinan en las partes en las que se advierten más elementos de aculturación, en tres conjuntos, dos en el anverso y una en el reverso: 1) las figuras en los cuadretes de los días, páginas de la 1 a la 8; 2) una figura de dios y su contexto en la segunda parte (p. 12); 3) varios iconos en el reverso del códice.

ANVERSO

LAS FIGURAS EN LOS CUADRETES

Los cuadretes en el *Códice Cospi* (1988) se encuentran en la franja central de las páginas 1 a 8. Está formada de cinco hileras de 52 cuadretes cada una para abarcar los 260 días del *tonalpohualli* o año ritual. Los cuadretes se leen, cada hilera, de izquierda a derecha y de abajo a arriba como en las partes correspondientes de los códices *Borgia* y *Vaticano B*.

Las figuras del *tonalpohualli* en el *Códice Cospi* son muy pequeñas, ya que en cada cuadrete de *ca.* 3 x 4 cm se pintaron no una, sino dos figuras: una deidad y un signo de día. Desde mi primer trabajo la técnica para examinar la línea y la forma de estas figuras consistió en concentrar y colorear, en tarjetas de 5" x 8", las figuras del mismo nombre. Para el signo y dios Técpatl o "Pedernal", de imagen similar, se hicieron dos tarjetas por tener dichas figuras un número tan grande; una concentra las representaciones de la deidad y la segunda las del signo Técpatl. En la primera hay diez representaciones tradicionales del navajón de pedernal, más 19 figuras antropomorfas del signo Técpatl. La segunda contiene tres navajones en la convención natural indígena, más diez figuras antropomorfas con cabeza o cabezas de Técpatl.

Lo mismo se hizo, para fines comparativos, pero sin colorear, para apreciar mejor la línea, con los signos de los días en el *tonalpohualli* del *Códice Borgia* (1980) (p. 1-8). Para este trabajo y mayor seguridad, mis alumnos de la Escuela Nacional de Antropología e Historia elaboraron las tarjetas de los signos de los días en otros tres códices del Grupo Borgia: *Laud* (1964), *Fejérváry-Mayer* (1985) y *Vaticano B* (1902-1903). Las tarjetas con los signos de los días de estos últimos documentos se utilizaron mayoritariamente para fines de cotejo, mas no se discuten sus particularidades, ya que sólo confirman la hipótesis de la manufactura posthispánica del *Códice Cospi;* aunque será interesante explorar más adelante la posibilidad, que comparto con Duverger (1993: 280), de determinar si el *Códice Vaticano B,* como el *Cospi,* es de origen postcortesiano.

En la figura de la página 30 de su comentario, AJL comparan cinco figuras de animal más dos antropomorfas (figura 1) pintadas en los pequeños cuadretes del *Códice Cospi* (hilera superior), con signos equivalentes al día en el *Códice Borgia* (hilera inferior) (figura 1). Con esto pretenden destruir mi argumento de que los signos de los días en el *Códice Cospi* "son menos esquemáticos y más vivos, naturalistas y movidos que lo tradicional" y que hay "animales de figura completa y humanizados, como el Pedernal antropomorfo que corre" (Aguilera, 1988: 109), según ellos esto también ocurre en el *Códice Borgia.* Lo que es irregular es que toman figuras de los días de cuadretes más grandes que los del *Códice Borgia,* donde el pintor tiene más espacio para dibujar, y no de los signos de día en el *tonalpohualli* (pp. 1-8). En el pie de página a esta ilustración

Figura 1. Animales del *Códice Cospi* (arriba) y del *Códice Borgia* (abajo) ilustrados en la lámina 30 del estudio de Anders, Jansen y Van der Loo.

asientan que "ambas hileras muestran un fondo iconográfico común", aseveración obvia, ya que las figuras provienen de dos documentos mesoamericanos. Lo que prueba la influencia occidental en el *Códice Cospi* es el cambio en la línea de contorno y la progresión de la forma.

LA LÍNEA DE CONTORNO

La línea de contorno en el *Códice Cospi* es fina, delicada y a veces vacilante y los signos no fueron dibujados ni en la convención indígena, ni en el naturalismo europeo, sino en un estilo mixto incipiente que se aprecia bien en las tarjetas de trabajo. Esto sugiere ya no el pincel indígena sostenido con el puño cerrado y la punta hacia abajo; sino la pluma de ave europea sostenida entre los dedos pulgar e índice. En cambio, en el *Códice Borgia* en todas las figuras de las 21 tarjetas de trabajo aparece la línea de contorno negra más gruesa, controlada y regular, hecha con el pincel indígena. Lo mismo ocurre en el *Códice Laud* y en el *Códice Fejérváry-Mayer.*

LOS COMENTARIOS DE LAURENCICH MINELLI

En fecha posterior a la publicación de mi comentario al *Códice Cospi* (1988) y a mi artículo en AULA (1990), aparece el trabajo de la investigadora italiana Laura Laurencich Minelli (1992), al parecer elaborado de manera independiente, pues no menciona mis trabajos. Ella examina al microscopio las figuras del *Códice Cospi* y concluye, refiriéndose a la línea:

> El hermoso trazo negro que delinea cada una de las figuras, parece a simple vista continuo y de espesor constante; sin embargo, examinado al microscopio, permite entrever tanto *las líneas trazadas por una pluma puntiaguda de caña, o por un estilete de cobre* (como el señalado en el *Códice Vindobonensis,* foja 18), empapado en un color negro denso: al principio el trazo es más turgente y poco a poco se va haciendo ligeramente más delgado hasta llegar a una separación microscópica que sirvió para entintar nuevamente la pluma. En otras palabras, la línea de contorno no es cursiva en absoluto y no sirve para acentuar los volúmenes variando el espesor, sino que sólo quiere delimitar, de modo bidimensional, cada una de las partes que componen una figura. La mano es firme, y por lo mismo no estamos de acuerdo en que se hayan introducido algunas correcciones, como por ejemplo, en la foja 3, en la sexta casilla de la fila más alta, donde algunos estudiosos aseguran que el trazo interno, del

recipiente que se ve, que contiene agua, fue ampliado posteriormente. Correcciones que, por otro lado, son tan minúsculas que sólo se vuelven bien visibles al microscopio. Además este instrumento tan sensible ha revelado que al escriba se le escapó un bigote color gris oscuro, por la línea negra que delimita la punta de la lengua de Quauhtli (foja 8, quinta fila); pequeñas fallas que escapan a la observación a simple vista del conjunto (Laurencich Minelli, 1992: 322) [las cursivas son mías].

Lo interesante es que si el *tlahcuilo* usa ya una pluma puntiaguda o un estilete de cobre, esto indica una influencia europea, como se aprecia en la siguiente parte de la cita, sin embargo, la autora todavía no piensa que el *Códice Cospi* es de fecha posterior a la Conquista.

LA OPINIÓN DE DUVERGER

El investigador francés Christian Duverger, en una recensión a la edición precedente del *Códice Cospi* (1993: 278-282), comenta sobre la timidez y el conformismo de los autores que han estudiado el códice, quienes "no toman el toro por los cuernos" y no avanzan hasta discernir, o cuando menos opinar, sobre la pregunta que ya se hacen muchos mesoamericanistas de si el códice es realmente de manufactura posthispánica o no. Duverger, para esta fecha, tampoco conocía mis trabajos.

Dada la calidad de recensión de su escrito, el autor discute brevemente la aculturación del *Códice Cospi* con base en la estructura del documento, su apariencia física, técnica de pintura, sus autores y otros aspectos y se pregunta: ¿cómo creer que el sacrificio humano en la página 21 es sólo un rito propiciatorio para evitar los piquetes de abeja o alacrán?, ¿cómo explicar la hipertrofia de los rostros en comparación a los cuerpos, que recuerdan las características en documentos coloniales como el *Tonalamatl de Aubin*?, ¿cómo explicar el hecho de que algunas de las armas de las deidades, en las páginas 9 a 11 del anverso del códice, crucen las columnas de los cuadretes de los signos de los días o que el dibujo y la iconografía del reverso parezcan una copia mal hecha de otro documento?

PROGRESIÓN DE LA FORMA

Seler ya nota las alteraciones de la forma de las figuras del *Códice Cospi* y las califica de "peculiares y extrañas" (Seler, 1990, vol. I: 75), pero no las explica. El fenómeno que aquí se estudia es el de aculturación, que es distinto al de la variabilidad de la forma dentro de una misma cultura. Por ejemplo, el signo Tochtli, "Conejo", en el *Códice Laud* es diferente en cada cabeza (figura 2); pero todas muestran la misma línea gruesa de contorno hecha con el instrumento tomado a la manera indígena, en su movimiento aparenta estar congelado y la expresión no cambia de una a otra.

En el *Códice Cospi* no todos los signos de los días muestran el mismo grado de aculturación, once están dibujados a la manera tradicional, con las variaciones propias de la caligrafía individual y por el hecho de haber sido hechos a mano. Ellos son: Cipactli, "Lagarto", Miquiztli, "Muerte", Ozomatli, "Mono", Malinalli, "Hierba", Acatl, "Caña", Cuauhtli, "Águila", Cozcacuauhtli, "Buitre real", Ollin, "Movimiento", Quiahuitl, "Lluvia", Atl, "Agua", Xóchitl, "Flor", Cuetzpallin, "Lagartija" y Coátl, "Serpiente". Tanto en el *Códice Cospi* como en el *Códice Borgia* estos dos últimos signos están dibujados de cuerpo completo y presentan múltiples variaciones, quizá porque dibujando sólo la cabeza de la serpiente y lagartija podrían confundirse una con la otra. Tres signos de día muestran algo de aculturación, Ehécatl, "Viento", Calli, "Casa" y Tochtli, "Conejo", que presentan cambios más bien iconográficos que estilísticos. La progresión de representación, de lo convencional a lo naturalista, es más pronunciada en los signos Mazatl, "Venado", Itzcuintli, "Perro", Ocelotl, "Jaguar" y Técpatl, "Pedernal".

El signo Mazatl, "Venado" (figura 3), es en siete ocasiones sólo una cabeza con el característico corte o cercenamiento indígena en el cuello. Se observa la piel que se retrae y deja ver la franja muscular ensangrentada y la capa de grasa amarilla. De la parte posterior de la cabeza emerge en once ocasiones una pata con pezuña. El signo "Perro" (figura 4) es primero sólo la cabeza con el mismo corte en el cuello, excepto en una ocasión en que de la cabeza directamente escurre un chorro de sangre. En once cabezas de la parte posterior sale una patita.

El añadir la pezuña y la patita a la cabeza parece obedecer al deseo de representar a la figura de cuerpo completo. Otra diferencia es que en el *Códice Cospi* los venados y perros muestran expresión en la cara. Están alertas, agresivos o fatigados.

En el *Códice Borgia*, por el contrario, las imágenes de ambos signos son estáticas (figuras 3 y 4), están dibujadas con la línea gruesa, uni-

Figura 2. Signos Tochtli, "Conejo", tomados del *Códice Laud*. Ejemplifican las variaciones en la forma, no en la línea, en un mismo signo.

Figura 3. Signos Mazatl, "Venado", en los *Códices Cospi* (arriba) y *Borgia* (abajo). Nótese la variación en los primeros y la invariabilidad en los segundos.

Figura 4. Signos Itzcuintli, "Perro", en los *Códices Cospi* (arriba) y *Borgia* (abajo). En los primeros se advierten variaciones y formas muy distintas al esquema de los segundos, cuya forma general es muy similar a la del signo Venado.

forme en su contorno y el trazo controlado es el de un artista experimentado que las hace muy uniformes, como siguiendo un machote.

El signo Tochtli, "Conejo" (figura 5), es un animal de cuerpo completo y su convención y forma ya no son como la tradicional prehispánica. Aun dentro de las limitaciones de su dibujo, el artis-

Figura 5. Signos Tochtli, "Conejo", en los *Códices Cospi* (arriba) y *Borgia* (abajo). El cuerpo ya completo en los primeros contrasta con las cabezas muy similares en los segundos.

Figura 6. El signo Ocelotl, "Jaguar", en el *Códice Cospi* (arriba) y en *Códice Borgia* (abajo). En los primeros se nota la progresión, desde una cabeza hasta el cuerpo entero, mientras que en los segundos sigue dominando la convención habitual indígena.

ta conscientemente trata de imitar a un conejo real de cuerpo completo, con dos patas en ocho ocasiones y en cinco ocasiones con tres. Por el contrario, los signos Tochtli, "Conejo", en el *Códice Borgia,* son sólo cabezas extremadamente similares, casi se podría decir reproducidas mecánicamente. También hay en este mismo códice un conejo de cuerpo completo en un cuadrete grande y aparece sentado, estático, mostrando manos y pies humanos, en la convención indígena (lámina 1, quinto abajo), muy diferente al conejillo completo escurridizo que aparenta correr en el *Códice Cospi.*

Ocelotl, en el *Códice Cospi* (figura 6), es primero una cabeza, con corte en el cuello o sin él, luego se desarrolla un hombro o lomo con una o dos patas, hasta que finalmente se dibuja el felino de cuerpo completo incluyendo la cola. En el *Códice Borgia* en la misma

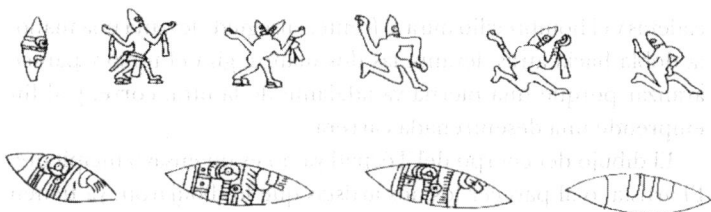

Figura 7. Signo Técpatl, "Pedernal", en el *Códice Cospi* (arriba) y en el *Códice Borgia* (abajo), nótese que el tlahcuilo conocía la manera de dibujar un navajón de sacrificio y conscientemente elige no dibujarlo más.

figura el estatismo es de nuevo la tónica. Se trata sólo de una cabeza, con la misma convención de representación que el venado, el perro y el conejo, aunque las especies zoológicas de estos animales son totalmente diferentes.

El signo del día Técpatl, "Pedernal", del *Códice Cospi* (figura 7), presenta un caso diferente de aculturación. Se aprecia un cambio total de la forma, ya que se pasa del navajón ensangrentado de los sacrificios a una figura humana de cuerpo completo, en donde la cabeza ha sido sustituida por uno o hasta dos navajones. El cuerpo de este hombrecillo es negro, tiene manos rojas, a veces está desnudo o lleva taparrabos y hasta pulseras. Su torso, brazos y piernas se mueven en armonía con la "cabeza" y todo es muy diferente al signo Técpatl como navajón.

Al ordenar las figuras antropomorfas del signo Técpatl en las tarjetas de trabajo, se hizo aparente la progresión de la forma y las diferentes proporciones del cuerpo, las actitudes y la secuencia del movimiento. El cuerpo humano está ya dibujado de manera más europea: es flexible, el torso es más largo, el talle más pequeño y lo más significativo, además de las diferentes posiciones del cuerpo que indican movimiento, las actitudes cambian de una figura a otra.

Me refiero al Técpatl como vivo o humanizado, porque su cuerpo presenta una dinámica desconocida en el mundo indígena. Es notable su naturalismo, las proporciones más alargadas y el torso se mueve en varias direcciones y ángulos. Las figuras se arreglaron en las tarjetas en dos hileras de modo que el movimiento apareciera como progresivo. Primero sus manos están en reposo sobre sus caderas y el hombrecillo mira al frente, enseguida levanta una mano, la dobla hacia atrás, levanta las dos manos, gira el torso y parece avanzar porque una pierna va adelante de la otra, corre, y al fin emprende una desenfrenada carrera.

El dibujo del cuerpo del Técpatl ya no es un ensayo incipiente. El artista, o al parecer los dos artistas que lo dibujaron, ya tienen control sobre la representación del cuerpo humano en movimiento. El conjunto de personajes en tal variedad de poses y actitudes hace pensar en manos jóvenes de aprendices creativos, más que en maestros experimentados. Ellos ensayan y logran reproducir un cuerpo humano armónico, en movimiento, de formas suaves no estereotipadas. Hazaña tal, en sólo una parte de un mismo documento, en una misma época, no sólo sugiere sino también indica, definitivamente, contacto con la cultura europea.

DIOS AUTOSACRIFICÁNDOSE

Las figuras grandes en las páginas 9 a 12 del anverso del *Códice Cospi* son excelentes y están dibujadas a la manera clásica indígena y seguramente fueron ejecutadas por el o los maestros de un centro ceremonial importante. Casi no hay rasgos de occidentalización, pero un posible ejemplo sería la actitud del dios Itztlacoliuhqui en la página 12, que se autosacrifica (figura 8). Mientras con su mano izquierda sostiene un incensario humeante festonado con estrellas, la mano derecha emerge arriba del mismo lado del torso, se dobla y cruza el pecho para punzar el pabellón de la oreja con un hueso afilado, en una posición casi imposible. Los brazos salen del mismo lado del torso, rasgo diferente si se compara con la figura de Tonatiuh, señor del sol, arriba en la misma página, y parece un intento del pintor de dibujar la acción de manera naturalista, lo que sería ya un rasgo occidental.

Anders, Jansen y Van der Loo sostienen que sí existe la acción del autosacrificio representada, lo cual no niego, simplemente aclaro ahora que la "mayoría de las veces se ve a los individuos con los instrumentos del sacrificio en la mano" y ésta no es una pieza clave en mi argumentación, como ellos asientan. La hipótesis, hay que insistir, es la aculturación en el *Códice Cospi* y la pieza clave, se podría decir, es la imagen del señor Técpatl. Acerca de aculturación en las figuras grandes de dioses, Duverger muy bien nota que el

Figura 8. Dios autosacrificándose. Nótese la posición de los brazos (p. 12 del *Códice Cospi*) y el sol y la cuenta de ámbar amarillos sobre la columna nocturna estelar.

arma del dios Tlahuizcalpantecuhtli en las páginas 9, 10 y 11 cruza la línea roja de los cuadretes con signos de días (1993: 281) y añado que el arma no está completa. Un *tlahcuilo* indígena no hubiera cometido esta transgresión y menos pintar sólo la parte final de la empuñadura.

EL SOL Y EL ÁMBAR
En la misma página 12 del *Códice Cospi* el dios de la helada o el frío, Itztlacoliuhqui (figura 9), ofrenda frente al templo del búho. De éste emerge una columna oscura bordeada de ojos estelares con un disco amarillo con ocho puntas y abajo un objeto oblongo amarillo con ojo y boca. Los identifico respectivamente con un sol con rayos en picos, ya como los occidentales y una cuenta de ámbar, esta última similar a las representadas en el *Códice Mendocino* (1979: 47r). El ámbar tiene relación con el sol o cuerpos astrales porque centellea: "estas piedras son como ampollas del agua cuando les da el sol en saliendo, parece que son amarillas, claras como el oro... parece que tienen dentro una centella de fuego y son muy hermosas" (*Códice Florentino*, 1979, vol. III, lib. II, ff. 206v y 207r).

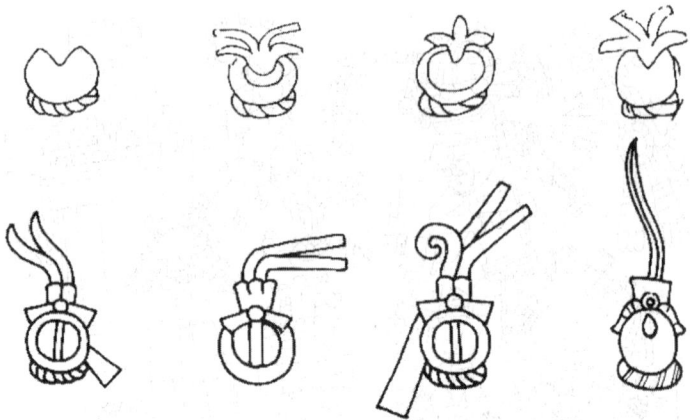

Figura 9. Ollas con pulque en el *Códice Cospi* (arriba) y pelotas de hule en los *Códices Borgia* y *Fejérváry-Mayer* (abajo).

Anders, Jansen y Van der Loo niegan mi identificación y dicen que el sol es una piedra y el ámbar un palo y, siguiendo a Seler, entonces los dos indican el difrasismo "la piedra y el palo", es decir, el castigo (AJL, 1995: 39), de lo que hacen una larga disquisición. Ilustran con la piedra y el palo en el *Códice Borbónico* y en el mismo *Códice Cospi*, ambos coloniales, lo cual les resta valor probatorio. La convención prehispánica de representación de la piedra implica el llevar el signo de dureza a cada lado, franjas juntas al centro, que indican las vetas en la piedra, de color café claro y gris. La forma oblonga en el *Códice Cospi* no los presenta y su color tan amarillo tampoco señala que lo sea. El ojo y la boca indican que el objeto, como en otros casos, está antropomorfizado. El palo por su parte también lleva, como materia dura, el signo de dureza que esta forma oblonga tampoco exhibe.

El dios Itztlacoliuhqui, en la página 10, está de pie sobre un rectángulo con siete piedras dentro. Tienen aristas, muestran vetas y están dentro de círculos amarillos con picos que ya no son piedra, sino algo que las rodea o envuelve. Lo más relevante en la identificación sol y ámbar es la relación entre ambos, su color amarillo brillante y su carácter ascendente, que emergen de la noche, no pueden estar asociados a castigos y penas a pesar de la larga perorata de AJL al respecto.

REVERSO

En lo que respecta al reverso del códice parece que hay acuerdo general entre los investigadores, que opinan que es más tardío, de manos menos experimentadas y se advierte en las representaciones de las figuras de dioses un desconocimiento de la iconografía indígena tradicional. Novotny (1968: 18 tomado de AJL, 1995: 31) dice que esta parte, por ser de calidad inferior, no se presta para el análisis; consideración no de un historiador de arte, sino de alguien que ignora que, como expresión pictórica aberrante, precisamente y con más sentido, es interesante estudiar.

Laurencich Minelli, ahora más claramente, sugiere, como dice Duverger, "muy tímidamente", que el reverso del *Códice Cospi* fue hecho después de la Conquista. Es mi opinión que estos elementos contrastantes refuerzan la hipótesis de que el reverso del códice pudo haber sido escrito en una época de crisis cultural, cuando a la clase sacerdotal le fue no sólo bruscamente diezmada su elite más culta, sino que incluso los sacerdotes supervivientes tuvieron que esconderse y refugiarse en lugares más aislados y lejanos, emigrando al interior de su propio país. Esta crisis quizás podría identificarse con el principio del duro impacto de la Conquista española (Laurencich Minelli, 1994: 318).

LA OLLA DE PULQUE

La aculturación en el reverso del *Códice Cospi* es bastante clara en la pintura del recipiente esférico oscuro, con una forma blanca dividida en tres o cuatro chorros que brotan de su abertura (figura 10). Es factible que sea una olla de pulque porque de ella sale un líquido blanco. La olla está sentada sobre un *yahualli* o redondel tejido de tiras de carrizo para que no se ruede. Está pintada un tanto desde arriba y da la impresión de tener volumen. Una olla inacabada no contiene líquido. La confirmación de que lo que sale de la olla es un líquido se encuentra en la parte superior de la misma página. Su forma es igual a los chorros de sangre que brotan del pecho de un sacrificado (lámina 21).

Anders, Jansen y Van der Loo de nuevo rebaten mi identificación y argumentan que la olla es una bola de hule (1995: 31). A fin de contar con el material comparativo necesario, hice las tarjetas con

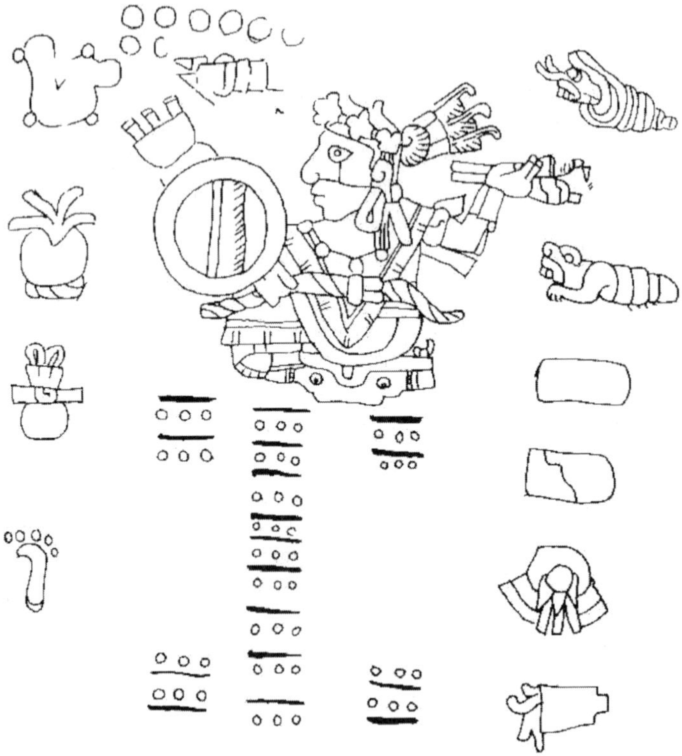

Figura 10. La diosa Xochiquetzal con *quechquemitl* sobre el que aparece un cordón a la altura de la cintura, lo cual es irregular en la iconografía indígena (p. 25 del *Códice Cospi*).

las representaciones de las bolas de hule en los códices del Grupo Borgia. La bola de hule no sólo es una pelota para el juego *ulama,* sino también un objeto ritual que se ofrenda y posteriormente se quema. Al ser un objeto de culto, la bola de hule se trata con la mayor reverencia y tiene múltiples representaciones. A veces aparece junto al *tlachtli* o cancha para el juego de pelota, se transporta dentro de una malla de mecate para ser manejada con facilidad, la llevan en la mano sacerdotes o personajes importantes, o está sobre una pira para ser quemada y otras veces, para el juego, se antropomorfiza.

En los códices del Grupo Borgia la pelota casi siempre es negra por el material de que está hecha, o sea, el hule. Nunca tiene abertura arriba y menos un líquido emergiendo. Es una bola completa, con una mancha roja en un lado y cubierta con reverencia con un pañito blanco de algodón rematado con franjas rojas. Sobre la pelota tiene inserta una especie de trapecio amarillo, de alguna madera suave que termina en punta y encima de ella se clavó una pluma de quetzal. En el reverso del *Códice Cospi* en ningún caso se ve sobre la pelota, generalmente oscura, la tela que la cubre. La figura 11 ilustra, en la hilera superior, diferentes representaciones de la olla de pulque en el *Códice Cospi* y en la inferior ejemplos de pelotas de hule de los códices *Borgia* y *Fejérváry-Mayer.*

TÚNICAS Y FAJAS

En relación con estos dos elementos del atavío prehispánico acepto que la túnica sí era conocida en el México prehispánico. Incluso noto en mi trabajo sobre el *Lienzo de Tepeticpac* 1 (1986), que la portan dos sacerdotes y llega a la pantorrilla, pero en el reverso del *Códice Cospi* llega hasta los tobillos, lo cual es raro. Por supuesto que el mecate o cordel era un objeto utilitario indispensable y la faja sostenía el enredo o sea la falda. En mi escrito faltan, por alguna razón, las palabras "en esa forma" en relación con el cordón que ciñe el talle de la diosa. Lo que es aberrante como resultado de la aculturación es que el cordón que ciñe la cintura de las diosas va sobre el *quechquemitl* (láminas 25 y 26) (figura 10). Los atavíos en la época prehispánica debían ser "leídos", por lo que no era normal que se obstruyeran.

CORAZONES

Las tres formas rojas juntas que aparecen en las túnicas de las deidades en las láminas 22 y 28 del reverso del *Códice Cospi*, sugiero que podrían ser corazones por su color rojo y su forma triangular. Hechas con tres manchas juntas, dos arriba y una abajo, sin línea de contorno, lo cual es un rasgo tardío.

Estas manchas afectan más la forma de un corazón estilo occidental, que de un corazón de la iconografía indígena (figura 11), cuya convención de representación es una forma más bien oblonga con la parte inferior poco o nada apuntada. De la parte superior emergen dos curvas entre un ángulo que indican la aorta, la arteria pulmonar y la cava, y aun en otros códices aparecen más venas o arterias; mientras que la ancha franja amarilla al centro señala la

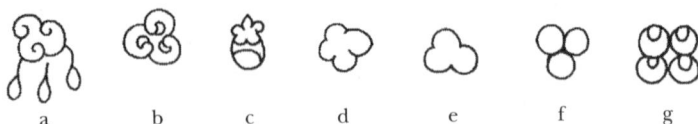

Figura 11. a) y b) Corazones teotihuacanos; c) corazón en el *Códice Laud*; d), e) y f) manchas rojas como corazones en el *Códice Cospi*; g) icono solar formado de cuatro círculos.

grasa que rodea a este órgano. En el esquema occidental la forma del corazón es triangular, arriba con una depresión entre dos cuevas y abajo es apuntado.

La figura 11 ilustra, de izquierda a derecha, dos corazones de murales teotihuacanos, que están compuestos de tres formas trilobuladas; enseguida la mancha presente en la túnica de dos deidades en el reverso del *Códice Cospi* (láminas 22 y 28), luego un ejemplo de corazón en el *Códice Laud* y el signo solar en los *Primeros Memoriales* (1993). También mi identificación de la mancha triangular como corazón es objetada por AJL. Para ellos las manchas de tres discos son emblemas del sol e ilustran su aseveración con tres ejemplos (1995: 30).

El primero es la faja del supuesto Tezcatlipoca de la página 22 del *Códice Cospi*. La faja compuesta de tres franjas está sujeta por tres discos en hilera vertical, no en triángulo y no son el signo solar, sino los nudos para sujetar el cinturón o faja como se observa en la figura del dios en la página 14 del *Códice Cospi*. El tercer ejemplo, que examino antes que el segundo, es un personaje vestido de serpiente cuya piel presenta manchas de tres puntos juntos en forma triangular. Tampoco son estas manchas signo solar sino la peculiar pinta de esta especie. El segundo ejemplo de AJL consta de cuatro círculos juntos, no tres y este sí es el *tonallo* o signo solar. Los exhibe el dios Ixtlilton tanto en los *Primeros Memoriales* (1993: f. 262v) como en el *Códice Florentino* (1979, vol. I, lib. 1, f. 11 v), donde aparecen en su bandera y en su escudo. Los cuatro discos, no tres, sí son el *tonallo* (signo solar). En iconografía, la posición, el arreglo y sobre todo el número de elementos cambia el nombre y el simbolismo del icono. En su afán de demoler mi argumento, AJL toman una forma de cuatro discos juntos sin color, de significado solar, para identificar la forma de tres manchas rojas, más parecida a un corazón de tipo occidental, porque las tres formas se parecen más a la convención occidental del corazón que al modelo indígena, lo cual indica aculturación; pero de ningún modo se trata del signo solar compuesto de cuatro discos juntos.

NUMERALES Y NOMBRES

En relación con los conjuntos de barras horizontales con uno o varios discos entre ellos, en las páginas del reverso del *Códice Cospi* escribo: "Estas rayas y discos no son, a mi entender, numerales, sino que las rayas representan muñecos, o simplemente atados de palitos de ocote; y los discos de pedrezuelas, terrones o pedacitos de copal" (Aguilera, 1988: 89) (figura 10) fragmento que citan AJL.

En la Huasteca poblana presencié, con el doctor Alain Ichon, el levantamiento del alma de una niña que la había perdido por un susto (Ichon, 1969: 234). El curandero decía sus oraciones casi totalmente en totonaco, al tiempo que iba colocando los "muñecos" o atados de rajas de ocote sobre la "mesa", los rociaba con refino (aguardiente) y decía en español: "Tú el nombrado *tres* refino", "Tú el nombrado *cuatro* refino". Después de haber rezado por el número requerido de "muñecos" o de grupos de ellos con la consabida oración, ponía una pedrezuela o pedacito de copal y empezaba de nuevo a orar y depositar otros grupos de "muñecos".

Hasta aquí llegó mi experiencia y siendo ajena a la cultura y al lenguaje, no entendí el sentido de las oraciones; pero tampoco lo entendieron otros asistentes totonacos, según pude constatar después de preguntarles. El curandero usaba un lenguaje esotérico, murmurando para darle un sentido sagrado, oculto, para que nadie pudiera entender, y además de esa forma aumentaba su prestigio y dignidad y recibía cierta retribución en especie.

Ichon escribe acerca de los "Muñecos": "Posiblemente, el significado de los muñecos es el más difícil de discernir" (Ichon, 1969: 233) y añade más adelante: "Los muñecos no son jamás utilizados de manera aislada sino siempre son hechos en serie y su número corresponde a un nombre sagrado" (Ichon, 1969: 234).

En el *Códice Cospi*, en consecuencia, las rajas podrían ser tanto números simbólicos de deidades como ayudas nemotécnicas, en donde cada barra corresponde a una unidad de rezo o sección de éste, hasta completar el número de veces de que debe constar la ración. Los discos entre los conjuntos podrían ser separaciones entre grupos de oraciones aunque en ocasiones aparecen dos discos, quizá una pausa más larga. Además en el *Códice Cospi* discos aparecen en casi todas las páginas, abajo de las barras, lo que hace pensar que no pertenecen al sistema numérico maya.

Anders, Jansen y Van der Loo arguyen que las páginas con barras y puntos en el *Cospi* "debemos interpretarlas como números y no como representaciones esquemáticas de los materiales utilizados" (1995: 290). Es cierto, ante la imposibilidad de trasladarlos a un sistema numérico, optó por sólo sugerir los materiales. Si ellos piensan que son números ¿por qué no discuten su proposición o intentan proporcionar la equivalencia de los supuestos numerales en el sistema arábigo que utilizamos o tratan de interpretar su significado? No es lo mismo un sistema de numeración que sólo utiliza el numeral uno, los discos y la barra cinco, que el elaborado sistema numérico mesoamericano, sea náhuatl o maya. En el *Códice Cospi,* en varias páginas, las barras están verticales y no horizontales como en el sistema numérico maya. ¿Qué significa esto?

CONCLUSIÓN

En conclusión se puede decir que para determinar la aculturación en el *Códice Cospi* se procedió con base no en la iconografía, sino en el análisis formal y el estudio de la línea y la progresión de la forma. La línea en el *Códice Cospi* fue hecha con un instrumento usado ya en la tradición europea, como se aprecia en los círculos mal trazados, en las páginas 21 a 24 del reverso. Aquí la línea es muy fina, lo que ocurre también en las figuras de los cuadretes en el anverso del *tonalpohualli.*

La progresión de la forma es clara en los signos de día Venado, Perro y Jaguar, y muy evidente en las representaciones antropomorfas del signo de día y de la deidad acompañante Técpatl. El sol y el ámbar, por su color amarillo de brillo y de luz en una columna oscura estelar ascendente, tienen más probabilidades de ser lo que los indígenas representaron, más que el palo y la piedra de matiz negativo y punitivo como sugieren AJL.

El recipiente abierto no puede ser una pelota y la faja sobre el *quechquemitl* es una aberración tardía. El corazón triangular rojo es más occidental que indígena y los tres puntos rojos que aparecen juntos nada tienen que ver con el signo solar que son cuatro discos juntos. Es más factible que las barras y los discos sean alusiones a números simbólicos que representaciones fácticas de ellos. Hay menos evidencias de aculturación en las figuras grandes, lo cual debe estudiarse más con el microscopio electrónico, pero un dato innegable es la anotación de Duverger en cuanto a las armas que cruzan la línea roja, que separa los cuadretes con signos de día, lo cual denota a un *tlahcuilo* no profesional o poco experimentado. Si tal percance hubiera ocurrido de seguro volvería a rehacer toda la página.

Por último, el diferente grado de aculturación en el anverso del *Códice Cospi* indica que las figuras más aculturadas están en los cuadretes del *tonalpohualli,* presentan menos aculturación las figuras en los rectángulos, arriba y abajo de la franja anterior y las deidades grandes casi no presentan rasgos de aculturación. Lo anterior sugiere que posiblemente los cuadretes fueron pintados por los jóvenes aprendices de algún *calmecac* ansiosos de experimentación y cambio, ante el estilo occidental que habían ya visto. Las figuras en los rectángulos fueron hechas por los oficiales ya más experimentados, pero cautos para admitir cambios. Las hermosas escenas con las figuras grandes casi seguramente fueron dibujadas y pintadas por maestros entrenados en la técnica pictórica antigua —aunque ya presentan ciertas fallas de dibujo quizá debidas a la creciente falta de visión, pues en ese tiempo no había lentes—, pero que conscientemente todavía no admiten ningún cambio.

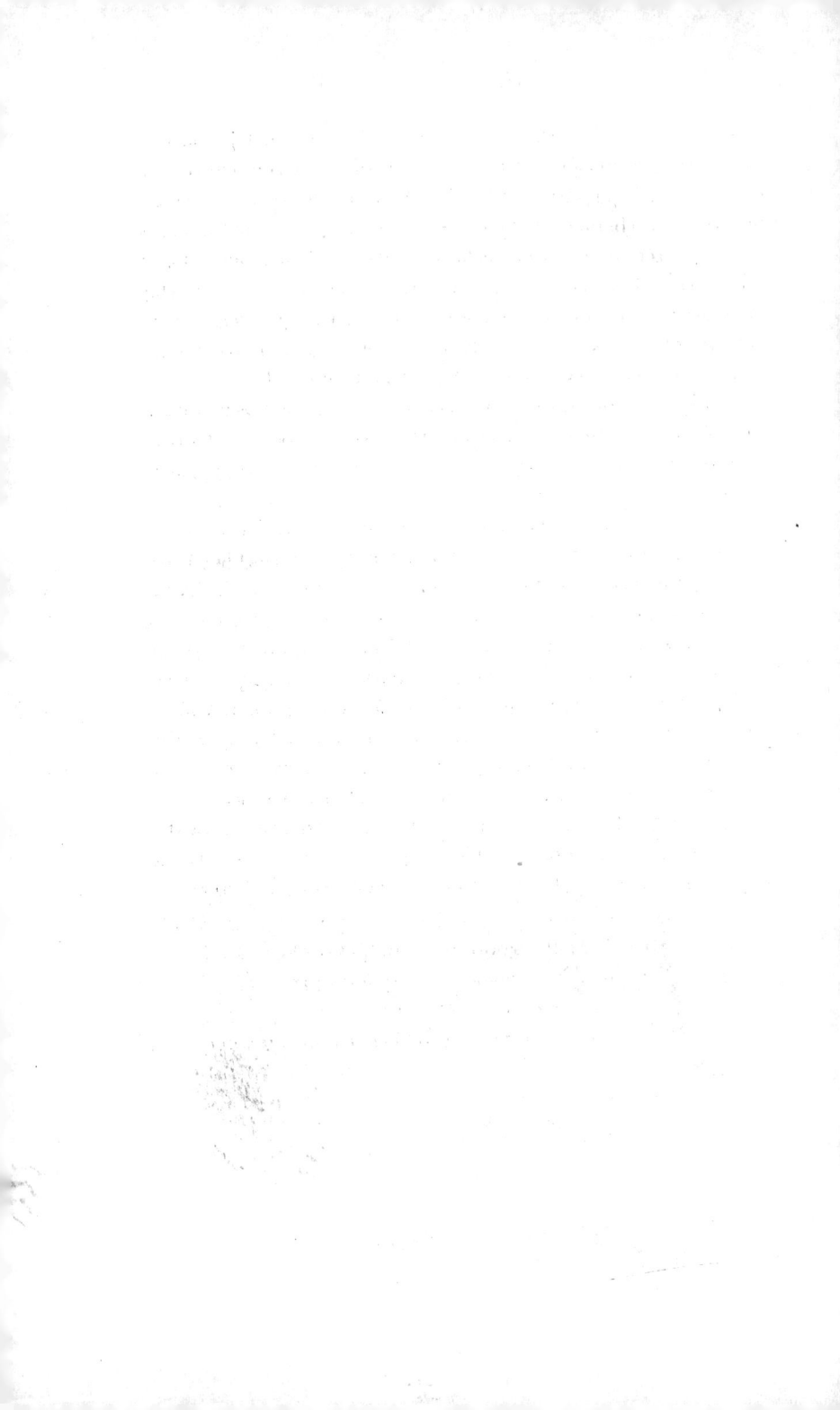

OF ROYAL MANTLES AND BLUE TURQUOISE: THE MEANING OF THE MEXICA EMPEROR'S MANTLE*

ABSTRACT

This article argues that the Mexica emperor's mantle was a fiber net rectangle studded witch actual turquoise beads or plaques, a conclusion that is contrary to technically based interpretations of the garment as a tie-dyed cotton cape. The purpose of making this distinction is to increase our understanding of the symbolism embodied by Mexica costume within a cultural and historical context. Known as *xiuhtlalpitilmatl* in Náhuatl, the mantle is said to have had its origins in Toltec times. Later it was worn mainly by Mexica emperors at accession and other ceremonies to symbolize continuity with their Toltec and Chichimec predecessors. Within the context of Mexica ideology, the garment served this symbolic purpose through its very materials: the rough agave net alludes to nomadic Chichimec warriors of the desert, while turquoise refers to the civilized, sedentary, agriculturally based Toltec people.

The Mexica or Aztec of fifteenth- and sixteenth-century México controlled a vast empire, spanning a large portion of modern México and a part of Guatemala. They commanded tremendous wealth, which they concentrated at their capital city of Tenochtitlan. Their temples and lavish palaces were backdrops for splendid displays high-

* "Of Royal Mantles and Blue Turquoise: the Meaning of the Mexica Emperor's Mantle," *Latin American Antiquity*, vol. 8, núm. 1. Arizona, Society for American Archaeology, 1997: 3-19. En 1997 el Comité Mexicano de Ciencias Históricas le otorgó el premio como mejor artículo sobre tema del periodo prehispánico al presente texto.

lighting precious materials brought into the city from throughout the empire. Strict sumptuary laws governed attire, which in this case of the elite was of the finest kind. They wore thin white mantles in hot weather; garments for cooler evenings were interwoven with multicolored threads and enriched with rabbit hair or feathers. As a result of their affluence and power, the rulers had access to the most luxurious commodities of the time, including turquoise, jadeite, gold, feathers, and shells acquired through trade, tribute, or exchange (Berdan,1987).

In several recent stimulating articles Anawalt (1990, 1993) proposes that the emperor's mantle was a cape made of cotton cloth, tie-dyed with a blue diamond design. Although cotton was a luxury more commonly worn by the upper echelons, as opposed to the mainstream of society, its value does not seem commensurate with the status of an event as important as the accession of the supreme ruler of the empire to the throne. Therefore, the study of this garment merits further attention.

The name given to this royal blue mantle in Náhuatl, the language of the México, is *xiuhtlalpitilmatli* (turquoise-tied-mantle). Perhaps the most convincing evidence on the nature of this garment is provided by sixteenth-century mestizo chronicler Hernando Alvarado Tezozómoc (1980 [*ca.* 1550-1600]), one of the foremost sources on Mexica elite life. His descriptions of the royal of the mantle as a netlike garment worked with stones constitutes the basis for the following discussion. Deeper insight into this garment also may be gleaned form Náhuatl terminology, the archaeological and etnohistorical pictorial record, and colonial-period documents. This article gives special emphasis to the fact that the word *xíhuitl*, or *xiuhtli* (turquoise), is applied mainly to turquoise as a stone, as opposed to a shade of blue; other words are used to distinguish between hues of blue. Finally, the article attempts to establish the meaning of the royal garment within its historical and cultural context.

This article is divided into four sections. The first is a brief overview of previous studies related to the royal mantle. This is followed by a review of the mineral turquoise from Toltec to Mexica times, based primarily on the chronicle by Alvarado Tezozómoc. Turquoise has long held a special meaning in the context at attire symbolizing power, and it is closely related to Mexica accession to hegemony. The third section analyzes turquoise-studded garments, including their possible origins, their names in Náhuatl, and their contexts of use. This again is based mainly on Alvarado Tezozómoc and other sixteenth-century chroniclers, whose writings are essential for a full understanding of the royal mantle. The last section offers conclusions based on the preceding analyses.

PREVIOUS ANALYSES RELATED
TO THE EMPEROR'S MANTLE

The representation of Nezahualpilli's mantle in the *Codex Ixtlilxóchitl* (figure 1) and other mantles with diamond-shaped designs in the *Codex Mendoza* (1979 [1541-1542]) are key images employed by Mastache (1974) and Anawalt (1990, 1993) in their respective identifications of Prehispanic tie-dyed mantles. Based on textile fragments associated with children's burials in a cave near the town of Caltepec in the vicinity of Tehuacán, Puebla, Mastache (1974: 251-258) suggests that the *plangi* (tie-dyed) technique was known in Mesoamérica. Her conclusions are based on the close resemblance between the diamond designs on the textiles and ethnohistoric pictorial documents that seem to represent the same technique. However, a Mastache herself points out, it is uncertain whether the textiles from the cave are indeed Prehispanic because of difficulties in dating materials from caves. Furthermore, it is not clear that the *Codex Ixtlilxóchitl* and the *Codex Mendoza* mantles truly represent the tie-dyed technique.

Assembling an impressive database of images, Anawalt (1990, 1993) expanded on Mastache's research and carried out experiments used the *plangi* technique to reproduce the diamond-shaped design of the royal mantle. Based on Franciscan Fray Bernardino de Sahagún's description of Toltec garb, Anawalt suggest that the *xiuhtlalpilli* dates back to the Toltec period. She proposes that the etymology of *xiuhtlalpilli* (turquoise mantle) is derived from *xíhuitl* (turquoise) to indicate the blue green color and from *tlalpilli* (something tied or knotted) as a reference to the tie-dye technique (Anawalt, 1990: 298). However, the Mexica used other terms to describe the color blue, and employed *xíhuitl* specifically for turquoise as stone, as discussed below. Furthermore, *tlalpilli* is composed of the prefix

41

Figure 1. Lord Nezahualpilli of Tetzcoco. *Códice Ixtlilxóchitl, ca.* 1582, f. 69.

tla- and the verb *ilpia* (to tie), and should be understood as something tied around the body. Molina (1970: f. 124v [1571]) defines *tlapilia* as when "the Indian ties his mantle to the shoulder", and *tlapilli* as "something tied or knotted". Loosely, the word *tlaplilli* can be understood as a sort of "apron" because of its resemblance to this Western garment, while numerous glosses images from the chronicles illustrate a hip cloth worn by deities and nobles: this garment is discussed in greater detail below. On the other hand, the experiments carried out to reproduce the designs on Nezahualpilli's mantle (figure 1) are highly successful, but visual similarity alone is not sufficient proof of that the emperor's mantle was made using the same technique.

Sahagún provides further indication that the royal mantle was not tie-dyed in a description of the weaving techniques employed by Mexica women: "It is well no note the ability of the women weavers, because they paint the designs in the cloth at the same time they weave and they order or command the colors in the same cloth according to the design. Thus they weave according to the first painted design, differentiating the colored threads as they are required by the painting" (*Códice Florentino*, 1979, vol. 2, bk. 8, ff. 16r and 16v [*ca.* 1578]). Although not conclusive, this passage implies that the prevalent tendency was to weave designs directly into the cloth, rather than dyeing textiles after weaving.

Both Mastache and Anawalt rely primarily on visual similarities in diamond design patterns between tie-dyed textiles and images from sixteenth-century chronicles. They do not critically examine, however prehispanic or colonial-period representations within a broader context that takes into account the influence of style on the way the designs is rendered: instead, they choose to view the descriptions as realistic. They consider neither descriptions provided by Alvarado Tezozómoc of the royal mantle, nor descriptions of textile production techniques employed in Precolumbian times.

TURQUOISE FROM THE TOLTEC TO THE MEXICA

THE TOLTEC AND TURQUOISE

The Mexica and other Central Mexican peoples claimed themselves heirs to the great empire of the Toltec of the Early Postclassic period. No records written directly by the Toltec are known to exist; nonetheless, the Mexica kept legends of this civilization alive in their books and through oral histories. According to Mexica mytho-historical accounts, the Toltec were wealthy merchants under the tutelage of their patron god and ruler Quetzalcóatl, and many skilled artists worked in their capital, Tula.

According to Fray Bernardino de Sahagún, the Toltec discovered mines of semiprecious stones, and they were the first to work and polish fine turquoise, *chalchíhuitl* (jadeite), and other valuable stones. They extracted turquoise from a mine near Tepoztlan in a mountain called Xiuhtzone ([Hill of] those who have turquoise headdresses), and washed the stone in a nearby stream called Xippacoyan (Where turquoise is washed) (*Códice Florentino*, 1979, vol. III, bk. 10, f. 117v [*ca.* 1578]).

In another mythical account, the main god of the Toltec, Quetzalcóatl, had a marvelous palace or temple complex consisting of four abodes. The one facing west was the *chachiuhcalli* (house of

43

green stone) or *teoxiuhcalli* (house of fine turquoise), named after the green stone and turquoise set into the stucco of the structure's interior. Based on Sahagún's description, the building was not painted in blue, but was said to be covered with actual pieces of green stone and turquoise, as if it were a mosaic (*Códice Florentino*, 1979, vol. 3, bk. 10, f. 117v [*ca.* 1578]).

Two lines from the same document describe Toltec attire in Náhuatl: *"In itlaquen catca, huel itonal catca ixiuhtlalpilli. In icac tlaxihuicuilolli xoxoctic, xoxouhqui: zan no xoxouhqui in icac mecayouh" (Códice Florentino*, 1979, vol. III, bk. 10, f. 117v [*ca.* 1578]). In other words, *"Their* clothing was destiny, or privilege was their *xiuhtlalpilli*. Their sandals were painted blue, light blue, as well as their sandal thongs". Note that the reference is to the garment called *xiuhtlalpilli* (turquoise "apron" or hip cloth), not the *xiuhtlalpililmantli* (turquoise mantle). The parallel Spanish text adds that the Toltec wore mantles painted with blue scorpions. Here the scribe might be describing a netted cape in which the knots resembled the body, and the threads the legs of a scorpion, but this is mere speculation. There are a number of references to this particularly enigmatic mantle that require further study.

The Náhuatl text from the *Códice Florentino* and entries from the dictionary compiled by Fray Alonso de Molina are of particular relevance because of the terminology for turquoise and the color blue. The word *xíuitl* (the same as *xíhuitl* or *xiuhtli*, which both mean turquoise) has other meanings, but blue is not one of them (Molina, 1970, f. 159r-159v [1571]). On the same folios, Molina gives two names for a "color like turquoise": *xippalli* and *xiuhtica*. As for the color blue (azul), Molina (1970: 18v [1571]) mentions three different hues of blue in Náhuatl, *texutli, matlatin, matlaltic,* and *xoxoqui*. Similarly, in the final part of Sahagun's texts on Toltec clothing, the sandal thongs are described as *xoxouhqui* (light blue) (*Códice Florentino*, 1979, vol. III, bk. 10, f. 117v [*ca.* 1578]).

Although the documents of Sahagún and Molina date of the sixteenth century, thereby making them the earliest dated textual references to the *xiuhtlalpilli* garment, what appear to be beaded turquoise garments may be found in reliefs dating to the twelfth century a.D. or the Early Postclassic at Chichén Itzá (Karl Taube, personal communication, 1992). In a relief on the North Temple of the Great Ball Court are two figures wearing unusual garb. Standing in front of a seated ruler is a figure wearing a tight, short, dresslike garment, apparently fashioned of turquoise beads, while a reclining personage wears a longer dress with the same design (Cohodas, 1978, figure 158). Furthermore, in the Toltec hall of the National Museum of Anthropology in Mexico City, a stone sculpture of a small supporting figure wears a fitted tunic with a grid design that was probably intended to represent turquoise, as indicated by the large areas still bearing bright blue pigment (Davies, 1987: 270).

THE MEXICA AND TURQUOISE

The Mexica were a dispossessed tribe that emigrated from Aztlán to the Basin of México. However, they were not an itinerant tribe by choice (Martínez Marín, 1974). When they were not fighting as mercenaries, they practiced irrigation agriculture, constructed water reservoirs, and built shrines to theirs gods. On their arrival in the Valley of Mexico, they aspired to affluence by dressing, speaking, and behaving like their more civilized neighbors.

The first three Mexica rulers devoted their energies to consolidating their small island city and establishing a power base. Because they were still subjects of Azcapotzalco, they were not permitted to wear conspicuous emblems of authority, particularity the *xiuhuitzolli* (turquoise pointed [diadem], a privilege reserved for lords of independent cities.) In colonial-period painted documents, these three early *tecuhtli* (lords) are not depicted wearing the blue diadem (*Primeros Memoriales,* 1993, f. 51r [*ca.* 1578]). Umberger (1987a: 70) also has pointed out that it was only after independence from Azcapotzalco that the Mexica began to wear such regalia.

It was not until 1428, when their fourth ruler, Itzcóatl, won the war of independence against the Tepanecs of Azcapotzalco, that Mexica rulers began to harness greater resources enabling them to wear more sumptuous attire. Itzcóatl organized imperial merchants, who began to bring exotic products back from their expeditions. Eventually goods from all over Mesoamerica reached the Mexica capital. Among luxuries acquired from far away may have been the coveted, rare blue stone of the Toltec-turquoise.

Itzcóatl died in 1440, and Motecuhzoma I ascended the throne. He refined the Mexica administrative system, while at the same time expanding the empire. *Calpixque* (tribute collectors) were appointed to ensure the flow of tribute from subjected provinces. One of his first major military campaigns was against the peoples of the Gulf Coast. In order to stop the fury of Mexica warriors, local lords promised to give the conquerors "esmeraldas, piedras finas de *chalchihuitl* y de lo menudo en polvo *teoxihuitl*" (Alvarado Tezozómoc 1980: 331-332 [*ca.* 1550-1600]) ("emeralds, fine *chalchihuitl* stones and *teoxihuitl* very small stones often powered").

This is first reference made by Alvarado Tezozómoc to *teoxíhuitl*, the finest variety of turquoise. The quotation clearly distinguishes three materials: emeralds, *chalchíhuitl* and *teoxíhuitl*. Alvarado Tezozómoc uses the word "emerald", a stone that did not exist in Mesoamerica, to designate turquoise, as is evident form his use of the word in later contexts clearly describing turquoise regalia. *Chalchíhuitl* is the Náhuatl term for jadeite, while the *Códice Florentino* (1979, vol. III, bk. 11, f. 205r [*ca.* 1578]) records, "*teoxihuitl*, turquoise of the gods and no one was permitted to have it or use it, except to be offered to or applied to the gods. It is a pure, spotless turquoise, very fine. These stones are very rare and come form afar".

The chronicle written by Alvarado Tezozómoc is of particular interest because it offers descriptions of the elaborate garb worn by the ruler on different ceremonial occasions. Based on excavations at the Templo Mayor (the main temple at he Mexica capital) and etnohistorical accounts, the reign of Motecuhzoma I was marked by increased ostentation. It was a time when greater energy and investments were devoted to public displays o power and wealth in the form of monumental construction and lavish ceremonies (León-Portilla, 1987: 76; Umberger, 1987b: 417).

Alvarado Tezozómoc's account of the ceremonies of Motecuhzoma I abounds in references to turquoise and, more specifically, to the royal mantle. After Motecuhzoma I conquered the province of Oaxaca, a new *cuauhxicalli* (vessel for sacrificial hearts) was set up at the Templo Mayor to commemorate the victory and the enlargement of the great temple, which is called Xiuhtécatl (Alvarado Tezozómoc 1980: 361 [*ca.* 1550-1600]) ("He who comes from turquoise country"). Motecuhzoma I initiated the rites of sacrifice while dressed in lavish attire crafted from feathers, jade, gold, and other precious materials: however, turquoise items, dress and jewelry predominated. On his head was placed the *xiuhuitzolli* (turquoise pointed (diadem]), in his nose the *yacaxíhuitl* (turquoise noseplug), and on his body, the *xiuhmáxtlatl* (turquoise breechcloth). The latter is so designated not because of its blue color, but because the ends were embellished with turquoise beads. Of special interest is the description: "... lo cubrieron con una manta muy galana laboreada con piedras esmeraldas *xiuhtlalpilli*" (Alvarado Tezozómoc, 1980: 339 [*ca*. 1550-1600]). Not only "galana", which may be translated as "beautiful and rich", the garment also was "laboreada", which means it was, as the text adds, "worked" with emeralds. This is the first reference made by Alvarado Tezozómoc to the *xiuhtlalpilli* mantle described in connection with "rich stones". However, when the author uses the word "emerald", he really means, as in other instances, turquoise. The text goes on to add that the Cihuacóatl, the second in power in the empire, was dressed in the same manner.

Later the Mexica reinitiated hostilities against Oaxaca, perhaps for reasons connected with the acquisition of turquoise. The official explanation for renewed aggressions was the Mexica ambassadors and merchants traveling between Coatazacoalcos and Tehuantepec had been killed by the people of Coixtlahuaca (Alvarado Tezozómoc, 1980: 354 [*ca*. 1550-1600]). However, it seems more likely that the underlying reasons may have been economic. The territory was known to be rich, and merchants possessed great wealth, including gold and very tiny stones called *matlatlxíuhuitl* (blue turquoise, from *matlalli* [blue] and *xíuhuitl* [turquoise]). Note the use of *mátlatl* for the color blue to define a particular variety of turquoise. Alvarado Tezozómoc (1980: 354 [*ca*. 1550-1600]) repeatedly mentions the fact that turquoise (called *matlalxíuhuitl*) was used to cover the royal diadem and also was affixed to certain parts of bracelets called *machoncotl*, shields, and conch shells. However, it is unclear whether turquoise was available locally in the area, since no mines are known in southern of México (Pogue, 1974: 445ff), or whether it was brought from elsewhere for trade.

In a chapter on Motecuhzoma I's life and deeds, Alvarado Tezozómoc describes some of the ruler's attire in explicit detail. He wore many different kinds of clothing including the mantle called *xiuhtlapiltilmatli*. According to Alvarado Tezozómoc (1980: 350-351 [*ca*. 1550-1600]), "esta manta es a manera de una red azul, y en

47

los nudos de ella, en las lazadas, una piedra rica, apegada a ella subtilmente " ["This mantle is like a blue net and a rich stone is very skillfully attached to its knots "]. Here the rich stone is clearly turquoise, based on the name of the mantle, and it is specifically said to be attached to the knots of the garment. This is the same cloth that was worn by Motecuhzoma I when he performed sacrifices at his accession ceremony.

TURQUOISE AND THE REGALIA OF MEXICA RULERS

From the time of Motecuhzoma I, Mexica rulers wore increasingly elaborate regalia, often bearing turquoise and other precious materials. This opulent attire was an important part of public ceremonies, particularly on the occasion of the accession of the newly appointed ruler. The components of the garb donned by the Mexica emperor are a virtual litany of turquoise-studded trappings, which may be seen in the following survey of Motecuhzoma's successors and the turquoise elements they wore at major ceremonies.

At the death of Motecuhzoma I in 1469, Axayácatl was sworn in as the next guardian of the empire. Following his conquest of the Tlatelolcas and the Matlazincas of Toluca, Axayácatl returned to the Templo Mayor to offer his victory to Xiuhpilli (Turquoise noble), another name for the sun. His two allies, Nezahualcóyotl from Tetzcoco and Totoquihuaztli from Tlacopan, offered him a beatiful fan like a sun, with bands of turquoise mosaic and "una manta azul preciada de red, anchos los lazos, y en cada nudo o lazo una pequeña piedra subtilmente labrada " (Alvarado Tezozómoc, 1980: 411 [ca. 1550-1600]) ("a precious blue, net mantle and on each knot a small delicately carved stone "). Although the author does not mention the name *xiuhtlalpiltlimatli* (turquoise mantle) or *teoxíhuitl* (fine variety of turquoise) in conjunction with the description, it clearly refers to the same garb described earlier that was worn by Motecuhzoma I. These priests dressed as gods also placed an anklet sewn with turquoise stones on Axayácatl's right foot (Alvarado Tezozómoc, 1980: 507 [ca. 1550-1600).

Tízoc was named to the throne in 1481 and Alvarado Tezozómoc (1980: 438 [ca. 1550-1600]) describes the lavish attire worn by the ruler on his accession. Nezahualcóyotl placed on his head the *xiuhuitzolli*, described as "a blue half miter sewn with many stones all emeralds and very beautifully affixed and set". The septum of his nose was perforated with a sharp, pointed bone to insert the *yacaxíhuitl* or turquoise noseplug ["a small and delicate piece of very thin emerald"]. Then he endowed Tízoc with "una manta de nequen azul, en medio pintado un sol de oro que le llaman xiuháyatl y debajo de esta manta otra muy rica" ["a blue sisal mantle that had a golden sun painted in its center, which is called *xiuháyatl*, and underneath this mantle another equally rich one"]. Again, Alvarado Tezozómoc writes of the royal mantle and the material of which it is made, providing yet another Náhuatl name for the same garment, *xiuháyatl* (turquoise mantle). This word comes from *xíhuitl* (turquoise) and *áyatl* (square or loose net of thin sisal or cotton thread) (Molina, 1970, f. 3r [1571]).

Despite the fact that the text does not specifically mention turquoise, it is clear from its name that the garment included the actual stone. In the above passage from Alvarado Tezozómoc, the Náhuatl terms for this mantle, as well as other pieces of royal attire known to be made from this stone, all employ *xiuh-*. the root of the word *xiuhtli* (turquoise), whether it is in *xiuhuitzolli, yacaxíhuitl, teoxíhuitl, xiuhtlalpilli,* or *xiuháyatl.* Given the repeated use of *xiuh-* in contexts that indicate turquoise was one of the raw materials and not merely a color modifier, the stone itself was probably used in the mantle *xiuháyatl.* Furthermore, Alvarado Tezozómoc clearly describes the material of the mantle as sisal, not cotton, because of the repetition of the noun "*nequen*" for *henequén* (sisal or hemp).

Tízoc went to Metztitlán to conquer and take victims for his inauguration ceremony. On his return, Tenochtitlan received him as a great war hero. In the great courtyard, Tízoc began the dance, dressed as a supreme lord, "with so many feathers that they covered his entire body and on his head, the *xiuhhuitzolli* [*sic*] that served as royal crown with emeralds, diamonds and tiny pieces of brilliant amber... and on his nose, the *xiuhhuitl* [*sic*]" (Alvarado Tezozómoc, 1980: 449, 450 [*ca.* 1550-1600]). "Emeralds" refer to turquoise in the passage describing the royal diadem *(xiuhuitzolli)*, while "diamonds" were probably tiny pieces of glittering pyrite. The Cihuacóatl appeared dressed in the same manner.

When Tízoc died six years later, elaborate, funerary rites were held. The Cihuacóatl placed the *xiuhuitzolli* on the forehead of his mummy bundle and a turquoise jacket on his torso. His features were traced with blue paint on the face of the bundle. And the *ya-*

caxihuitl (nose turquoise [rod]) was inserted into the *septum* of his nose. Finally, turquoise sandals were tied onto his feet (Alvarado Tezozómoc, 1980: 454-455 [*ca.* 1550-1600]).

When Ahuítzotl was appointed as the next Mexica emperor, Nezahualcóyotl and Totoquihuaztli placed the diadem covered with turquoise mosaic on his head. They then pierced Ahuítzotl's nose and inserted *a teoxiuhcapitzalli*, described as "una piedra muy subtil, delgada y pequeñita de teoxíhuitl", (Alvarado Tezozómoc, 1980: 460 [*ca.* 1550-1600]) ["a very beautiful, long, thin stone of fine turquoise"]. They then wrapped his shoulders with "una manta azul de pedrería sembrada" ["a blue mantle studded with stones"], and they covered his waist and genitals with an elaborate breechcloth and tied the *xiuhcactli* [turquoise sandals] on his feet (Alvarado Tezozómoc, 1980: 460 [*ca.* 1550-16001].

The young ruler went to Chiapan and Xiquipilco, in the heart of Otomí country, and then to the Gulf Coast, to capture victims for his coronation ceremony, the next major public event in the life of the ruler. Among his exploits in battle was the taking of war trophies, including a beautiful piece called *xiuhtézcatl (*a mirror with turquoise [mosaic] that shone exceedingly) and a *xiuhchimalli* (a shield with turquoise) (Alvarado Tezozómoc, 1980: 543 [*ca.* 1550-1600]).

At his accession ceremony, Ahuítzotl was endowed with the same turquoise emblems as his predecessor Tízoc. On his head was placed, "the crown with many stones that was the half miter that they called *xiuhhuitzolli* [*sic*]" (Alvarado Tezozómoc, 1980: 506 [*ca.* 1550-1600]). "They put in the *septum* of the nose a bright stone called *yacaxihuitl* and on the right foot a kind of bracelet of a golden metal studded with emerald stones", and "una manta de red como de hilo de nequen azul y delgada como una toca y en los nudos pedreria muy fina" (Alvarado Tezozómoc, 1980: 507-508 [*ca.* 1550-1600]) ["a very thin net mantle, like a veil, of blue hemp thread that had fine. rich stones at the knots"]. Then they tied on his waist, "the blue worked breechcloth that had many stones of great value at its ends" (Alvarado Tezozómoc 1980: 508 [*ca.* 1550-1600]). The lords Nezahualcóyotl and Totoquihuaztli were attired in the same manner.

Alvarado Tezozómoc refers to several other items of turquoise insignia during the reign of Ahuítzotl. After the conquest of Xoconochco, a rich coastal trading post, Ahuítzotl acquired the *tlapapalxíhuitl* (Alvarado Tezozómoc, 1980: 556 [*ca.* 1550-1600]), or the "emerald of different colors". This stone may have been mined locally, or perhaps it was brought by merchants from the north. After Ahuítzotl's death, his body was wrapped in many costly garments, but only two with turquoise are mentioned. In addition to the turquoise lip plug, "le pusieron una manta que llamaban *teoxiuháyatl,* de red azul cargada de pedreria en los nudos de ella" (Alvarado Tezozómoc, 1980: 570 [*ca.* 1550-1600]) ["they put over him a mantle called *teoxiuháyatl,* of blue net loaded with stones at the knots"]. Here Alvarado Tezozómoc introduced a new word for the royal mantle, *teoxiuháyatl,* or "divine turquoise mantle".

Motecuhzoma II was the last Mexica emperor, named by the Cihuacóatl and the lords of Acolhuacan and Tlacopan as Ahuítzotl's successor in 1502. According to Alvarado Tezozómoc (1980: 573 [*ca.* 1550-1600]), they had the *xiuhuitzolli* (turquoise diadem) ready. They pierced his septum and ran the *yacapitzactli* (thin nose rod) through it, and covered his back with "una manta preciada de red azul como toca delgada con pedreria menuda y rica" ["a blue net mantle light as a veil with many small rich stones"]. He also was dressed with "a costly breechcloth and his blue and gold sandals and the diadem of lordship" (Alvarado Tezozómoc, 1980: 573 [*ca.* 1550-1600]).

Occasional references to turquoise emblems may be found in connection with Motecuhzoma II, whose reign was marked by almost continuous warfare. He went to the Mixteca region in Oaxaca, where he conquered new territories and captives for his accession ceremony (Aguilera, 1978: 119). On this occasion, the lord of Acolhuacan gave him another *xiuhtlalpiltilmatli,* described as "una manta azul de red con mucha pedreria rica en los nudos de la manta" (Alvarado Tezozómoc, 1980: 593 [*ca.* 1550-1600]) ["a blue netted mantle with many rich stones at the knots"]. Motecuhzoma II was also given "a breechcloth like a towel with tassels bearing gold bells the same as the mantle" (Alvarado Tezozómoc, 1980: 593 [*ca.* 1550-1600]). For the inauguration of the Coatlan temple, dedicated to all the gods, Motecuhzoma II wore lavish jewels, such as the *tenth (lip* plug) and *a teoxiuháyatl* (Alvarado Tezozómoc, 1980: 629 [*ca.* 1550-1600]). This latter word may be a paleographical error omitting the letters "ay" in the original manuscript, so perhaps the *teoxiuháyatl* is mentioned again.

51

Therefore, the netlike mantle studded with stone beads was worn by Mexica lords at major state events: accessions to the throne, temple inaugurations, and funeral services. The garment appears under two names: *xiuhtlalpilli manta* (the same as *xiuhtlalpilli tilmatli*) and *xiuháyatl* (or *teoxiuháyatl*). All incorporate the root *xiuh* (turquoise), which implies that turquoise beads formed part of the garment. *Manta* and *tilmatli* are words used interchangeably for mantle, while *áyatl* is the word for a rectangle of thin, netted agave cloth (*Códice Florentino*, 1979, vol. III, bk. 10, f. 53r [*ca.* 1578]). *Tlalpilli*, a tied apron like garment, is explained in greater detail below.

THE NETTED CAPE AND TURQUOISE GARMENTS

This section delves into the components of the royal turquoise mantle, beg, ping with the concept of the netted cape and then looking more closely at turquoise. First, visual conventions used to represent turquoise during the Prehispanic period are examined. Next, colonial-period representations of the turquoise mantle are discussed. Finally, the turquoise hip cloth is analyzed to distinguish it from the turquoise mantle.

THE *MECA-ÁYATL*

Because the structure of the royal turquoise mantle was primarily formed of maguey fiber, I explore its connection to a similar netted-cord mantle worn by courageous warriors or bellicose deities described in sixteenth-century chronicles. Sometimes called the *meca-áyatl* (cord mantle), the garment also was known as the *chalca-áyatl* (mantle of the Chalca), because it was worn by the warriors of Chalco who were renowned for their bravery. The Mexica probably adopted the form of the netted-cord mantle from these valiant warriors, as Eduard Seler proposed (1991a: 293 [1899]) almost a century ago. In Seler's words, "the covering that the supreme war chieftain, the king, wore, therefore, is but a development of the *chalca-áyatl*[...] he wore it over other coverings, as Alvarado Tezozómoc states, while the warriors of the *telpochcalli* wore it on the naked body, so that they appeared to be almost nude" (Seler, 1991a: 293 [1899]). Describing the same garment, the *Códice Florentino* states that warriors of the *telpochcalli* (house of youths) "vestíanse con las mantas de maguey que se llaman *chalca-áyatl* las cuales eran tejidas

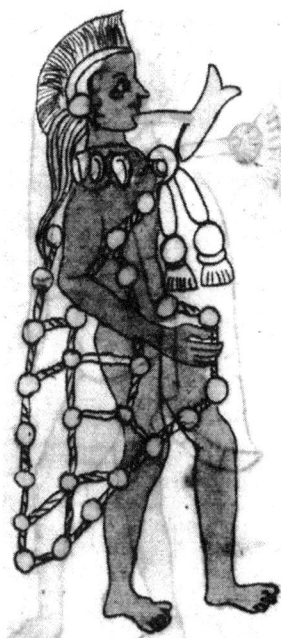

Figure 2. Warriors chief whith the *meca-áyatl*, an open net whith gold beads tied to the knots. *Códice Vaticano-Ríos*, 1964, vol. III, plate LXXXII.

de hilo de maguey torcido, no eran tupidas, sino flojas y ralas, a manera de red" *(Códice Florentino* , 1979, vol. I, bk. 3, Appendix, f. 33r [*ca.* 1578]) ["they wore agave mantles called *chalca-áyatl* that were woven from twisted agave thread, they were not tightly woven, but were loose and open like a net"]. This garment also is rendered in the *Codex Vaticanus-Ríos* (1964, pl. 82 [*ca.* 1566-1589]), where a warrior chief of the *telpochcalli* is shown wearing a netted hemp mantle with gold beads tied to the knots (*Códice Florentino*, 1979, vol. I, bk. 3, Appendix, f. 33r [*ca.* 1578]) (figure 2). This visual clearly illustrates the tradition of tying precious objects to the knotted portions of the net mantle.

The patron god of the Chalca was Tezcatlipoca, whose impersonator is depicted wearing this mantle (*Códice Florentino*, 1979, vol. I, bk. 1, f. 34r [*ca.* 1578]) (figure 3). The gods Tlacochcalco Yaotl and Omácatl, both aspects of Tezcatlipoca, also wear a version of this mantle (*Primeros Memoriales*, 1993, ff. 266r and 266v [1558-15611]) that is edged by a red border with white shell disks that give the garment a different name: *meca-áyatl tenchilnahuayo* (León-Portilla, 1958: 146) ["red border

Figure 3.
Personification of
Tezcatlipoca wearing
the *meca-áyatl*, *Códice
Florentino*, 1979, vol. I,
bk. 1, f. 34v
(Appendix).

with disks"]. Thus there seems to be a clear relationship between the
netted maguey mantle, warriors, and bellicose patron gods.

CONVENTIONALIZED REPRESENTATIONS OF TURQUOISE
Before analyzing pictorial representations of royal mantles, it is
necessary to examine stylistic canons used to represent this material
to demonstrate that depictions of the garment in *códices* truly convey
the image of a net studded with turquoise.

In Prehispanic sculptures and painted manuscripts, the representation of turquoise mosaic may be identified easily when the object
is painted blue, while the design may be a simple grid (figure 4), or
a series of diamonds or rectangles with a round perforation in the
center (figures 5 and 6) (*Códice Borgia*, 1980: 21 [1350-1400?]). The
same convention also is used to represent the green scaly skin of
reptiles and snakes. In the monumental Mexica sculpture of the
goddess Coatlicue (figure 4). The snakes forming the head show a
criss-crossed design with a green jade head in the center. Furthermore the *Códice Borgia* (1980: 21 [11350-1400?]) (figures 5 and 6)
portrays a snake with skin composed of rows of squares, and a crocodile with diamonds containing a dot in the center. However, the
ochre color of the snake and crocodile, as well as the quetzal, is due
to the effects of light and time on the original green pigment.

On the other hand, in colonial-period *códices*, rows of segmented
bands forming a more complex grid with perforated disks in the

Figure 4.
Detail showing
"scaly" design in
the serpent head
of Coatlicue. MNA,
México City.

Figure 5. The day
sign Crocodile
with its scaly skin.
Códice Borgia,
1980: 21.

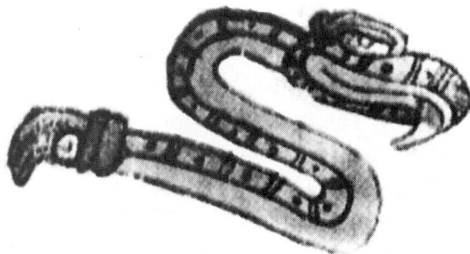

Figure 6. The day
sign Serpent with
scaly dorsal skin.
Códice Borgia,
1980: 21.

Figure 7. Itzcóatl, fourth Mexican ruler. *Primeros Memoriales*, 1993, f. 51r.

middle signify turquoise, a meaning that is underscored by the blue color of the overall garment (figures 1, 7-11). Each segment represents a bead, while the dot in the center of the disk identifies a perforation through which a thread may be drawn. The bead is shown flattened out, and not as it would have been strung to ensure visual legibility in accordance with the convention of presenting objects from their most characteristic viewpoint. These examples are examined in greater detail in the following section. In contrast, turquoise mosaic in colonial-period *códices* is represented as irregular. Mostly triangular pieces lacking any perforation (e. g, see the diadem in figure 7).

Furthermore, relatively naturalistic depictions of turquoise may be found in the *Códice Florentino,* which mentions rare, large, round turquoise beads known as *xiuhtomalli* (1979, vol. III, bk. 11, f. 206r [*ca.* 1578], and illustrates round and square pieces of turquoise (figure 8). The little tender plant over the ovoid bead is the name glyph of the stone because *xíhuitl* means both tender plant and turquoise. Other vignettes represent basic turquoise forms: round and tubular beads, and rectangular plaques (*Códice Florentino,* 1979, vol. III, bk. 11, ff. 205r, 205v [*ca.* 1578].

Figure 8. Cylindrical and square turquoise beads. The small
plant alludes to the name *xíhuitl*, which means both tender plant
and turquoise. *Códice Florentino*, 1979, vol. III, bk. 11, f. 206r.

Thus based on this brief survey, the most common convention
for representing turquoise is as a series of rectangles or diamonds
with a perforated disk in the center.

COLONIAL REPRESENTATIONS OF THE TURQUOISE MANTLE
Through systematic examination of the colonial pictorial sources,
depictions of the turquoise mantle worn by rulers and deities are
analyzed in conjunction with Náhuatl texts that name or describe
these garments. The primary means of identifying the garment is
through the convergence of the grid design with disks in the center,
an overall blue color, and/or Náhuatl words identifying turquoise
as a part of the garment. Stylistic variations among the examples
illustrated here reflect different degrees of acculturation, ranging
from those in a more indigenous style (e. g., figures 7 and 9) to
those reflecting more Westernized stylistic canons (e. g., figures 10
and 11). This difference also has a roughly chronological dimension:
in these particular examples, the more indigenous renderings tend
to be earlier in date than the more Europeanized ones.

Sahagún's *Primeros memoriales*, which sometimes are regarded as
an early draft of his monumental *Códice Florentino*, depict a number
of turquoise mantles worn by nobles, emperors, and deities. They
are associated primarily with two different names. The merchant

Figure 9. Noble with the turquoise mantle of round and tubular beads. *Primeros Memoriales*, 1993, f. 55v.

god Yacatecuhtli wears a turquoise mantle labeled *xiuhtlalpilli* in *itilma* (*Primeros Memoriales*, 1993, f. 262r [1558-1561]), which means "his *xiuhtlalpilli* mantle". The same name for the garment is employed by Alvarado Tezozómoc (see above). Yacatecuhtli may be shown wearing this mantle because he sometimes is identified as an aspect of Ce Ácatl Topiltzin, which is the calendrical name of Quetzalcóatl of Tula, perhaps an allusion to his early Toltec origins. Furthermore, Mexica rulers and deities sometimes are depicted wearing Toltec clothing, in reaffirmation of Mexica roots in Toltec civilization (Umberger, 1981: 184).

Similarly, noblemen are shown wearing a turquoise mantle called *xiuhtlalpiltilmatli* in the *Primeros Memoriales* (1993, f. 55v [1558-1561]) (figure 9). This depiction is a particularly clear example of the turquoise mantle in which narrow vertical bands of long tubular beads are crossed or interwoven with horizontal beads of the same shape to form a net. Attached to the horizontal beads are large round ones, with the dot in the center indicating the perforation. However, the vast number of representations of the turquoise mantle in the *Primeros Memoriales* are glossed *ixiuhtilma*; these were worn by Mexica rulers, from Itzcóatl to Cuauhtémoc (*Primeros Memoriales*, 1993, ff. 51r and 51v [1558-1561] (figure 7).

Figure 10. Don Andrés
Motelchiuh, governor of
Tenochtitlan, wearing the
mantle whith square and
round turquoise beads.
Códice Florentino, 1979,
vol. II, bk. 8, f. 4v.

The mantles depicted in Sahagún appear to be slightly abbreviated versions of the mantle described above, which is natural given their smaller scale and the fact that they are worn by seated figures within a larger sequence of rulers. The cords of the net are marked with single lines as a checkerboard, sometimes with disks in the middle.

There are references and depictions of the turquoise mantle in Sahagún's *Códice Florentino.* In addition to the Mexica of Tenochtitlan lords from Tlatelolco and other nations also wore the blue netted mantle (1979, vol. II, bk. 8, ff. 1r-10v [*ca.* 1578]). Don Andrés Motelchiuh (figure 10), a Mexica governor of colonial Tenochtitlan, is shown wearing a blue mantle similar to the ones represented in the *Primeros Memoriales,* although he is not shown wearing the royal mantle in that source. A blue net design of squares frames large round beads with dots in the center. The indigenous artist clearly was intent on depicting large, round turquoise beads surrounded by smaller, rectangular ones.

A considerably more Westernized version of the mantle may be found in the *Codex Azcatitlan* (1949: 22 [*ca.* 1550-1600]) (figure 11), which exhibits incipient attempts at perspective. Motecuhzoma II is shown seated on a Westernized lordly seat with backrest, known as

Figure 11. Motecuhzoma I with the net mantle with round turquoise beads and the red border of the white shell disks. *Códice Azcatitlan*, 1949, plate XXIII.

the *tepotzoicpalli*. He wears the precious mantle in which the agave net is clearly seen, formed of cords that cross, but are not tied at each intersection. Large round turquoise beads appear in each square or "eye" of the net.

The most Occidentalized depiction of the turquoise mantle is the well-known image of Nezahualpilli of Tetzcoco in the second part of the *Codex Ixtlilxóchitl* (1976, f. 108r [1582?]) (figure 1). Even though the garment is not glossed with its Náhuatl name, it is clearly the turquoise mantle, because of its blue color, distinctive design, and context of royalty. The more Europeanized, apparently realistic style of the representation (e. g., the three-quarters stance and view of the face, the physiognomy and well-defined anatomy of the ruler, a sense of three-dimensionality and the relatively naturalistic gestures of the figure) is somewhat deceiving. If the image is to be read realistically, how can its inconsistencies be explained? The reinterpretation of earlier turquoise mantle designs may result from a lack of understanding of the garment on the part of the scribe, who may have been unable to render it more realistically. Thus he might have chosen to adapt the two-dimensional patterns known from earlier representations into a more decorative pattern. Nezahualpilli is shown wearing a symmetrical mantle neatly falling around him as if it were a frame. The garment, in turn, is covered with square turquoise plaques dotted in the center to form a meticulously repeated design, as if it were a stamped (or as Anawalt suggests, a tie-dyed pattern).

The scribe has arranged the dotted square plaques into fret designs set off by the dotted diamond-shape plaques to create a pattern not seen in earlier images. A lack of understanding on the part of the artist is further suggested by other details of the depiction. For example a fretted band, which is not normally part of the mantle, is added around the entire capelike garment, which also makes for a visually appealing, but inaccurate, decorative border. Furthermore, the way the figure is shown wearing the cape, tied in a knot over his chest, is highly unconventional because the garment would have been worn tied over the shoulder to cover the entire body, and not just the individual's back.

A survey of a selection of colonial-period representations of the turquoise mantle shows a surprising degree of standardization and repetition. Minor differences can be attributed to stylistic variation, which plays a role in reading the image. These pictorial documents appear to confirm Alvarado Tezozómoc's descriptions of the turquoise mantle as a netted garment studded with turquoise beads.

THE TURQUOISE HIP CLOTH
Based on a survey of the chronicles, the word *tlalpilli* appears to refer to a garment worn by men or gods that is tied at the hips. It does not appear in contexts suggesting that a tie-dye technique was employed in its manufacture, as suggested by Anawalt's interpreta-

tion of the word *xiuhtlalpilli* (1990: 298). The following discussion begins with an examination of different Prehispanic representations of the garment, and then considers glossed images and textual references.

Numerous Precolumbian sculptures display a tied hip cloth, represented as a folded square garment tied at the hips with the knot in the back. For example, the Early Postclassic Atlantean sculptures from Tula wear a plain hip cloth, although the knot is hidden by the *tezcacuitlapilli* (mirror that hangs on the lower back).

Similarly, a number of Mexica sculptures also depict the triangular hip cloth. For example, the figure identified as Xiuhtecuhtli, the "Lord of Turquoise", in the National Anthropology Museum in Mexico City, also wears a plain hip cloth tied in the back. From the front, the triangular part neatly hangs over the figure's *máxtlatl* (breechcloth), while from the back, the two ends of the tied cloth hang symmetrically over the lower back.

The hip cloth in Mexica times sometimes also was associated with the gods. In Sahagún's *Primeros Memoriales* (1993, f. 261r [1558-1561]) and his later *Códice Florentino* (1979, vol. I, bk. 1, f. 1r [*ca.* 1578]), Huitzilopochtli, the bellicose patron god of the Mexica, wears *a xiuhtlalpilli*. However, despite the gloss describing Huitzilopochtli's garb (*Primeros Memoriales*; 1993, f. 261r [1558-1561]), he is not shown with the turquoise hip cloth. Below him, Paynal, a surrogate of Huitzilopochtli, indeed is shown wearing a long blue lower body garment with a criss-crossed design (figure 12). According to the *Códice Florentino* (1979, vol. II, bk. 9, f. 44r [*ca.* 1578]), captives to be sacrificed at the festival held in honor of Yacatecuhtli, the merchant god, wore the *inic mocuitlalpiaya xiuhtlalpilli* ["this was tied to the rear or hips, the *xiuhtlalpilli*"]. The parallel Spanish text refers specifically to a garment that constrained the waist or hung down from the waist: "iban ceñidos con unos ceñidores que se llamaban xiuhtlalpilli". These captives were probably dressed as impersonators of the patron god Yacatecuhtli.

When Motecuhzoma II first heard that Hernán Cortés had arrived, he was convinced that Cortés was one of the gods, so he sent Cortés four deity costumes. Among this divine attire was the costume of Tezcatlipoca, which included "*centetl tilmatli xiuhtlalpilli motocayotiaya tzitzilli quihualnacazluritzana inic mocuitlalpiaya*" ["*a xiu-*

paynal.

Figure 12. Paynal wearing the *xiuhtlapilli* (tuquoise hip cloth) over the lower part of his body. *Primeros Memoriales*, 1993, f. 261r.

htlalpilli mantle called *tzitzilli* that was folded in two by the corners and was tied at his rear"] (*Códice Florentino*, 1979, vol. III, bk. 12, f. 7v [*ca.* 1578]). The parallel Spanish text adds: "Llevaban una manta rica la tela della era un azul claro y toda labrada encima de muchas labores de un azul muy fino[...] Esta manta se ponía por la cintura atada por las esquinas al cuerpo" ["They wore a rich mantle, the cloth of which was light blue, and all of it was heavily worked on top in a very fine blue color[...] This mantle was put over the body, tied to the waist by its corners"]. In this context, the scribe's use of *xiuh-* to simply designate the color "blue", as opposed to the turquoise stone, as well as his translation of *teoxíhuitl* as "a very fine blue color", may perhaps be attributed to the acculturation of the scribe, given the highly specific use of *teoxíhuitl* in other sources to refer to the finest of turquoise. Similarly, the costumes of Tezcatlipoca and Quetzalcóatl as described by Sahagún (*Códice Florentino*, 1979, vol. III, bk. 12, 4, f. 8r [1578]) were said to include the same *xiuhtlalpilli* called *tzitzilli* tied to his hips or rear *(tzintli* or *caderas),* and not his "back" as Dibble and Anderson translate (*Florentine Codex*, 1975, bk. 12: 15 [*ca.* 1578]). Tying this garment in the back makes sense, for

63

the *xiuhtlalpilli* studded with stones would have been difficult to sit on, hence it was tied like an apron that hung in front and left the buttocks free (figure 13).

The *Códice Florentino* (1979, vol. I, bk. 1, f. 1r [*ca.* 1578]) and *Primeros Memoriales* (1993, f. 55v [1558-1561]) record names of mantles worn by noble lords. The entry in the *Códice Florentino* reads: "*xiuhtlalpilnacazminqui tlacochcuauhtli on can icac*" ("the turquoise tied garment folded by the corner ends in two in which an eagle stood"). Since the longer rectangular *tilmatl* (or mantle) cannot be folded into two to be worn, the inference is that the cloth was square, and tied to the waist to hang around the thighs.

Early colonial pictorial documents depict the garment in two dimensions. In the *Códice Borbónico* (1979: 27 [1500-1600]), for example, the figure of Quetzalcóatl (Aguilera, 1986: 166), mistakenly identified as Tezcatlipoca by Anawalt (1990: 296), also wears a plain *tlalpilli* (figure 13). Clearly shown in profile, the garment is knotted at the back and is seen covering the hips and breechcloth, while the *tezcacuitlapilli* (back disk) is shown next to the knot in a flat perspective to ensure legibility of the parts. These three elements

Figure 13. Quetzalcóatl with a plain hip cloth with red border. *Códice Borbónico*, 1979: 27.

—the breechcloth, hip cloth, and back disk— are turned toward the viewer and are clearly separated to facilitate identification of each part. In the *Codex Borgia* (1980: 17 [1350-1400?]), Tezcatlipoca also is shown wearing *a xiuhtlalpilli*, or turquoise hip cloth.

In synthesis, the *xiuhtlalpilli* was a hip cloth known from Toltec times and was worn tied at the waist. For the Mexica, it sometimes was worn as a deliberate Toltec allusion, while at other times it seems to be characteristic of major Mexica gods. At some point, the rising Mexica noble class adopted it, as well as the turquoise mantle, to convey their status.

CONCLUSIONS

The Mexica were skilled in using symbols and elements from the past for their own purposes. Based on this study, the royal turquoise mantle exemplifies this process through its very materials and construction. Turquoise beads, among the most luxurious of materials, and maguey fiber, used by warriors, constituted the basic components of the royal cloak.

For the Mexica, the color blue, in general, and turquoise, in particular, were conceptually associated with the legendary Toltec, because they "discovered" turquoise mines, and worked and traded the stone. The *tlahtoque* (those who speak rulers) wore it to legitimize their descent from Toltec nobility. The Mexica distinguished between the color blue *(matlalli, xoxouhqui,* etc.) and the actual stone *(xihuitl* or *xiuhtli),* as well as its different varieties: *teoxíhuitl, matlalxíhuitl,* and *tlapapalxíhuitl.*

Within the context of elite garments, the *xiuhtlalpilli* (turquoise hip cloth) was the most valued because it was the privilege of gods and rulers. However, it is not to be confused with the *xiuhtlalpiltil-matli,* or *xiuháyatl,* a different garment that may be described as a turquoise mantle. The mantle called *xiuhtlalpiltilmatli,* or *xiuháyatl,* possibly had its origins in the *meca-áyatl* (fiber mantle) worn by brave warrior chiefs and in the netted maguey fiber cloaks associated with the Chichimecs. Different types of turquoise beads, ranging from small square beads made of common turquoise to more expensive beads of the finest turquoise, were affixed to the knots of the maguey mantle. Some illustrations suggest that long cylindrical or tubular beads also were used.

It may appear unusual that the primary data concerning the turquoise hip cloth and mantle stem mainly from a single source —the chronicle of Alvarado Tezozómoc— and not from other related sources in the *Crónica X* group of documents. Nonetheless, given the fact that this is the most extensive and complete extant source written by a descendant of the Tenochtitlan nobility, it is understandable that his text would include details not found elsewhere, in addition to an abundance of Náhuatl terms. His information is confirmed by the representation of turquoise paraphernalia in Prehispanic sculptures and codex illustrations from the various sources discussed above.

Royal attire also was comprised of other insignia and garments covered partially or entirely with turquoise mosaic or beads. These include the *xiuhuitzolli* (pointed diadem), the *xiuhnacochtli* (turquoise [mosaic] earplugs), the *yacaxíhuitl* (turquoise noseplug), the *teoxiuhcapitzalli* (very fine long thin turquoise nose rod), the gold lip plug inset with turquoise, the *xiuhmáxtlatl* (breechcloth with turquoise at the ends), and the turquoise anklet. The *Códice Florentino* lists other jewels worn by the lords that in all probability also were donned by Mexica lords for major state events, such as accession to the throne. Among this finery were the *coyolnacochteoxíhuitl* (earplug of very fine turquoise with bells), the *xiuhmaquiztli* (bracelet with turquoise) (*Florentine Codex*, 1951, bk. 2, chapter 6: 69 [*ca.* 1578]), the *xiuhchimalli* (turquoise shield, and the *xiuhcactli* (turquoise sandals). Mexica emperors would have been laden with turquoise covered garments and other accessories.

The significance of encasing the supreme lord with turquoise insignia relates to the symbolic value of the stone in general as well as to each element in particular. The *xiuhuitzolli* was the ultimate visual sign of lordship. The netted fiber mantle studded with turquoise bestowed upon the royal wearer the highest office that was once the prerogative of the Toltec. A detailed study has yet to be completed for the other elements of the emperor's elaborate costume.

The incongruity of the component parts of the emperor's mantle demonstrates the mastery of the Mexica in juxtaposing and reworking symbols related to their past. A rough maguey fiber mantle would not normally have been commensurate with the status of the emperor. Its purpose was to communicate a dual message. The netted fiber structure of the emperor's mantle was a reminder of the humble origins of the Mexica, as Chichimec warriors hired as mercenaries by more affluent local groups. Turquoise, on the other hand, refers to their civilized, refined roots in Toltec royal lineages, into which they intermarried to validate their authority in the valley. The royal turquoise mantle was not merely a beautiful luxurious garment for ostentation. Its very components embodied the fusion of these two symbolic elements—turquoise and the rough, netted mantle— to convey and instill Mexica pride in their Toltec and Chichimec roots.

ENDNOTE

After submitting this paper for publication, I came across a key piece of evidence in a 1995 publication. *Historia cronológica de la noble ciudad de Tlaxcala by* Juan Buenaventura Zapata y Mendoza, an author of a seventeenth-century document transcribed, translated, and annotated by Luis Reyes García and Andrea Martínez Baracs. Here the Náhuatl text in describing the garment worn by the local patron god Camaxtle mentions the precise verb for the technique of threading "*Honcan quiquetzque quimoteotiaya Camaxtle at a tlainatia catca tentzon hueyac yn itentzon yhuan mitohuan iximitzal yn icpac caquiya yuhqui yn axcan teopixacatlatoque hobispome conaquiya mitra yn oca tilmatl auh yni xihuitl tlacaluli ypan quapotlarl yhuan occequi yn inechichiuh catca ytlahuitol ymiuh yuh neztica cequi imachiyo*", which is translated as: "There they set Camaxtle up, on the eagle's mat, he who was their god, who perhaps was only a bearded wiseman. Big was his beard. And it is said that he wore his diadem, just as now bishops wear miters; furthermore, the mantle is threaded with pieces of turquoise. And other gears were his bow and arrow, just as he appears in some of his images". I believe the verb in this passage, *tlacaluli*, is related to the Náhuatl word *zotica* that Molina (1970: f. 26v [1571]) translates as "estar ensartada la cuenta o cosa semejante" ["for a bead or a similar thing to be inserted"] because the verb for "to weave", or *tejer* in Spanish, is a very different word in Náhuatl: *ihquiti* (Molina, 1970, f. 113r [1571]).

ACKNOWLEDGMENTS

I am grateful to A. J. O. Anderson and Charles E. Dibble, whose translation of the *Florentine Codex* from the Náhuatl is a constant source of inspiration, and to Karl Taube for sharing his ideas and for the illustration of don Andrés Motelchiuh. In addition, I would also like to thank Gene Anderson and David B. Kronefeld for their valuable suggestions on earlier versions of this paper, and Debra Nagao for helping to edit the final version of the manuscript.

A SACRED
SONG TO XOCHIPILLI[*]

XOCHIPLLLI ICUIC
Tlachtli icpac
huel in cuica
Quetzalcoxcox
quinaquilia Cinteotl
ye cuica tocnihuan
Yehualtica tlahui Cinteotl
zan cuicazqui nocuic
oc oyohuale teumechale
oc quicazquiz nocuic Cipactonalla

SONG TO XOCHIPILLI
In the ball court
Sings away
The quetzalcoxcox
Cinteotl answers him
So sing our brothers
When the night tuns into day
The only one hearing our
song will be
Just the lord of the bells
with the skin face paint
will yet hear my song.
Cipactonal will yet hear
my song

The verses above are the first half of an ancient Náhuatl song, esoteric in content, and perhaps meant to be known only by the priest-
hood. The song was probably taught at the *calmecac* (school of
higher learning). This and other poems to the gods were collected
by the Franciscan fray Bernardino de Sahagún in the first drafts
called *Primeros Memoriales* (1993: f. 277r) (translated by Sullivan,
1997: 139-40) and in his monumental work the *Códice Florentino*
(1979, vol. I, bk. 2, f. 140r).

[*] "A Sacred Song to Xochipilli", *Latin American Indian Literatures Journal*, vol.
14, núm. 1, McKeesport, Pensylvania, 1998: 54-72. Thanks to Elizabeth Cuéllar for

The object of this paper is to interpret this mysterious song in as much as possible the way in which the ancient priests would have understood it. Until now, the researchers that have studied the song think that Xochipilli, the god to whom the song is dedicated, can be identified with the bird called *quetzalcoxcox*. I propose that Xochipilli is the sun and the *quetzalcoxcox* bird is Quetzalcóatl as the morning star, the planet Venus. The paper will also attempt to show the difficulties encountered by researchers in the identification of certain species of Mesoamerican fauna (the *quetzalcoxcox* in this case) and the risks involved in the decipherment of the meaning of ancient poetry. If the species of animal and its proper native name are not correct, the interpretation of the context in which it appears will be wrong; and if the identification of a particular character with an animal is mistaken, the whole interpretation will be incorrect.

The first scholar who attempted to translate the songs to the gods and the Hymn to Xochipilli was Daniel Brinton who, in 1890, published his *Rig Veda Americanus* in a very preliminary work. In this century the German philologist and Mesoamericanist Eduard Seler (1992, vol. III: 261-264), followed by Ángel María Garibay (1958: 29-223), both rendered a more accurate translation and interpretation of the ancient songs. More recently, Arthur J. 0. Anderson and Charles E. Dibble (*Florentine Codex*, 1981, bk. 2, f. 231) and Thelma Sullivan (*Primeros Memoriales*, 1997: 130-152) translated the songs without attempting to interpret them. The pioneer works of Seler (1990, vol. III: 261-264) and Garibay (1958: 98-107) have been of great value, but their interpretation of the *Song of Xochipilli* must be revised, both in the identification of the characters and of the hymn as a whole.

The first step in the interpretation of the hymn is to identify the participants in the dialogue, a format that both Seler and Garibay adopted. They are: Xochipilli to whom the song is dedicated; Cintéotl, the *quetzalcoxcox*; Teumechahue; and Cipactonalla. The interpretation of the character of the *quetzalcoxcox* will be attempted first because it has a history of wrong identifications and its role is so

revising the English of a previous version of this paper and to Ana lturbe (figures 3, 4, 5) and Fernando Botas (figures 1, 2) who made the illustrations.

important that the knowledge of its scientific identification is basic to the understanding of the other participants and of the song.

THE *QUETZALCOXCOX*

The scientific species of the bird mentioned in the hymn, the *quetzalcoxcox*, has been misunderstood by several researchers, including the writer (Aguilera, 1980) who later corrected her mistake (Aguilera, 1983). The *quetzalcoxcox* is the special kind of bird in Mesoamerican religion that has in its origin the bird called in Náhuatl or *coxcox* or *coxolitli* (Molina, 1970: 24v).

The early chroniclers called the *coxcoxtli* a pheasant because it resembled the bird of Middle Eastern origin of that name, although pheasants did not exist in pre-Hispanic Mexico. The sixteenth century *Diccionario de Motul* (1929: 203) registers the word *cox* only as "black pheasant". The Bishop of Yucatán Fray Diego de Landa (Landa-Tozzer, 1975: 202) writes, "the *cox* is a big bird, of furious step and balance, the males are all black as jet and have very pretty crowns of curled feathers and the lids of their eyes are yellow and very pretty". Landa is describing not the *cox* but the male of the species *Crax rubra*, called in Maya *kanbul* (yellow caruncle), the Great Curassow. He knows that in this species the male is jet black and the female, golden or auburn. Both exhibit a beautiful, curly-feathered crest.

The chronicler of the Náhuatl language Fray Alonso de Molina lists two words for the *cox*: *coxcoxtli* or *coxolitl* (1970: 24v) and calls it "pheasant". Dr. Francisco Hernández, sent by King Philip II to study the flora and fauna of New Spain, describes the *coxolitl:* "These birds that the Indians call pheasants are the size of hen-turkeys, their color is *leonado* [lion colored, auburn, golden, or ocher], the feather crown is black and crosses the head, the feet and beak are red, the nails black and the breast has white specks, its meat, preserved for some time, is healthy and agreeable, otherwise it is unpleasant and tougher than convenient" (Hernández, 1959, vol. III: 340). This is the description of the female of the curassow, not the *coxcoxtli.*

The Jesuit Francisco Xavier Clavijero (1964: 29), probably after Hernández, says that the *coxolitl* is auburn in color, remarks that it is called the royal pheasant by the Spaniards, and says its meat has a good flavor. These two last authors wrote in Latin and Italian, respectively, and use the word *fulvus* for the color of the bird, which is the color of the female curassow and not the *coxcoxtli* whose plumage is dark with a metallic, purple sheen.

Eduard Seler gives the correct scientific name of the *coxcox*, and adds that the *coxcox* is a "loquacious hen, one of the eight penelopids, *Penelope purpurascens* (Seler, 1996, vol. V: 266). "This last name is the correct scientific modern name of the bird. In spite of his first correct identification, Seler hesitates and later writes that the *coxcoxtli* could be a wild hen of the species *Odontophorus*. He also suggests the species *Dactylortix thoracicus* but does not specify the gender of the species. Of the above two, the first can only be *Odontophorus guttatus* (Gould, 1838) because this is the only quail species that occurs in Mexico. In the Mayan area it is known by the word golonchaco or bolonchaco (seven rain) (Álvarez del Toro, 1971: 55). This name shows it to be a very sacred and important bird, one that needs further study; but again, it is not the *coxcox*.

In his study of the birds in Mesoamerican manuscripts, Seler wonders if the *cuezalpaxitl*, a bird appearing in the later part of the Xochipilli song, is the *quetzalcoxcox*. However, it is the helmeted hoco (*pauxi pauxi* sp.), a bird that lives only in Colombia and Venezuela. Seler also suggests the *páxitl* (Seler, 1996, vol. V: 266), in Spanish "pachita", that is another Mexican cracid *Penelopina nigra,* a bird that is much smaller than the above mentioned *coxcoxtli*.

Seler rightly records that in Spanish the *cox* is called "cojolita" or "cojolite" (with disregard to gender) in the regions where it lives. The Náhuatl name is only the duplication of the Mayan syllable *cox*, with the noun suffix *tli*. Álvarez del Toro (1971: 50) agrees and gives three more common names for the *cox* in the Mayan area: "pava de monte", "choncho" and "ajol". The first name presents no problem because the *cox* is a wild bird that looks like a wild turkey, the common English name of the bird. The second could be onomatopoeic, and the third probably derives from the Maya word *okol* that means "loquacious" (*Diccionario Maya Cordemex,* 1980: 597). This name is difficult to translate literally, but could mean "he who stutters". Both names can describe very well the singing of the *coxcoxtli*.

Ángel María Garibay also had trouble with the scientific identification of the *coxcoxtli*. He follows Seler but gets another false iden-

Figure 1. Quetzalcoxcox, *Códice Borgia*, 1980: 23.

tification (Garibay, 1958: 103). He looked for the name *cuezalpáxitl* in the *Diccionario de Mexicanismos* (Santamaría, 1959, II: 428) and found the names *Pauxi galeata* and *Crax globicera*. Garibay assumed that *paxitl* was the *cuezalpáxitl* because the word *páxitl* occurs in the name, although we saw above that this bird is not the *coxcox* or the *quetzalcoxcox*.

On page 23 of the *Codex Borgia* appear two gods disguised as birds (lower row, left and center). Seler calls the one on the left Chalchiuh-tlicue, who is disguised as a golden bird with a feathered, jeweled crest. It is clearly the female curassow, but Seler calls it *quetzalcoxcox*. He then recognizes the figure in the center bottom square as the god Quetzalcóatl and his black bird disguise as that of the *coxcox*, which is really the *quetzalcoxcox* (figure 1). Quetzalcóatl is recognized by his half-conical hat and a head band with a reptile head on the forehead. This last element means that he is a primeval god as shown in the myth of the deluge, which will be discussed below.

THE WRONG *QUETZALCOXCOX*

The face and body of Quetzalcóatl are human but he is disguised as a *quetzalcoxcox*. He has a yellow beak inserted into his mouth. In the nape of the neck he wears a fan of black feathers with four yellowish feathers and four more red feathers emerging on top. The black feathers are of the *coxcox*. The red feathers are of the scarlet macaw (*Ara macao*) and have the special name of *cuezalin* (flame). The long ones are also macaw feathers with a blue tip. The four now yellowish feathers were originally green "quetzal" feathers that add the word "quetzal" to the name *coxcox*. Two wings of black feathers are tied to the arms of Quetzalcóatl and are enriched with four signs of preciousness. These jewels are formed by three jade beads tied to a cone of red leather and fringed with small white feathers or shell ringlets. They indicate, as do the quetzal feathers, that the bird is precious. The tail of the bird hangs in the back from the waist of Quetzalcóatl. It is formed of three black *coxcox* feathers that also end in a sign of preciosity. The loincloth is fringed with lighter feathers that are not those of *coxcox*.

THE *COXOLIIYO* AND THE *COXOLAMAMALLE*

The *Códice Florentino* gives the name of two pieces of attire made with *coxcox* feathers: the *coxoliyo* and the *quetzalcoxolamamalle* (1979, vol. I, bk. 1, f. 2v. and vol. III, bk. 12, f. 7r). The *coxoliiyo* comes from *coxolitl* (turkey hen); *i*, possessive; and the abstract suffix *yotl* and means "the essence of being a *coxcoxtli*". It can be represented by a head piece and a neck piece both made of black *cox* feathers and some red macaw feathers (*Códice Borbónico*, 1979: 22) (figure 2).

The *quetzalcoxolamamalle* (his load of *quetzalcoxcox* feathers) was worn in the back as if the wearer was carrying a load. In the Spanish text of the *Florentine Codex*, it is described as a "big cape made of crow feathers". This is not quite accurate because the feathers are not those of the crow but, as the Náhuatl word says, of the *coxcoxtli*. The *Códice Florentino* also says that Quetzalcóatl wore a mantle that was "a plumage of fire flames" (1979, vol. III, lib. 12, f. 7r).

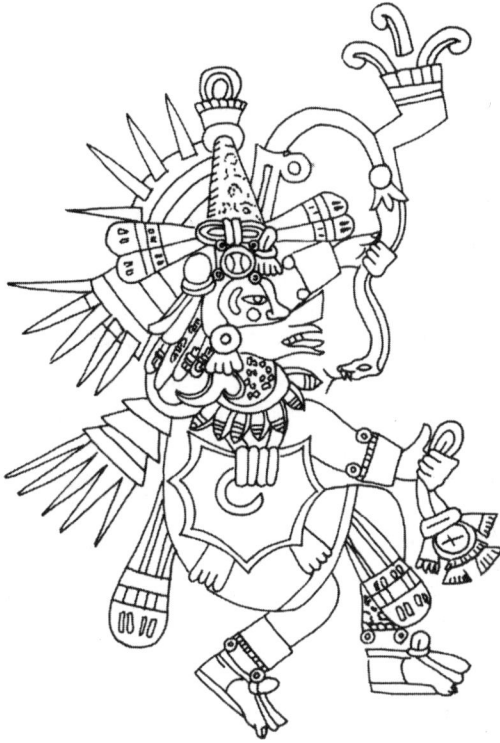

Figure 2. Quetzalcóatl wearing the head piece and neck piece of *coxcoxtli* and macaw feathers. *Códice Borbónico*, 1979: 22.

THE MEANING OF THE *QUETZALCOXCOX*

The two kinds of feathers on the headdresses, the neck piece, the back piece, and the mantle suggest the astral meaning of the wearer, the god Quetzalcóatl. The black *coxcoxtli* feathers indicate the darkness of the night, while the red *cuezalin* feathers indicate the first flames or rays of the sun, as they begin to appear at sunrise. They symbolize the dawn and the god Quetzalcóatl as the brilliant *hueytcitlalin* (Big Star), which is the morning star or Venus. When Quetzalcóatl left Tula, defeated by Tezcatlipoca, he went east. At the coast he boarded a raft where he immolated himself, transforming himself into the planet Venus. Xólotl, Quetzalcóatl's counterpart, is the evening star.

He also wears the *coxoliiyo* to identify his Venus character as it is seen in Tlaloc's feast of Etzalcualiztli in *Códice Borbónico* (1979: 26).

Quetzalcóatl, disguised as the *quetzalcoxcox*, had an important role not only in the post-classic period but also at the beginning of time. It is well known that Quetzalcóatl created not only heaven and earth but also collaborated in the creation of humanity. In this last role he appears in an ancient and not very well known myth recorded by the Jesuit historian Clavijero (1964: 148). This says that at the dawn of time, "all men perished because of a deluge and only a couple was saved by hiding in a canoe. The man was called *Coxcox* (to whom others give the name of Teocipactli) and the woman Xochiquétzal. And having touched land at the foot of a mountain called Culhuacan they had many children. All were born mute, until a dove perched high in a tree, gave them the gift of tongues. However, they could not understand each other until a bird's song showed them the way to speak".

There are apparent signs of biblical influence in the story of the deluge; nevertheless, the ancient Mexicas, as well as many others, include a great catastrophic flood in their mythology. The canoe is also universal. All cultures near bodies of water used this kind of water transportation. The dove, called *huílotl* in Náhuatl, was a well-known bird. It is possible that "dove" is a borrowed Western name, but this bird with its mellow voice could not quite have the strength to give the gift of understanding. The bird that taught the complete gift of language to the first men was instead the *coxcox*. He is the bird with the loquacious, repetitive voice that stutters insistently at dawn, like the babbling of children. The *coxcox* in this myth apparently is the *nahual* of *Coxcox*, the primeval god Quetzalcóatl that gave a gift, that of language, to humanity.

The bird that prompted the Mexicas to leave Aztlan with its insistent singing *tihui, tihui* "let's go, let's go" could be the *coxcox* because a bird of dark plumage and many speech scrolls that mean song appear in the *Códice Sigüenza*, and several sources quote his chant. According to Dr. Ramón Arzápalo, in Maya *cox, cox* means "let's go, let's go". This information confirms the affinity between the Maya and the Náhuatl cultures. It is possible that the *coxcox* that advised the Mexicas also advised and guided other peoples, not only to start their pilgrimages but in other matters as well.

Seler identified the name glyph over the head of the lord of Culhuacan in the *Tira de la Peregrinación* or *Codex Boturini* (2nd half of XVIth century: 20) (figure 3) as *Coxcox*, based on the name given to this ruler in the historical sources written in Náhuatl or Spanish. Torquemada (1975, vol. I: 122) calls him *Coxcoxtli*, that is, the same as the *coxcox*. In the *Códice Aubin* (1893: 36) the head of the bird is colored purple, the only touch of color in the figure. This reaffirms that the bird is *Penelope purpurascens.*

According to its iconographic representation, the name of this ruler, is not just *Coxcox* or *Coxcoxtli*, as Seler thought, but *Quetzalcoxcox.* The head of the bird that forms his name glyph wears a headdress of four long feathers. Although the feathers have no color, they are easily recognized as the long tail feathers of the quetzal bird. The feathers add the prefix *quetzal* to the name *Coxcox*, giving the exact name of the ruler and of the bird in the hymn, *Quetzalcoxcox.* Surely the ruler of Culhuacan knew the meaning of his name and the enormous implications it had carried at least since Toltec times.

Figure 3. Lord Coxcoxtli of Culhuacan. *Tira de la Peregrinación,* 16th century.

Seler, in his study of the hymn, equates Xochipilli to the corn god and in turn to the *quetzalcoxcox*. He says, "In the strictest sense he is, I think, the god of generation and the young maize god". To prove his idea, he presents several iconographic traits, such as the red color of the god's body and the bird's helmet that he wears with a high feather crest on its crown. Seler bases his remarks on several well known figures of Xochipilli, two in the *Códice Magliabecchiano* (1983: 23 and 35) and two in the *Primeros Memoriales* (1993, ff. 265v and 266r). Before continuing, let us say that Seler agrees, that Xochipilli (Noble of the Flowers), Macuilxóchitl (Five Flowers), Chicomexóchitl (Seven Flowers), and Tlazopilli (precious Noble) are one and the same god.

Seler probably thought that Tlazopilli (figure 4) is the god of corn because he is carried in a palanquin covered with maize stalks

Figure 4. Tlazopilli, the sun, God as the red Macaw. *Códice Magliabecchiano,* 1983: 23.

bearing ears of corn. However, this only means that he is responsible, along with Tláloc and water, for the growth and fertility of the maize. The solar character of Tlazopilli is disclosed by the red color of his face and body to denote he gives light and beat. The spots over it allude to the fact that he is flayed and that, as from the rays of the sun, the burning is unbearable. The heat scorches and flays (Aguilera, 2005: 69-74).

The red bird helmet he wears in the two images of the *Codex Magliabecchiano* means he is disguised as a red macaw. On page 23 as seen above, the sun is called Tlazopilli. On page 35 the god with the macaw helmet is called Chicomexóchitl (Seven Flower), as two name glyphs on the picture show (figure 5): the tree with seven flowers before him and the flower with seven numeral disks below. Both read "Seven Macaw". The eggs in the picture indicate that he is the originator of life.

Figure 5. Chicomexóchitl, the sun god. As the red Seven Macaw. *Codex Códice Magliabecchiano*, 1983: 35.

In the *Primeros Memoriales* (1993, f. 265v) Macuilxóchitl's and Xochipilli's faces and bodies are painted red. The pictures do not show the macaw helmet, only some long feathers. The Náhuatl text, however, says that Macuilxóchitl wears the *yhuitzontcaletícac yquachichiquil.* He wears his headdress of feathers, his crest of feathers which is the description of the headdress of Tlazopilli and Chicomexóchitl in the *Códice Magliabecchiano.* The Náhuatl text by Xochipilli says that he wears a *ytlauhquecholtzoncaleticac* that means that "he wears his feather headdress of the spoonbill bird" whose feathers are also red. More important, both images exhibit the solar emblem that consists of four red circles close together or concentric red circles. Macuilxóchitl has them on his shield and banner: *itonalopan, ytonallocac, ytonalochimal* (his solar banner, his solar sandals, his solar shield). Macuilxóchitl wears a solar shield *itonalochimal* (*Primeros Memoriales,* 1993, f. 266v). There is no doubt that Tlazopilli as Xochipilli, as Macuilxóchitl, or as Chicomexóchitl is a solar god.

Mayan literature also discloses the identity of this god as the red macaw and the sun. The bird is called Vucub Caquix (Seven Macaw). According to a myth, the macaw descended each day at noon on the great hall court at Chichen Itzá, its beautiful wings extended and the long tail feathers shining like flames. The *Popol Vuh* (Tedlock, 1985: 89), the sixteenth-century manuscript about the history of the Quiche Maya, quotes Vucub Caquix as saying: "Here I am. I am the sun". There is no doubt that Xochipilli with the macaw helmet is the sun.

Garibay, in the introduction to his interpretation of the hymn, gives several options. He says that Xochipilli is the "sun as a beautiful young man" (1958: 12), which is correct, but in his commentaries on the hymn he relates the god to fertility, the earth, and Tláloc. He ends saying that the *quetzalcoxcox* is "the bird that personifies the youthful god, the emerging sun" (1958: 103). He confuses the *coxcoxtli* that personifies Quetzalcóatl, the planet Venus, with the sun god, Xochipilli.

CINTÉOTL

Cintéotl is the god of the young corn, but in the solar month of Hueytecuilhuitl an image, not of him but of the goddess Xilonen

(Tender Corn), was sacrificed on Cintéotl's temple. From the beginning of the growing season, the ancient Mexicans sacrificed children from babies on up, according to the height of the maize. In this act of sympathetic magic they propitiated the development of the corn. By July, when the corn was tall and the ears beginning to form, the victim was, accordingly, a very young woman, Xilonen.

TEUMECHAHUE AND CIPACTONALLA

The primeval couple in the myth narrated by Clavijero corresponds to the one mentioned in the hymn. Here the two gods that will bear the gong in all probability are a couple because the name of the male, Cipactonalla (Crocodile of Destinies), is usually accompanied by his wife, in this case called Oyohuale Teumechahue. In Clavijero the only male saved from the deluge is Teocipactonal (Ancestral Crocodile of the Days or Destiny). Cipactonalla, the same name with the suffix of abundance and without the prefix *teo(tl)* (divine or ancient), is found in the hymn. In Clavijero the feminine counterpart is Xochiquétzal (Precious Flower Bouquet), while in the hymn she is *Oyohuale teumechahue*, that can be translated approximately, based on Garibay (1958:71), as "she with the agave leaf mask painted with bells."

In the *Códice Borbónico* another primeval couple appears. The male Cipactonal can be equated to Teocipactli, and the female is Oxomoco. Her name probably means, "First woman" (Tena, 2002: 221). This is precisely what the old woman is doing in the codex. According to Sahagún, the couple invented the count of days or *tonalpohualli* (*Códice Florentino,* 1979, vol. I, bk. 4, f. 3v).

THE BALL GAME COURT

The ball game was a sacred game throughout Mesoamerica. There are all kinds and sizes of courts from what is now the United States to Central America, and the game is still played in several parts of Mexico. There is a Tlachtli constellation in the Mesoamerican celestial vault. It is possible that the axis of the court was meant to be the path of the sun during the day and the path of the Milky Way during the night (Aguilera, 1982: 20). The relationship between the sun and the ball game is seen in several sources, a well-known one being the relief on the wall of the Great Ball Court at Chichén Itzá where there is an image of a monkey skull engraved on the ball. The monkey was associated with the collapse of the second cosmological sun. Because of its playfulness, he was easily converted into the bouncing ball and the skull refers to the fact that the day sign Ce Miquiztli (One Death) is the calendar name of the sun.

MEANING OF THE HYMN

With the preceding individual interpretations, the following is the suggested meaning of the Xochipilli song: It is still dark, just before the first rays of the sun appear. *Quetzalcoxcox*, the personification of the planet Venus, with his insistent singing, announces that the sun is soon to appear. He coerces the sun into starting its daily task, although he may also be furious because the sun will soon outshine him. The song is heard in heaven by Cipactonalla and Xochiquétzal, the primeval couple, probably sitting impassively above the Tlachtli constellation. Xochipilli, the sun, appears in the east as a beautiful young man dressed as a scarlet macaw. He is accompanied by the warriors who died in battle and who carry him on a "palanquín" covered with maize ears. He begins a dialogue with his son Cintéotl, the maize god. In the second part of the hymn, Tláloc, the rain god, also participates to make rain on the ball court and on the earth.

THE *MATRÍCULA DE HUEXOTZINCO*: A PICTORIAL CENSUS FROM NEW SPAIN[*]

Among the holdings of the Huntington Library Manuscripts Department is a copy of the pictorial portion of the *Matrícula de Huexotzinco*, an important Mexican codex made in 1560. The codex records a census of the Huexotzinco area, in pre-Hispanic times the capital of a large "señorío".[1] The copy at the Huntington, acquired in 1938 at an American Art Association sale, has been sought by historians and bibliographers for several decades.[2] Made in the early nineteenth century on sheets of tracing paper that are still in excellent condition, it reflects a number of details that can no longer be seen in the

[*] "The *Matrícula de Huexotzingo*: A Pictorial Census from New Spain", *Huntington Library Quarterly,* 59, San Marino, California, 1998: 529-535. I would like to thank Bill Frank, curator of Hispanic, Cartographic, and Western Manuscripts at the Huntington Library, for his corrections and additions to an earlier version of this article; and Bernard Garcia for help in translating the material in note 4.

[1] A "señorío" was a region under the jurisdiction of a lord. The region surrounding Huexotzinco became part of what is now the state of Puebla, about a hundred miles east of Mexico City.

[2] See Choice Books, Unusual Autographs, Important Letters, American Art Association [Anderson Galleries] sale catalogue, 9-10 February 1938, item núm. 4372. First destined for an exhibition of sixteenth-century Mexican materials, the manuscript was not formally accessioned by the Huntington until 1939. Historians and bibliographers have searched for the manuscript on the basis of descriptions in Sotheby sale catalogues of 1919 and 1935. John A. Glass apparently tried to locate it in the course of preparing a census of manuscripts published in 1975 (Wayne Ruwet, personal communication), but there is no record that he visited the Huntington; see Glass, "A Census of Native Middle American Pictorial Manuscripts", vol. 14, in Howard F. Cline (ed.), *Handbook of Middle American Indians: Guide to Ethnohistorical Sources* (Austin, Tex., 1975), pp. 81-252. I return to the manuscript's history and provenance below.

original, which over the last two centuries has deteriorated more than the copy. Five pages from the Huntington copy are illustrated at the end of this article.

The original *Matrícula*, from which the Huntington manuscript (*FAC* 869) was traced, is preserved at the Bibliothèque Nationale in Paris (ms. Mexicain de 1560, num. 387). Its history is only partiall known. It was probably deposited in the town hall of Huexotzinco, but then removed at an unknown date. In 1743, the viceregal government confiscated it, along with other documents, from Lorenzo Boturini Benaducci Señor de la Torre y del Hono, an Italian nobleman then living in Mexico, who had gathered a collection of pictorial manuscripts. The immediate cause of his arrest, however, was that he was seeking donations in support of the Virgin of Guadalupe.[3] In the late colonial period, the Boturini manuscripts were moved several times, resulting in various losses and damage.[4] In 1823, two years after Mexico won its independence from Spain, the documents were moved to the Archivo de Relaciones, today the Palace of Government in Mexico City, and stored in a basement, where further damage occurred.

Soon afterward, the *Matrícula* was smuggled out of the country and taken to France, as were so many Mexican manuscripts. It was received by the Bibliothèque Nationale in 1829.[5] The manuscript of the *Matrícula* now preserved in Paris is incomplete; it consists of 562 leaves (folios 464 to 1032); a number of leaves are missing within this range.[6] The document contains the census not only of the town of

[3] Benaducci arrived in Mexico City from Madrid in 1736, sent there by the countess of Santibáñez, a descendant of the last Mexica (Aztec) emperor, to collect on her behalf interest owed on her pension by the viceregal government. A smallpox epidemic was then nearing its peak, and in 1737 the desperate population including the viceroy swore to the Virgin of Guadalupe as their patron saint. When the plague miraculously abated, don Lorenzo became obsessed with the traditions surrounding the Virgin, who had no status in European theology. Benaducci began to collect money to "crown" her. He was arrested in 1743 and bis belongings confiscated, including his manuscript collection, by the next viceroy, who deplored the scheme. See Miguel León Portilla, "Estudio Preliminar," in *Idea de una nueva historia general de la América septentrional*, Porrúa, "Sepan cuántos...", núm. 278 (Mexico City, 1974), IX-LXXIV.

[4] *Ibid.*, XIV.

[5] See Hanns J. Prem, *Matrícula de Huexotzinco*, ms. Mex. 387, Bibliothèque Nationale, Paris (Graz, Austria, 1974).

[6] Glass, "Native Middle American Pictorial Manuscripts", 132.

Huexotzinco but also of some eighteen localities to the south, taken for the purpose of taxing the inhabitants. To the Spanish crown it was of course of the utmost importance to obtain revenue from its colonies, including taxes from the conquered. The great distances and slow communication, and the uncertainty about pre-Conquest tributary practices, added to the problems of setting appropriate taxes and collecting them. The administrators and landlords, many of them corrupt, met with resistance from the Indians, who fled into the mountains to evade the generally heavy taxation.

The number of taxable subjects was unpredictable.[7] One effort to regulate taxation is recorded in the famous *Mendoza Codex*, now held at the Bodleian Library, compiled under the direction of the viceroy Don Antonio de Mendoza during the second quarter of the sixteenth century. It sought to establish the pre-Conquest tribute paid by the provinces subject to the Mexica (Aztec) emperor, Motecuhzoma II (now usually spelled "Moctezuma" in English).

With its wealth of figures and glosses in both Náhuatl and Spanish, the *Matrícula* is also a true dictionary, extremely useful in deciphering name glyphs in other pictorial documents. The codex is also a gold mine of information for the study of economics, social organization, linguistics, lineage, genealogy, history, and art history during an extremely rich period of acculturation in early viceregal New Spain.

The surviving portions of the *Matrícula* consist of three readily apparent parts: introductory texts in Spanish regarding the taking of the census; the pictorial census of the Indians in glyphic form, which was prepared at the request of the coral government; and the Spanish text with the results of the census, conducted by the judge of commission, Diego de Madrid. Hanns Prem, in a study that includes a facsimile of the *Matrícula* (see n. 5 above), explains the purpose and consequences of the census:

> The constant increase in the amount of tribute demanded by the colonial administration and especially the extraordinary increase in 1558 caused the Indios of Huexotzinco to protest... the Audencia ordered a meticu-

[7] See José Miranda, *El tributo indígena en la Nueva España durante el siglo XVI* (México City, 1952).

lous census, which was carried out by the Corregidor de Hueytlalpa, Diego de Madrid, at the beginning of 1560. This census consists of two parts: the lists of pictorically represented individuals that were drawn up and presented by the Indios upon request, and the record of a house by house count undertaken by Diego de Madrid himself. These two parts are followed by the evidence of witnesses concerning the legal status of the terrasgueros [tenants of the land held by the indigenous nobility], for whom exemption from the assessment for tributary purposes had unsuccessfully been applied for[...]

The final report on the second (house by house) count has not been preserved [...] but there is a condensed version in the Archivo General de Indios, Seville. [...] All later memoranda written by colonial officers aiming at a further increase in tributary payments by Huexotzinco were rejected by the Viceroy Velasco, who consistendy referred to the census of 1560 (pp. 708-709).

About the portion transcribed in the Huntington manuscript, Prem notes that it was considered an ideal basis for the study of Aztec writing because the ten thousand hieroglyphs for personal names are accompanied by transcription in Latin characters. This section of the manuscript registers in pictorial form the number of inhabitants in each area of Huexotzinco, as well as the sex and status of the individuals–sometimes also including their occupation. Each part begins with the name of a particular town in glyphic writing; the name also appears in Spanish in large, ornate Latin script. Each town church is pictured, with a three-dimensional effect achieved through focal perspective (not completely mastered) and shading. The census of individuals follows each town name, consisting of rows of Indian heads pictured in profile. Each head is accompanied, in front or above, by its name-glyph. The glyph is formed of several objects, so it simultaneously provides the name of the individual and other information, revealing much about precolonial native culture. Sometimes whole figures of mate nobles appear, in the acculturated attire in fashion in the mid-sixteenth century: hats, shirts, trousers, shoes —all European items— as well as the Indian mantle and, less frequency, the hip apron, worn in the native tradition. This fuller imagery provides a significant portrait of the lifestyle of colonial Indians in New Spain.

The human figures blend the traditional styles and conventions of Indian painting with related techniques of the Spanish Renaissance. Several artists contributed to my drawing of the pictures. They used shading to give the impression of volume and drew the human figures to reflect Western proportions and attitudes.

The existence of a copy of a portion of the *Matrícula de Huexotzinco* has been known at least since 1837, when a notice offering it for sale appeared in the Catalogue *Librorum Manuscriptorum* in Bibliotheca Phillippica (entry núm. 14, 202): "A packet of tracings from Mexican MSS (now bound into a large folio beginning with folio 482, ending folio 583)". A description of the contents followed.

Sir Thomas Phillipps amassed one of the most important of the great book and manuscript collections established in England during the nineteenth century.[8] Around 1830, Phillipps was dealing with the booksellers William and Thomas Boone, who may have obtained and sold the packet of tracings. Another possibility is that Phillipps acquired the manuscript from Edward, Lord Kingsborough, or through an associate of his after Kingsborough's death. Kingsborough, a personal friend of Phillipps, had previously given the book collector a copy of his nine-volume work *Antiquities of México,* an edition of sixteen important Mexican *códices* published between 1830 and 1848. A wealthy Englishman of Jewish descent, resident in Dublin, Kingsborough was obsessed with proving that the Indians of the Americas were one of the lost tribes of Israel. Impoverished by this venture, Kingsborough died in a Dublin prison, where he was confined because he apparently could not make good on debts incurred by his father.[9]

The first volume of *Antiquities of México* does not credit Kingsborough as editor but instead names Augustine Aglio, the artist who copied the *códices* for the edition.[10]

Under Kingsborough's direction, Aglio traveled to Dresden, Rome, and Vienna to copy the originals at the repositories where they were kept.[11] If Kingsborough was able to buy or borrow a ma-

[8] See A. N. L. Munby, *The Formation of the Phillipps Library from 1841 to 1872* (Cambridge, 1956). Significant portions of Phillipps's vast collection were acquired by the Huntington at various times.

[9] Maria Sten (personal communication).

[10] The error was corrected in an 1831 edition of the same volume, so both dates are generally cited for the initial publication.

[11] See Benjamin Keen, *The Aztec Imagen in Western Thought*, New Brunswick, N. J., 1971.

nuscript, however, the copy was made in Dublin. Aglio worked for five years on the *Antiquities*, which was intended to run to ten volumes. It is likely that during this time he worked on the *Matrícula*, probably intended for volume 10. Mounting expenses, or perhaps Kingsborough's death, prevented Aglio's further work, and the last volume was never completed.

Only systematic comparison of Aglio's style in the *Matrícula* with other copies he made —which has not yet been undertaken— or external evidence of some kind will determine if the Huntington manuscript is in his hand. Entries in the two Sotheby sale catalogues of 1919 and 1935 listing the manuscript, however, do not question the traditional attribution to Aglio. The entry in the latter (catalogue núm. 935, 25 June 1935) reads:

> México. One hundred and seventy-two sheets of tracings of an Ancient Mexican Hieroglyphic Manuscript; made by A. Aglio for Lord Kingsborough.

This curious MS appears to contain a list of Mexicans whose heads are drawn in the Mexican manner, with their symbolical names proceeding from their mouths and the Spanish interpretation of the names attached to them.

The work seems to be a register of Mexicans living in the parishes of St. Juan de Vexotzinco, S. Diego Chaltepetlan, Almoyahuacan, etc. At the commencement of each parish is a drawing of a church, except the first Vexotzinco, which is only a tree on a hill, and the statement in Spanish describing the subject of the chapter. The original was imperfect, and probably all folios prior to 482 were lost.

The copy of the *Matrícula* is described in entry 293 of the catalogue for the American Art Association sale at which the Huntington acquired the manuscript, held on 10 February 1938:

> Mexican Pictographs. 187 sheets of tracings displaying manuscripts and hundreds of drawings. Mostly bound into a coral 4to volume, old boards, binding worn.
>
> An extremely interesting collection of tracings, probably made for Lord Kingsborough's *Antiquities of Mexico* by Augustine Aglio. On the verso of the front cover is the following information: "Ex Bibl. Dni. De Kingsborough. 14,202 Ph.".

The manuscript obtained by the Huntington was a volume of 122 half folio sheets of heavy paper of European manufacture, the tracings pasted on top of these, bound between hard wooden covers. Some figures in the *Matrícula* are drawn in color, and these colors are faithfully reproduced in the tracings. All of the tracings have since been removed from this mounting and binding and conserved separately. There are only 172 tracings in the range 482A-583A, so 31 pages of the original are not represented in the Huntington copy. Some tracings were probably lost; some pages of the original may never have been traced to begin with.[12] In addition to the early-nineteenth-cetury tracings there are sixteen later ones, in an unknown hand; these appear to be an attempt to typologize the glyphs.[13]

Although Prem's study provides a great deal of insight into the context and content of the *Matrícula* —including a translation of all of the name glyphs— the facsimile in the volume is difficult to use. The pages have been reduced in scale and the black-and-white photography is inadequate. Detail has been lost and some text and glosses are illegible. Any serious study of the document of course requires inspection of both the original and the Huntington copy of the pictorial section. Although the manuscript has been preserved at the Bibliothèque Nationale with adequate care, fine details in the drawings are increasingly difficult to decipher. The original is badly eroded along its outer and lower edges, and entire figures are missing in some cases. In the Huntington copy, the details were captured in the early nineteenth century by the careful, well-trained

[12] The recto/verso designations are given as NB in the copy. Prem indicates the pages missing from the *Matrícula* (ten in the range covered in the Huntington manuscript, but only one of these is also unrepresented in the copy). Here I give the pages not included in the copy, in the hope that they may be discovered in other archives: 485B 496B 497A 497B 498A 498B 499A 499B 500A 500B 501A 501B 502A 502B 503A 505A 505B 506A 506B 507A 507B 508A 508B 509A 509B 510A 531B 539B 540B 551B 573A.

[13] Although it is not clear when the sixteen additional sheets of tracings were added or by whom, chef were probably placed with the others between 1935 and 1938 (the total number of tracings given in the 1935 Sotheby sale catalogue is only 172 while the total given in the MA sale catalogue is 187). Although the manuscript in the Huntington currently contains a total of 188 sheets of tracings, one of the modern tracings was made from a page in the *Matrícula* outside the range of the nineteenth-century tracings, and this may explain the discrepancy.

eye and hand of an artist. The copy is thus indispensable to our study of the style and iconography of the document.

This is the first page in both the original *Matrícula* and the Huntington copy (see Prem, *Matrícula de Huextozinco*, 55); it primarily presents the name of the town. Huexotzinco means "place of the

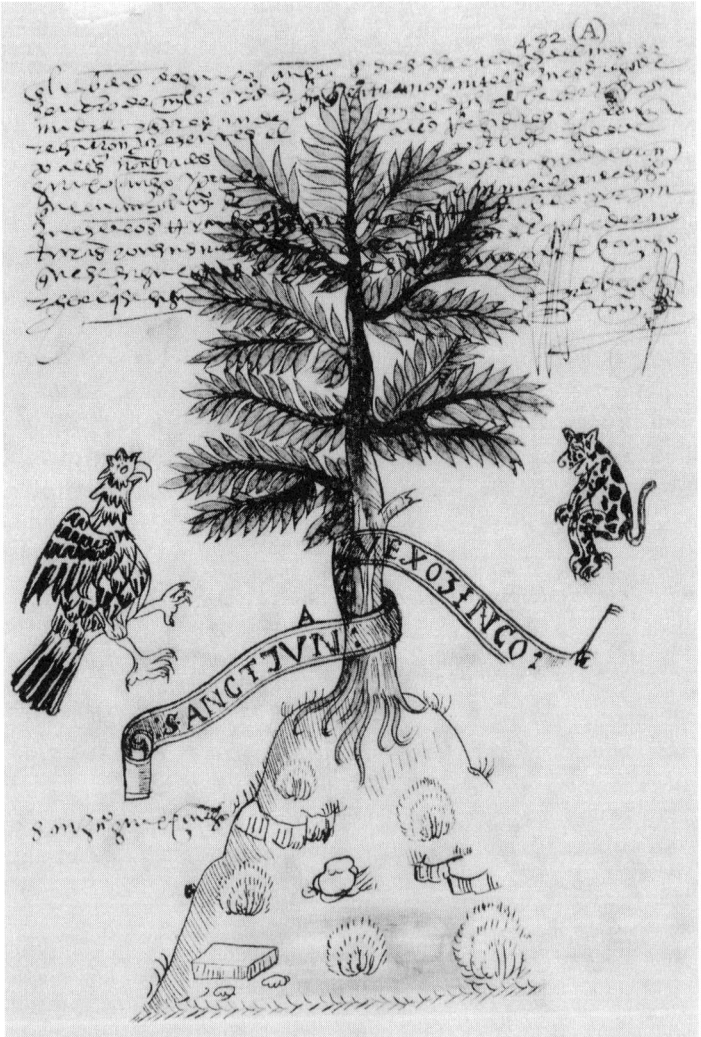

Figure 1 (opposite). Folio 482A.

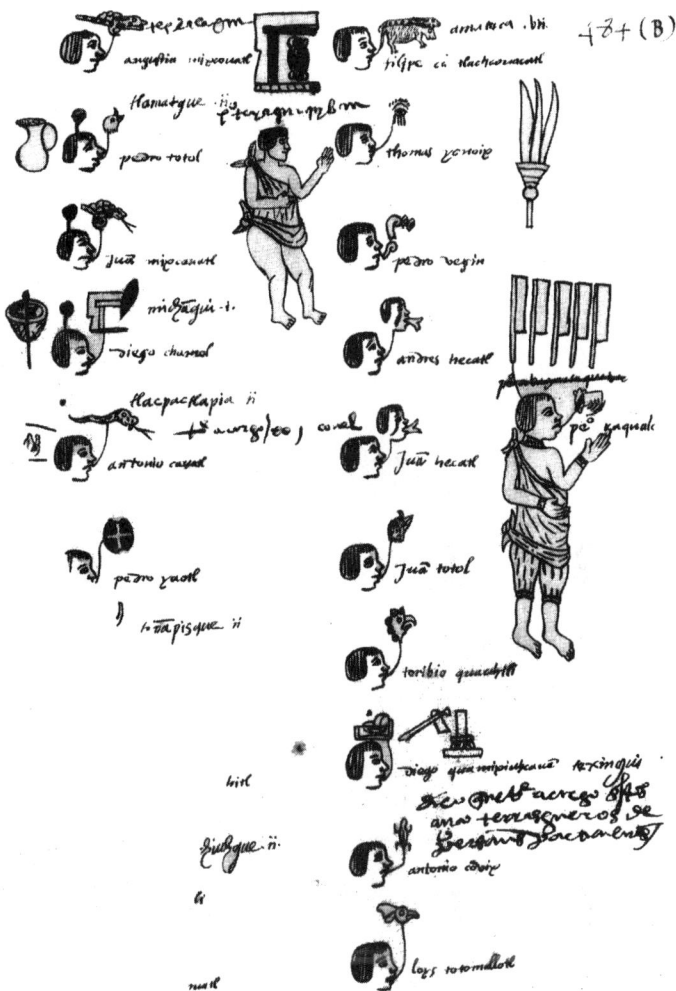

Figure 2. Folio 484B. In the original, the page is eroded along the lower left edge; several heads and name-glyphs thus have disappeared and the copyist did not attempt reconstruction. The figures are presented in the native tradition, for the most part. There are two whole figures with Indian dress; the lower figure also wears short Spanish-style trousers. Over his head is the native numeral 100, composed of five banners signifying 20 each. All individuals have name-glyphs on the right. In two cases their occupations are shown on the left: the jug indicates a water carrier and the net a fisherman. The Spanish given name and the native name are both written in Latin script below the glyph.

santo g.º Xaltepetlapa —

/ sanc Diego Xaltepetlapa

/ scale ponc aquinta htegua ctis son ttexavenso
pon reteam che bc la
Treley

Domingo
teberançus

xpoual
ceacatl

diego
xochi

Figure 3. Folio 495A. The page is divided into two registers. In the upper half appears a church dedicated to San Diego, and next to it is the glyph of the town, called Xaltepetlapa(n), meaning "sandy place over stone mat soil". The glyph is a disk, of man-made material, divided into two parts, the lower showing the design of a woven mat and the upper showing sand. In the lower register are three nobles wearing European long shirts. The first wears short trousers and all three wear Indian mantles, indicating that they are nobles.

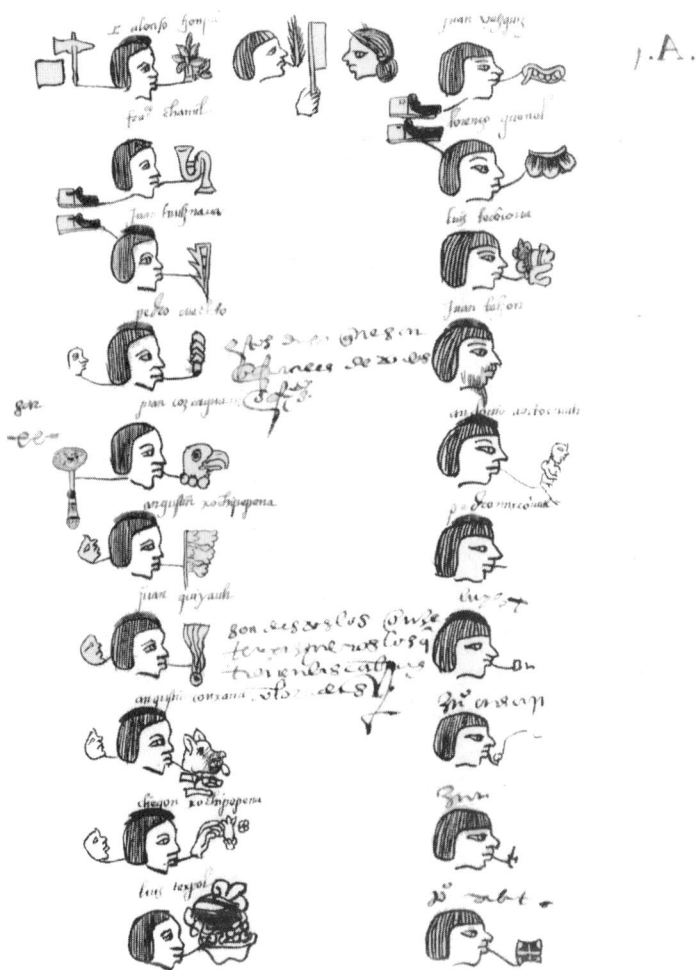

Figure 4. Folio 495A. A couple presides over two rows of individuals. Again we find the name-glyphs in front of the heads and the occupation in the back: a block for a stone cutter and sandals for a sandal maker, for example. The stone cutter has a glyph in front that says "chamil" or field of flowers. The kind of bonnet appearing on the heads of some men indicates that they are landowners and so able to pay more taxes than a simple farmhand. Apparently the only colonial glyph on this page is the trumpet in the second row of the left column; the European metal instrument has been substituted for the native wooden or clay one.

Figure 5. Folio 541A. This folio introduces the census of San Francisco Tianquiztenco. The name means "place by the side of the marketplace". The native name-glyph is a disk, of man-made material, with an enclosure containing human footprints, indicating the multitude of people that gather on market day. The building at the top is the church of San Francisco, with a Franciscan friar on the right. The name of the town is below, in large Spanish letters: C[onvento] S[an] Fra[ncisco] Tia[n]q[ui]zte[n]co

revered willow". The name-glyph is the tree with green foliage and brown trunk, over a hill. Around the trunk is wrapped an elegant ribbon that reiterates the Spanish name of the town, which is preceded by the name of the patron, Saint John. Flanking the tree are an eagle on the left and a jaguar on the right —both emblems of the highest warrior orders, the guardians of the city. Above and behind the tree foliage is a legend in a late-sixteenth or seventeenth-century script:

> En la cibdad de Guaxocingo, en dies a siete dias del mes de henero de myll a qujnientos a sesenta años, antel señor jues Diego de Madrid y en presencia de mj el dicho Hernando Beedor escriuano, parrescieron presentes el alcalde regidores y prencipales nombrados por la dicha cibdad de Guaxocingo y por la dicha lenga dixeron que, en cumplimiento de lo mandado por el dicho señor jues, ellos trayan los vezinos que abia en esta dicha cibdad por pinturas y con sus nombres, presentaron el quaderno que se sigue que es del pueblo de San Juan Guaxocingo y es el que se sigue.
>
> [In the city of Guaxocingo (Huexotzinco), on the seventeenth day of the month of January in the year fifteen hundred and sixty, before me judge Diego de Madrid and myself; Hernando, overseer (notary), and in the presence of the alcalde (alderman?). The regidores (councilmen) and principals named by the city of Guaxocingo, and the lengua (interpreter), declare that, in compliance with the orders given by the judge, they have brought (a census of) the vecinos (inhabitants) of the aforementioned city, in pictures, with their names. They presented the following book, and the (census) from the town of San Juan Guaxocingo is the one that immediately follows.]

Figura pintada sobre el piso
de un edificio en La Ventilla,
Teotihuacan*

En el sitio de La Ventilla, excavado durante el Proyecto Especial Teotihuacan 1992-1994, se encontró una figura pintada sobre el piso de un pequeño patio. Este hallazgo reviste especial interés, porque se trata de una muestra pictórica totalmente diferente a los característicos murales teotihuacanos, tanto por su estilo, diferente temática, la técnica empleada en su manufactura, y el contexto arquitectónico en el que se ubica, teniendo como soporte un piso en vez de un muro.

Hasta ahora son raros los ejemplos de pinturas plasmadas directamente sobre pisos. En este mismo contexto arquitectónico existen dos ejemplos más de figuras pintadas sobre el piso. Uno es un conjunto de 42 glifos en el piso de una plaza y en las paredes cercanas de los edificios que la integran (Cabrera, 1996: 5-30). Otro se encuentra en dos aposentos cercanos donde existen manchas rojas con las que aparecen figuras humanas y de animales que no se han estudiado todavía por no estar concluida su limpieza de las sales que la cubren y así no se pueden definir sus formas y detalles precisos. Otro caso de pintura sobre piso se detectó en una subestructura del Edificio 1 B de La Ciudadela (Cabrera, 1992: 113-128), que por su ubicación estratigráfica se refiere a una pintura de época bastante temprana, situada hacia los 200-250 años d.C. Aunque el piso sobre el que se encontró está bastante fragmentado, las partes conservadas mostra-

* "Figura pintada sobre el piso de un edificio en La Ventilla en Teotihuacan", en coautoría con Rubén Cabrera, *Arqueología*, núm. 22, 2ª época, México, Conaculta/inah, 1999: 3-15.

ban restos de diseños geométricos con trazos que representaban las llamadas figuras "entrelazadas" correspondientes a épocas tempranas de Teotihuacan. Por último, Sejourné, en 1959, encontró en el llamado Palacio de Tetitla un grupo de figuras o "manchas rojas" pintadas sobre el piso de la banqueta de un *impluvium* o tragaluz. Estas pequeñas figuras identificadas como representaciones esquemáticas de animales fueron referidas por Miller como "manchas de pintura roja". Con estas manchas, según el autor, los teotihuacanos formaron las siluetas de pequeños animales para disimular el accidente ocurrido al antiguo pintor (Miller, 1970: 35). Estas mismas figuras que parecen animales fueron estudiadas posteriormente por Angulo (1991: 311-312), quien las relaciona con una constelación, la cual trata de identificar con las Pléyades u alguna otra.

CONTEXTO ARQUITECTÓNICO

La figura que aquí nos ocupa está pintada en el piso de un complejo arquitectónico de más de 13 mil m^2 en su porción explorada, que por sus características se ha considerado que perteneció al barrio teotihuacano de La Ventilla. Este complejo está integrado por varios conjuntos de tamaños y categorías diferentes que forman manzanas delimitadas por altos y gruesos muros (Cabrera, 1996: 5-30 y Gómez, 1996: 31-47). El conjunto arquitectónico en el cual se encuentra tiene casi 60 m por lado, delimitado únicamente en tres de sus lados, ya que queda pendiente por explorar su lado sur (figura 1). Por la calidad de su arquitectura y por los amplios recintos con que cuenta, se refiere a un conjunto residencial, del tipo palacio, integrado por varias secciones compuestas por recintos y espacios porticados, distribuidos a la manera teotihuacana, es decir, en secciones de dos, tres o cuatro estructuras que forman los llamados complejos de tres y cuatro templos, distribuidos en torno a espacios abiertos, patios o plazas orientados hacia los cuatro rumbos cardinales.

Entre las secciones más importantes de este conjunto arquitectónico se encuentra la llamada sección de Los Jaguares, donde aparecen varios murales con temas diversos distribuidos en las paredes de los recintos y en las áreas porticadas. En esta sección destaca una procesión de felinos colocados simétricamente hacia ambos

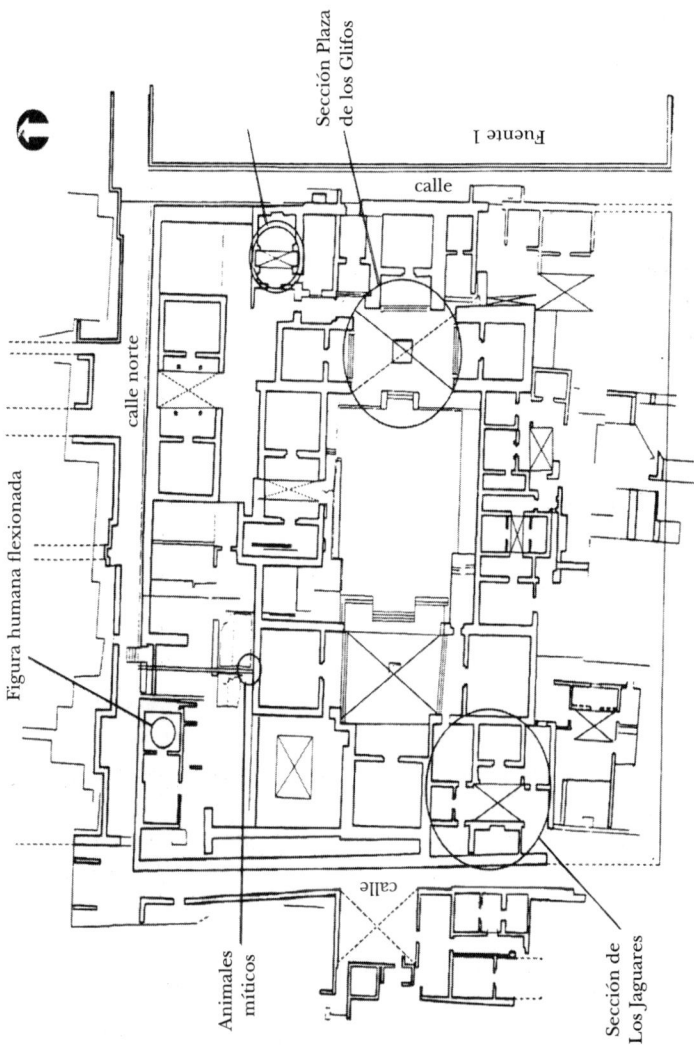

Figura 1. La Ventilla, Teotihuacan. Frente 2, conjunto residencial.

Sección Plaza de los Glifos

Fuente I

calle

calle norte

Figura humana flexionada

Animales míticos

calle

Sección de Los Jaguares

lados del pórtico y en el interior del recinto. En otro pórtico de esta sección se muestran varios sacerdotes en procesión ricamente ataviados, además de varios motivos simbólicos con representaciones de cerros y estrellas que se encuentran representados en las paredes de otros recintos de esta misma sección. El estudio de estos murales se está llevando a cabo por otra persona cuyos resultados se darán a conocer en otra publicación.

Otra de las secciones de este conjunto es la Plaza de los Glifos (figura 1), donde se dibujaron más de 40 glifos sobre el piso, que, por sus características, se ha dicho son una forma de escritura teotihuacana que puede considerarse el antecedente lejano de la escritura en los códices del Altiplano Central de México (Cabrera, 1996: 5-30). Referente a su antigüedad, se les calcula una fecha comprendida entre los 400 y 500 años d.C., por comparación estratigráfica con otros edificios cercanos, es decir, se ubican entre las fases Tlamimilolpan tardío y Xolalpan temprano. Un fechamiento más cercano puede obtenerse con la cerámica asociada, cuyo análisis aún no se ha concluido.

Por su cercanía a la Plaza de los Glifos, la figura que hoy nos ocupa tiene estrecha relación espacial y temporal con ella. El pequeño patio donde se encuentra se localiza hacia el noreste, dentro de la misma sección y el mismo nivel constructivo que la plaza, y ambos pertenecen al penúltimo nivel de ocupación teotihuacana. Los dos fueron cubiertos por otro nivel de construcciones de época posterior, que de acuerdo a la estratigrafía del lugar posiblemente correspondía al último nivel de ocupación teotihuacana. La superficie del terreno en este sitio fue nivelada para fines agrícolas hacia 1940, por lo que no se sabe con precisión si existía otro nivel arquitectónico encima de las dos etapas constructivas.

El pequeño patio hundido, sobre cuyo piso se encuentra directamente la figura en cuestión, está limitado por dos recintos que fueron modificados y que hoy en día son dos espacios abiertos orientados hacia el pequeño patio, que en su inicio tenía un área porticada. Esto se manifiesta por la presencia de huellas de desplante de muros que separaban el pórtico del espacio interior (figuras 2 y 3).

Las paredes frontales y laterales del espacio del lado oriente estaban pintadas con murales de claro estilo teotihuacano: aves, posiblemente quetzales, de las que se aprecian sus patas y algunas plumas

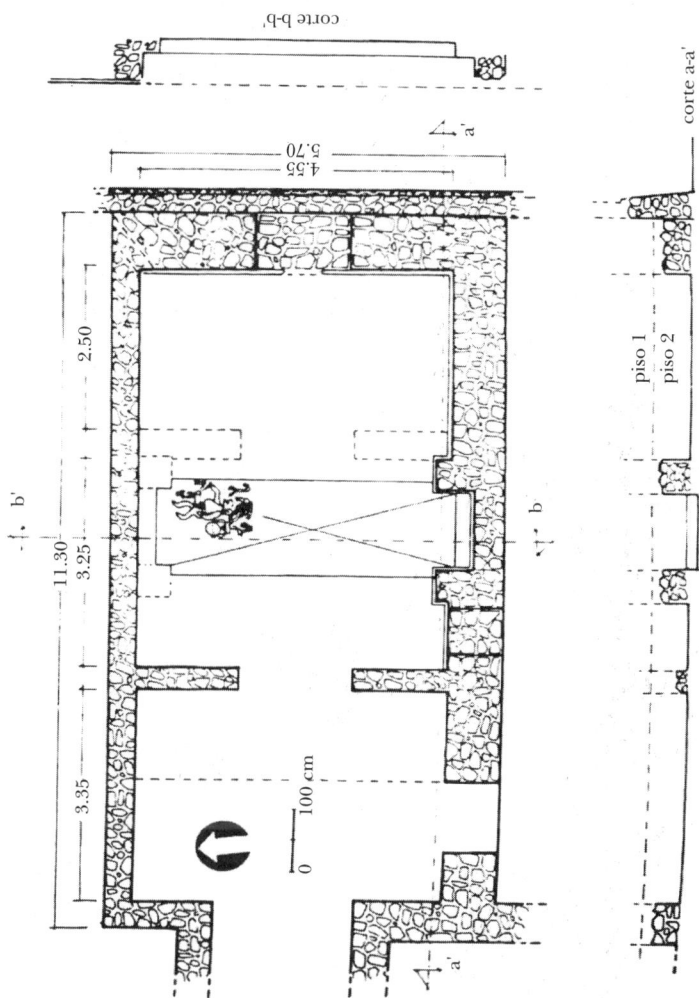

Figura 2. Planta del conjunto arquitectónico con la ubicación de la figura de Xólotl.

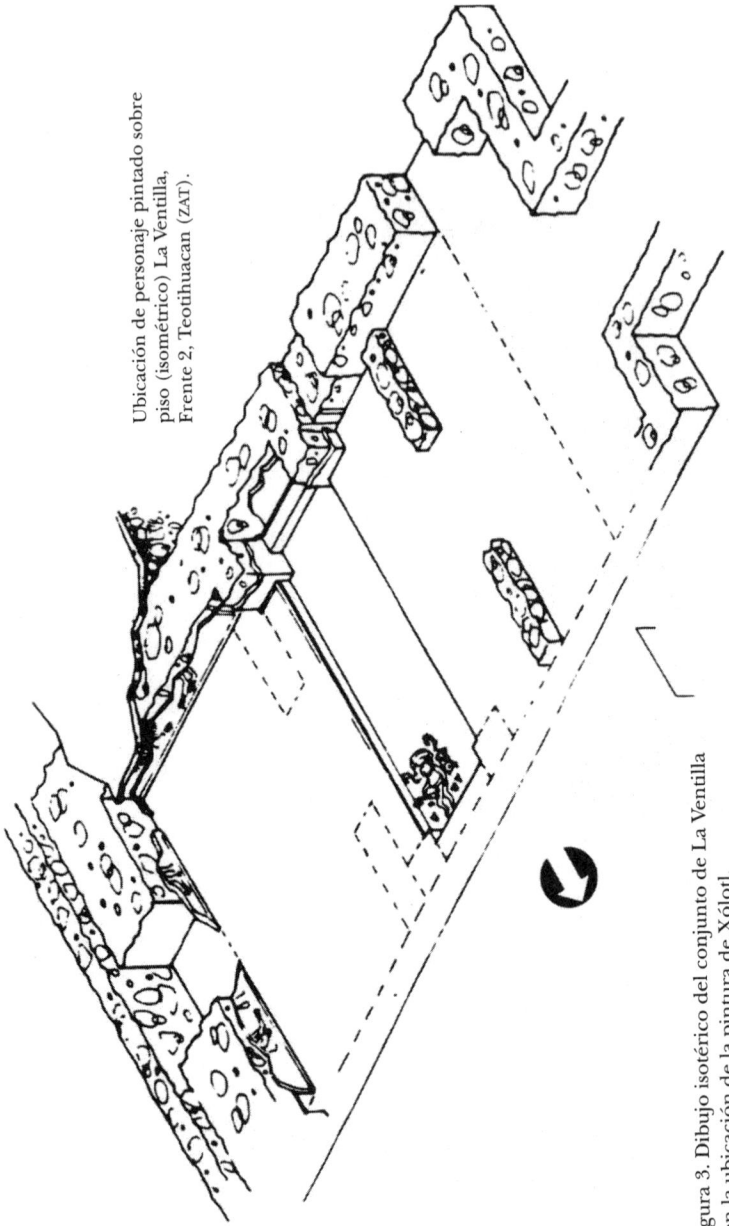

Ubicación de personaje pintado sobre piso (isométrico) La Ventilla, Frente 2, Teotihuacan (ZAT).

Figura 3. Dibujo isotérico del conjunto de La Ventilla con la ubicación de la pintura de Xólotl.

verdes (Aguilera, 1999). En la pared frontal los mismos motivos aparecen a cada lado de una puerta que se encontró tapiada, ubicada en la parte central del muro que limita al conjunto en su lado este.

Por lo anterior, se entiende que el espacio donde se encontraba la figura que aquí se presenta sufrió varias modificaciones con funciones distintas. En un primer momento fue una entrada desde la calle, por la que se accedía al interior. Posteriormente, al haberse tapiado el acceso, el mismo espacio, incluyendo el pequeño patio, tuvo una función diferente que se desconoce, pero que debió estar relacionada con el pensamiento religioso de los antiguos teotihuacanos. Al parecer éste fue el momento en que se elaboraron los murales con la representación de aves ubicados en las paredes del recinto este. Se trata de murales policromos de claro estilo teotihuacano en los que se usaron el verde, el amarillo y el rojo, según los pocos restos de pigmento que aún se conservan. Por el uso de la policromía, estas pinturas son marcadamente diferentes en estilo y temporalidad a la figura en cuestión; no obstante, están soportadas sobre el mismo nivel constructivo. El patio sobre cuyo piso se encuentra directamente pintado de rojo el personaje, tiene una forma rectangular orientada de norte a sur, con 3.87 m de longitud por 1.50 m de ancho y 2.5 cm de profundidad (figura 3). En sus extremos norte y sur tiene dos angostas banquetas remetidas y delimitadas por muros verticales.

Las paredes y el piso tienen un fino acabado de estuco rosado o rojizo, cuyos bordes están pintados con una franja rojiza que también se encuentra en los límites de los pisos de los espacios porticados. Cerca de su esquina norte, a la altura del piso, se encuentra un orificio que se introduce en la pared este. Se trata de un desagüe de 20 cm de diámetro que conduce hacia la calle, donde conecta con un colector mayor, y el erecto pene de esta figura apunta hacia este orificio que es el punto donde se inicia el drenaje. Datos generales de esta figura han sido dados a conocer en otra publicación (Zúñiga, 1995: 189).

DESCRIPCIÓN DE LA FIGURA

El piso donde se pintó la figura tiene un fino acabado de estuco, lo cual facilitó su dibujo y pintura, que con el paso del tiempo se

Figura 4a. Personaje pintado sobre el piso de un patio en La Ventilla, Teotihuacan.

Figura 4b. Dibujo del anterior por Ana Iturbe.

ha deteriorado. Mide 72.5 cm por 54.5 cm (figura 4). El rostro y su cuerpo ven hacia el este; tiene la cabeza hacia el lado sur y los pies hacia el lado norte, por lo que para mirarla de frente el observador debe colocarse en el lado norte.

El personaje representado es extraño en un primer examen: tiene cabeza alargada de animal y cuerpo humano. La cabeza está de perfil con un ojo grande de frente; el hocico entreabierto muestra dientes afilados y posiblemente también la lengua, aunque ahora ésta no se aprecia por el deterioro de la pintura. El cuerpo rojo se dibujó desde distintos ángulos: el torso está visto de frente, pues los brazos salen a cada lado de los hombros y la parte baja está de lado pues presenta el abultamiento del abdomen producido al ceñirlo el taparrabos. Los brazos, manos y piernas están de perfil, con los pies vistos en tres cuartos y desde arriba, porque se ven el talón y el empeine. Los genitales tienen un tamaño exagerado y no se colorearon para destacarlos; están vistos de frente y desde abajo para mostrar los testículos. El personaje ha cercenado su glande y sólo se aprecia el corte rojo y las gotas de sangre que caen. La representación del cuerpo en sus diferentes partes, con cambios de posición, obedece a la convención estilística prehispánica de representar cada parte por su lado más característico, para facilitar su identificación.

Las extremidades carecen de atavíos y los pies están desnudos. Los brazos se flexionan ligeramente; el izquierdo descansa su mano sobre la cadera, y el otro está levantado y su mano en posición no natural está invertida pues muestra las uñas y sostiene dos objetos alargados. Una pierna está adelante y otra atrás, no para marchar sino para que el individuo tenga un mejor equilibrio y muestre claramente la acción que ejecuta.

DESCRIPCIÓN DE LOS ATAVÍOS

El personaje pintado de rojo está casi desnudo; pero sus rasgos anatómicos, atavíos y acciones que ejecuta se estudian de arriba abajo excepto por los genitales que se pasan al final por la importancia que revisten para la interpretación del rito que ejecuta el personaje. Tanto rasgos como atavíos proporcionan información de la cultura e ideología que el pintor deseaba comunicar y el investigador debe encontrar y en última instancia su simbolismo, aunque esto no siempre es posible.

TOCADO

El atavío más elaborado e importante del personaje es el tocado o *tzoncalli*, "cosa ahuecada sobre el pelo", que ciñe su cabeza. Aunque el rostro está de perfil, el tocado está visto de frente para que se puedan "leer" todos sus elementos. Este atavío, como otros de esta forma en tiempos posteriores, se construía sobre una base de cartón de amate en forma de cono truncado, a la que se adherían otros elementos. Su parte baja es una franja o cinta que servía para ceñirlo bien a la cabeza. A ésta se ajustaron al frente dos discos rojos con borde blanco, que podrían ser espejos, objetos que estaban relacionados con el agua y la fertilidad. En Tula, según se relata en la *Histoire du Mechique*: "Había una efigie de Quetzalcóatl y un espejo que los indios estimaban mucho pues según Quetzalcóatl les había hecho creer, que por medio de este espejo siempre había de haber lluvias, si se la pidieran por este espejo, él se las concedería" (*Histoire du Mechique*, 2002: 161-163). A cada lado de los espejos aparecen dos formas blancas de algodón flojo o de pelo, que quizá indique que la figura es un ser anciano, o más bien antiguo. Arriba hay otra franja con un moño atado al frente, del cual penden cintas blancas que terminan en varias franjas rojas. Enseguida se ata una franja roja a la cual están fijas dos rosetas blancas de papel plegado con un cono adjunto. El *Códice Florentino* describe las rosetas, al hablar de los atavíos del sacerdote del fuego en la fiesta de Etzalcualiztli: "llevaba [el sacerdote], unas flores de papel también fruncidas, que sobraban a ambas partes de la cabeza a manera de orejas de papel, como medios círculos" (*Códice Florentino*, 1979, vol. I, lib. 2, f. 42r). El tocado termina en una franja de algodón flojo o de plumillas de bordes ondulados, que oculta el desplante de seis plumas blancas anchas y cortas sobre fondo rojo, que podrían ser de garza como en el *aztatzontli*, "tocado de plumas de garza" de Tláloc.

La cabeza del personaje es la de un cánido pero peina melena como señor y tiene semejanza con el dios perro en la lámina 26 del *Códice Borbónico* (1979), llamado Xólotl, lo que sugiere que el personaje en La Ventilla podría ser esta deidad. Las orejas en el perro del códice están cortadas, pero en el primero no se sabe si lo estaban porque la única oreja que podría ser visible está oculta bajo la orejera. Lo que es similar en ambas deidades es el rasgo de la boca abierta, mostrando los dientes y la lengua, que indican que el dios está sediento de sangre y hambriento de corazones humanos (Aguilera, 1999).

VÍRGULA DEL HABLA

Del hocico del posible Xólotl sale una vírgula de dos volutas; la primera o más próxima a la boca está perdida por destrucción de la pintura, la segunda es blanca y está orlada de onditas, por lo que se supone que el personaje está no sólo hablando, sino diciendo un conjuro, canto u oración. La forma convencional de esta vírgula en fecha tan temprana perdura durante el periodo Clásico y hasta el Posclásico del Altiplano. El Xólotl en el *Códice Borbónico* (1979: 16) (figura 6) emite también una vírgula que es una flor.

OREJERA

En la figura roja de Teotihuacan la orejera es sólo un disco rojo con arillo blanco alrededor que quizá sea también un espejo como los dos arillos en el tocado. En el Xólotl y el Quetzalcóatl del *Códice Borbónico* (1979: 16 y 26), la orejera de disco tiene abajo un elemento curvo de concha que se llama *epcololli*, "curva de nácar", que es la orejera particular de estos dioses; pero el Xólotl rojo que se estudia no la lleva.

COLLAR

El Xólotl teotihuacano lleva al cuello un *cozcatl* o collar de glóbulos blancos con un pequeño gancho, que los delata como caracolillos. Están ensartados en una cinta que se anuda atrás cuyas puntas cuelgan a la espalda. El Xólotl en el *Códice Telleriano-Remensis* (1964, vol. I, lám. XXIV, 2ª parte) (figura 5) y en el *Códice Borbónico* (1979: 16) (figura 6) su collar es ancho como pechera. En este último consiste en una parte roja bordeada por una cinta azul del que penden caracolillos blancos.

TAPARRABOS

El personaje ciñe su cintura con un *máxtlatl* o taparrabo que es más bien una banda, pues los genitales debían estar expuestos. Al parecer el taparrabo o banda fue tejido en telar de cintura o brocado hecho

Figura 5. Xólotl.
Códice Telleriano-Remensis,
1964, vol. I, lám. XXIV,
2ª parte.

Figura 6. Xólotl.
Códice Borbónico,
1979: 16.

en el mismo tejido, pues presenta un diseño con líneas paralelas diagonales y puntos. Se ata atrás y una punta cuelga atrás.

NAVAJAS

Los dos objetos largos que sostiene Xólotl en su mano son navajas por su forma alargada, y los "ojos" que exhiben representan el brillo del pedernal afilado del que fueron hechas. Esta identificación se basa en que estos "ojos" aparecen más tarde en las corrientes de agua del llamado Paraíso de Tláloc, también en Teotihuacan, como el brillo que originan las aguas claras ondulantes en movimiento. Las navajas también se identifican por la acción de cortar que ejecutan que hiere el pene cuya sangre brota de la herida y escurre de ella.

OLLA

En la parte posterior del personaje rojo, a la altura de la cintura, y como atada a la parte posterior del taparrabo o banda se ve una olla globular roja, con tres círculos blancos en la parte media. A sus dos "orejas" o asas se han atado las puntas de una cinta blanca anudada al frente en un moño. La olla contiene un líquido al parecer precioso, ya que arriba se convierte en una gran vírgula florida. El líquido que contiene podría ser *etzalli*, la comida de maíz y frijol particular de la fiesta de Etzalcualiztli, presidida por Tláloc, que sólo se preparaba y comía este día, el 22 de junio, durante el solsticio de verano.

La olla para el *etzalli* se llamaba *xocuicolli*, "olla con asas" según dice el *Códice Florentino*: "En esta fiesta [Etzalcualiztli] los que querían bailaban y recocijábanse, muchos se hacían zaharrones, disfrazados de diversas maneras [de Tláloc], y traían en las manos unas ollas de asa que llaman *xocuicolli* e iban de casa en casa pidiendo *etzalli*" (1979, vol. I, lib. 2, f. 42r). Una olla de barro, de forma y color diferente, se ve en el *Códice Borbónico* (1979: 26), rebosando maíz y frijol, aunque la *xocuicolli* era una ollita de barro con asas.

FLORES

Abajo, de derecha a izquierda de la figura, aparecen cinco plantas como flores que parecen **flotar** en el aire. La maestra en biología Abigail Aguilar, del herbario del IMSS, las identificó como la llamada en el centro de México *toncho*, que corresponde a la *Tillandsia imperialis* (E. Morren). Maximino Martínez, en su obra *Plantas de México* (1979: 846), dice que ésta es una planta epífita de hojas arrosetadas de 35 a 45 cm, con inflorescencia en espiga cilíndrica de unos 20 cm de largo por cuatro o siete de ancho, de color rojo, que se encuentra en Oaxaca, Chiapas y Puebla, aunque la maestra Aguilar dice que la planta también crece en climas templados y fríos, como es el caso de Teotihuacan. Para los antiguos mexicanos no era difícil transportar las plantas de una región a otra, especialmente si tenían una connotación simbólica importante, como en el presente caso. Maximino Martínez (1979: 846) proporciona el término *tecolumate* (*tecolumatl*), como el nombre común de la planta, cuyo significado se desconoce.

Otra posibilidad, de acuerdo con la forma de las flores que surgen del suelo, es que éstas sean bromelias. Se examinó más detenidamente el libro de Maximino Martínez y se encontró que una bromelia *(Bromelia karatas* sp.*)*, que no aparece ni en el Libro undécimo de Sahagún ni en el *Diccionario* de Molina, era común en varias áreas de México aunque con diferentes nombres, según el área en que se encontraba. El nombre más frecuente para ellas es *jocoitztli* o *jocozti*, variante moderna del náhuatl *xocohuiztli*, "fruto con espinas", que describe bien la planta de la bromelia con un bulbo grande como fruto y hojas o sépalos envolventes que terminan en pico como una espina y que son blancas, luego rosadas y al fin rojas, lo que se adecua bien al nombre que le dieron los indígenas.

RITO DE MOTELPULIZIO

El Xólotl teotihuacano es itifálico, muestra que él mismo se ha cercenado el glande con las navajas y la sangre gotea tanto de éstas como del pene. Es significativo que el pene del personaje, pintado sobre el suelo, apunte hacia el orificio que forma parte del drenaje del recinto en donde se pintó al personaje rojo, sin duda para indicar que la sangre, al igual que el agua, debía ser conducida para irrigar los campos. Otro ejemplo de este rito en la Sala de Teotihuacan, en el Museo Nacional de Antropología, es un personaje de cuerpo entero y desnudo, esculpido en una piedra verde casi negra muy dura y bien pulida, también con el pene cercenado (figura 7), encontrado por Leopoldo Batres (1906: 17) en la Casa de los Sacerdotes.

El rito de sangrarse el pene era una práctica de tiempos muy antiguos. El texto del *Códice Magliabecchiano* proporciona el nombre del rito: "En esta fiesta que llaman Etzalcualiztli [...] los indios se sacrificaban de sus naturas que ellos llamaban *motepulizo*", y más abajo añade que: "algunos que esto hacían era para que los indios tuviese por bien [el dios Quetzalcóatl] darles generación" (1983: 21v). Ésta es una evidencia más de que el perro en la pintura de Teotihuacan es Xólotl, no sólo por su semejanza formal con el perro

Figura 7. Figura humana. Casa de los Sacerdotes, Teotihuacan. MNA, en Seler, 1998, vol. V, 196, tomado de Batres, 1906: 17.

en la representación de la fiesta de Etzalcualiztli en la lámina 26 del *Códice Borbónico* (1979) (figura 8), sino porque en esta fiesta se efectuaba el rito de sangrarse el pene, que es la acción que ejecuta el Xólotl de Teotihuacan.

Este rito es distinto al de sólo derramar el semen. En una figura del Tajín de la época clásica existe una figura que riega con su semen un maguey que más tarde se espera producirá pulque en abundancia. Se trata de otro rito de fecundidad muy diferente al *motelpulizio*: "se sangra el pene o prepucio". El pulque es similar en color y consistencia al semen, muy diferente de la sangre roja que surge de la herida de Xólotl, y que es el producto de un sacrificio cruento, seguramente con mayor poder fertilizador.

El rito del *motelpulizio* adquiere varias modalidades que requieren un estudio separado. Citamos dos. En el área maya, a la llegada de los españoles se ejecutaba este sacrificio. Dice el obispo Diego de Landa:

Otras veces hacían un sucio y penoso sacrificio, juntándose en el templo los que lo hacían y puestos en regla se hacían sendos agujeros en los miembros viriles, al soslayo, por el lado, y hechos pasaban toda la mayor cantidad de hilo que podían, quedando así todos ensartados; también untaban con la sangre de todas aquellas partes al demonio, y el que más

Figura 8. Fiesta de Eztzalcualiztli, en la lámina 26 del *Códice Borbónico* (1979).

hacía era tenido por más valiente y sus hijos, desde pequeños comenzaban a ocuparse en ello y es cosa espantable cuán aficionados eran a ello (Landa, 1982:49)

Landa no dice en qué fiesta se efectuaba este rito, aunque el que describe no es exactamente el de cercenarse, sino sólo hacerse una incisión en el prepucio, que por supuesto sangraba.

El otro ejemplo de *motelpulizio* se encuentra en la "Leyenda de los Soles". Ésta cuenta que Quetzalcóatl y la diosa Cihuacóatl-Quilaztli fueron los creadores de la presente humanidad. Una vez que Quetzalcóatl y su doble Xólotl recuperan del inframundo los huesos de una humanidad precedente, los llevan a Tamoanchan a que Cihuacóatl-Quilaztli los muela. Enseguida Quetzalcóatl se sangra su miembro sobre ellos y nacen los hombres (1992: 121).

El ritual de *motelpulizio* está relacionado no sólo con la creación de los hombres sino con la fertilidad de la tierra y la abundancia de mantenimientos. No sólo Tláloc, sino Quetzalcóatl y Xólotl, dan y quitan sus bienes según sus devotos los veneren y hagan sacrificios. Quetzalcóatl da y quita la fertilidad. Cuando llega a Tula la convierte en un vergel, y cuando la abandona la convierte en un desierto. En otro caso, cuando Quetzalcóatl deja su querida ciudad de Tula y se va a la costa, se inmola y su corazón se convierte en el planeta Venus. Ya como Estrella de la Mañana, tiene el poder de llevarse la lluvia. Si dispara una de sus flechas en el día Uno Lluvia, no lloverá, si en Uno Agua, todo se secará (*Anales de Cuauhtitlan*, 1992: 11). El texto añade que los sacerdotes que hacían estas predicciones sabían cuándo aparecía el planeta Venus y en qué signos, cada cuántos días resplandecía, disparaba sus rayos o mostraba enojo.

Xólotl, el acompañante y doble de Quetzalcóatl, era el aspecto de Venus vespertino y éste tenía también el poder de propiciar la lluvia. Seler escribe, citando a Muñoz Camargo, que en Tlaxcala:

> Cuando las lluvias empezaban más tarde que lo normal, era costumbre juntar gran número de aquellos perros sin pelo llamados *xoloitzcuintli*, se cebaban y se llevaban al Xoloteopan o templo de Xólotl en donde se sacrificaban abriéndoles el pecho y arrancándoles el corazón al dios de la lluvia y que, después del sacrificio, todavía cuando los sacerdotes estaban en camino al Templo Mayor de la ciudad, comenzaba a llover y a relampaguear, y tan violentamente y tan de pronto, que casi no les daba tiempo de resguardarse de la lluvia en sus casas (Seler en *Comentarios al Códice Borgia*, 1980, vol. I: 146-147; Muñoz Camargo, 1966: 155-156).

QUIÉN ES XÓLOTL

Xólotl *motepulizo* era una deidad muy antigua, ya que aparece tanto en el *tonalpohualli*, "cuenta de los días", como en el *xiuhpohualli*, "cuenta de los años". En el primero es el regente de la dieciseisava trecena y en el segundo es patrón de la séptima veintena. Una glosa en el *Códice Telleriano-Remensis* (1964, vol. I, lám. XXIV) dice que Xólotl fue uno de los dioses que se salvó del diluvio y en otro lugar añade que: "Este señor Xolotle era señor de estos XIII días, era señor de los mellizos y de todas las cosas que nacen juntas que nosotros decimos mellizos o cuando la naturaleza obra alguna cosa monstruosa fuera de lo acostumbrado". Los que en ella nacían aquí sería[n], [tendrían] mal fin y [serían] bellaco [s]. Esto indica por qué el Xólotl de Teotihuacan tiene cabeza de perro y cuerpo de hombre, lo cual indicaba para los indígenas una monstruosidad.

FIESTA DE ETZALCUALIZTLI

A través del estudio de la forma del personaje, sus atavíos y las frecuentes menciones a Xólotl y sus relaciones con Quetzalcóatl se ha venido sugiriendo que el personaje rojo de Teotihuacan es el dios Xólotl. Éste tenía un lugar principal en la fiesta de Etzalcualiztli dedicada a Tláloc el 22 de junio, que es el día el solsticio de verano (Aguilera, 1982: 15). En el *Códice Borbónico* (1979: 26) aparecen precisamente los dioses de la fertilidad: Tláloc, Quetzalcóatl y Xólotl. El *Códice Magliabecchiano* aclara la relación entre estos tres dioses:

> Etzalcualiztli que quiere decir comida de etzalli es una manera de comida de maíz cocido. El demonio que en ella se honraba era Quetzalcóatl que quiere decir culebra de pluma rica. Era éste, dios del aire, y decían ser amigo o pariente de otro que se llamaba Tláloc, y hermano de otro que se llamaba Xólotl, el cual ponen en los juegos de pelota pintado o de bulto, y también este Quetzalcóatl, para su invocación en esta fiesta (1983: 21v).

La fiesta de Etzalcualiztli generalmente presenta sólo a Tláloc como el patrón, pero en el *Códice Borbónico* (1979) se describe el baile que ejecutaban Tláloc, Quetzalcóatl y Xólotl. Lo sorprendente es que, a pesar de que Tláloc es el patrón, preside el baile Xólotl, quien está a la derecha de la lámina, de gran tamaño, y lleva a la espalda una bandera alta. Quetzalcóatl también está ricamente ataviado, pero es de menor tamaño y no lleva bandera y Tláloc, todavía más pequeño, está relegado a la esquina inferior izquierda de la lámina. Si Xólotl es el aspecto vespertino de Venus, su importancia en la fiesta de Etzalcualiztli sugiere que en este día, en un año que no se conoce, Venus vespertino tenía o tuvo un comportamiento inusual.

Si se supiera la fecha en que fue pintado el *Códice Borbónico* o, si éste es una copia, si se conociera la fecha del original, se podría determinar la posición tanto de Venus matutino como vespertino y averiguar su comportamiento. Por lo pronto, sólo se puede especular que Venus vespertino es Etzalcualiztli, y que en el *Códice Borbónico* quizá tuvo un comportamiento inusual.

CONCLUSIÓN

Los datos encontrados en el estudio convergen para identificar al personaje representado en el patio de La Ventilla en Teotihuacan como Xólotl, que en el ámbito astral era el lucero de la tarde, mientras que Quezalcóatl, su hermano, era el lucero de la mañana. Xólotl comparte muchos atavíos con el Xólotl del *Códice Borbónico* y otros códices pintados en el siglo XVI, lo que muestra su importancia. Ésta se muestra en los rituales de la veintena de Etzalcualiztli, la fiesta que celebraba el solsticio de verano, donde Xólotl es la deidad principal con Tláloc y Quetzalcóatl, de menor tamaño, y los tres como dioses de la lluvia y la fertilidad. En Teotihuacan Xólotl ejecuta el *motelpulizio* al igual que hizo Quetzalcóatl para crear a la humanidad; pero es el único dios conocido que tiñe las bromelias con su sangre para fertilizar la tierra. El que muchos de sus glifos perduren desde el Teotihuacan temprano hasta el siglo XVI muestra la continuidad de las creencias, mitos y ritos a través del tiempo hasta el fin de Mesoamérica.

Las deidades prehispánicas en el Tepeyac[*]

Es creencia generalizada en México que el sitio donde Juan Diego vio la nube blanquísima e iluminada y escuchó la voz de la Virgen de Guadalupe fue en la cima del Cerro del Tepeyac, "En la punta [nariz] del cerro", en la extremidad oriente de la cadena de montecillos que forman la Sierra de Guadalupe, al norte del valle de México. También se reconoce que en el Tepeyac antiguamente se veneraba a Tonantzin "Nuestra madrecita" (figura 1), una deidad prehispánica, antecesora de la ahora Tonantzin Guadalupe, "Nuestra madrecita de Guadalupe". Sin embargo, no se ha indagado mucho sobre la identidad de la diosa antigua, excepto por el bien documentado y acucioso trabajo de Rodrigo Martínez Baracs (1990), quien establece que la Tonantzin prehispánica era Cihuacóatl.

El objeto del presente trabajo es ampliar esta información, dar a conocer sumariamente las características principales, atributos, funciones y atavíos de la diosa y proponer la hipótesis de que en el Cerro del Tepeyac se celebraba no sólo a una deidad o un par de deidades femeninas, como se ha afirmado, sino a una pareja otomí, que representaba los aspectos femenino y masculino de la Vía Láctea.

[*] "Las deidades prehispánicas en el Tepeyac", *Estudios Históricos*, México, Universidad Tepeyac, 2000: 31-37.

Çiua coatl , quilaʒt

Figura 1.
Tonantzin-Cihuacóatl.
Primeros Memoriales (1983,
f. 264r).

LA TRADICIÓN DE TONANTZIN EN EL TEPEYAC

La fuente más importante que habla de Cihuacóatl como la diosa
antigua venerada en el Tepeyac es el *Códice Florentino*, escrito hacia
1578 por el franciscano fray Bernardino de Sahagún y sus asistentes,
el cual menciona el antiguo culto a esta diosa:

Cerca de los montes hay tres o cuatro lugares donde [los indios] solían
hacer muy solemnes sacrificios y que venían a ellos de muy lejanas
tierras. El uno de éstos es aquí en México, donde está un montecillo
que se llama Tepeacac, y los españoles llaman Tepeaquilla, y ahora se
llama Nuestra Señora de Guadalupe; en este lugar tenían un templo
dedicado a la madre de los dioses que llamaban Tonantzin, que quiere
decir nuestra madre, allí hacían muchos sacrificios a honra de esta diosa
y venían a ella de muy lejas tierras, de más de veinte leguas, de todas
esas comarcas de México, y traían muchas ofrendas; venían hombres y
mujeres, y mozos y mozas a estas fiestas; era grande el concurso de gente
en esos días y todos decían vamos a la fiesta de Tonantzin; y ahora que
está allí edificada la Iglesia de Nuestra Señora de Guadalupe también la
llamaban Tonantzin, tomando ocasión de los predicadores que a Nuestra
Señora, la Madre de Dios, llaman Tonantzin; de donde haya nacido esta
fundación desta Tonantzin, no se sabe de cierto; pero sabemos cierto

que el vocablo significa de su primera imposición, aquella Tonantzin antigua y es cosa que se debía remediar porque el propio nombre de la madre de dios Santa María, no es Tonantzin sino dios y nantzin (*Códice Florentino*, 1979, vol. III, lib. 11, f. 234r y v).

En la primera parte de la cita Sahagún asienta que la "Madre de los dioses" era Tonantzin, "Nuestra reverenciada madre", pero ésta era Teteoinan, "Su madre de los dioses" y que no se debía llamar Tonantzin a Virgen de Guadalupe porque ella es la madre de dios. Sahagún recordaba que Tonan o en reverencial Tonantzin era otro de los hombres de Cihuacóatl.

Ya en los textos, tanto en los *Primeros Memoriales* (1993, ff. 263r. y 264r), los primeros papeles recogidos en Tepepulco por el franciscano y sus asistentes, como en el *Códice Florentino* (1979, vol. I, lib. 1, f. 10v), su obra terminada, no hay confusión. Se describen e ilustran a ambas diosas por separado, Tonan "Nuestra madre" o Tonantzin "Nuestra reverenciada madre" o Cihuacóatl, se menciona en primer lugar, indicando con esto que ésta era la diosa principal del panteón mexica (*Códice Florentino*, 1979, vol. I, lib. 1, f. 2v.) y después menciona, ilustra y describe los atavíos de Toci, "Nuestra abuela", abuela de los hombres

Figura 2. Toci, "Nuestra abuela", con el amácalli o tocado de papel. *Códice Borbónico*, 1979: 30.

llamada también Teteoinnan, "Madre de los dioses", y Tlalliyollo, "Corazón de la tierra", porque con su poder agitaba las entrañas de la tierra. Toci de ninguna manera es Tonantzin, a menos que el que se refiera a ella sea un dios o varios para nombrar a su madre.

Siguen la misma tradición de Sahagún, fray Juan de Torquemada (1975, vol. I: 354), Jacinto de la Serna (Noguez, 1993: 124) y Antonio de Ciudad Real, visitador en la Nueva España a finales del siglo XVI, quien propone a Ichpochtli "Doncella", como la antigua diosa del Tepeyac (1976, vol. I: 68). Lo mismo dice *La pintura de la translación de la imagen* (1653), quien sugiere a (Tona)ntzin y a Tlazoichpochtli "Preciada doncella", como ésta (Noguez, 1993: 162 ss.). Ciudad Real usa el término Tonan, "Nuestra madre", que en sentido estricto no implica una diosa virgen como María y que es la diosa Cihuacóatl. *La pintura de la translación* convierte a la diosa Tonantzin en doncella y madre a la vez, diferente de Tonantzin Cihuacóatl, la primera que parió y que siempre paría mellizos. Jacinto de la Serna y *La pintura de la translación* (en Noguez, 1993: 125) también se inclinan a favor de la diosa Ichpochtli "Doncella", aunque De la Serna vacila entre ésta y otra identificación, ya que en Santa Ana Chiauhtempan, muy cerca de la Matlalcueye, hoy conocida como La Malinche, se veneraba a una Tonantzin que no es Cihuacóatl:

> Había un santuario donde el ídolo que allí veneraban era llamado To-nantzin, que quiere decir "Nuestra madre", y ofrecían muchos sacrificios y ofrendas y venían de muchas partes, y aún el día de hoy, en la vocación del pueblo, acuden de muchos pueblos a ofrecer cosas a nuestro con-vento, que a lo que dicen se acuerdan todavía de la costumbre antigua (Ciudad Real, 1976, vol. I: 84).

El hecho de que la patrona de la población de Chiauhtempan aún hoy sea Santa Ana, la anciana que concibió tardíamente, indi-ca que ella sustituyó a Toci, la diosa anciana, y no a Tonantzin. La fiesta de Santa Ana es el 26 de julio, fecha más próxima a la de Toci, "Nuestra abuela", celebrada el 30 de septiembre. Sabemos que la Iglesia católica sustituía a los dioses antiguos por la deidad cristiana cuya fiesta estaba próxima a la de la deidad antigua, como apoyo para acelerar la evangelización.

Fray Juan de Torquemada, otro franciscano, al hablar de las peregrinaciones principales, más famosas y concurridas de la época

prehispánica aclara que Toci se adoraba en la Matlalcueye, en Tian-
quizmanalco a Telpuchtli, advocación de Tezcatlipoca y al norte
[de la ciudad de México] a Tonan que es decir a Tonantzin-Cihuacóatl la diosa del Tepeyac.

> En esta Nueva España tenían estos Indios gentiles tres lugares en los cuales
> honraban a tres dioses diversos y les celebraban fiestas: el uno de los cuales
> está situado en las faldas de la Sierra grande, que se llama de Tlaxcala, y los
> antiguos le llamaron (y los presentes la llaman) Matlalcueye. En este lugar
> hacían fiesta a la diosa llamada Toci, que quiere decir: Nuestra abuela. Otro
> lugar está de éste, a la parte del medio día, seis leguas, poco más o menos
> que se llama Tianquizmanalco, que quiere decir: Lugar llano, o hecho a
> mano, de los mercados, y ferias. En este lugar hacían fiesta a un dios, que
> le llamaban Telpuchtli, que quiere decir: mancebo, y en otro, que está
> a una legua de esta ciudad de México, a la parte norte [en el Tepeyac],
> hacían fiesta a otra diosa, llamada Tonan que quiere decir Nuestra Madre,
> cuya devoción de Dioses prevalecía, cuando nuestros frailes vinieron a esta
> tierra, y a cuyas festividades concurrían grandísimos gentíos de muchas
> leguas a la redonda (Torquemada, 1976, vol. III: 357).

LA DIOSA TONANTZIN-CIHUACÓATL

La imagen más completa de Tonantzin-Cihuacóatl es la que aparece
en el *Códice Telleriano-Remensis* (1964, vol. I, lám. XXVIII, 2ª parte)
(figura 3), aunque en otros códices tiene forma de serpiente con

Figura 3. Tonantzin-Cihuacóatl,
la diosa venerada en el Tepeyac.
Códice Telleriano-Remensis, 1964,
vol. I, lám. XXVIII, 2ª parte.

rostro humano (figura 4). La glosa en este códice dice que la diosa representada es Chantico, pero según un estudio reciente se encontró que en realidad se trata de Tonantzin-Cihuacóatl (Aguilera, 1997).

La diosa muestra su cabeza de perfil, y cubre su cabellera con un tapalito, o sea, una tela roja con borde blanco [posiblemente de *tatapatli*] (Molina, 1970: 91). Sobre ésta hay dos elementos vistos de frente para poder apreciarlos [leerlos] mejor. Arriba se ve un enorme *cuauhpilolli*, atavío formado por dos plumas grandes juntas de águila puestas de manera horizontal, orlado con plumones también de águila y enriquecido con plumas preciosas verdes de quetzal que Beyer identificó (1965, vol. X: 329). Este atavío también lo lleva su esposo Mixcóatl, "Serpiente de nube", el aspecto masculino de la Vía Láctea y ella es el aspecto femenino de este mismo cuerpo (Aguilera, 1978 y 2001).

Abajo del *cuauhpilolli* se aprecia el símbolo de la guerra: el *atltlachnlolli*, "agua y fuego", que proporciona otro de los nombres de Cihuacóatl, "Mujer guerrera". Lleva orejera y nariguera de oro, que la relacionan con las deidades astrales y del fuego. Su cuerpo entero está pintado de amarillo, porque es mujer que se afeita o pinta el rostro, en este caso, con la crema emoliente del aje y además indica que es una mujer muerta de parto y una guerrera (Aguilera, 1978: 76 y 2001: 30). Por esta convención, las mujeres en los códices aparecen pintadas de amarillo. Su rostro muestra la pintura a cuadros de rayas rojas con un disco al centro que la identifica como mujer otomí. Los grandes colmillos que emergen de su boca indican que ella es una *tzilzimitl*, "mujer terrible", Tonantzin, "Nuestra reverenciada madre" y no en diminutivo "Nuestra madrecita".

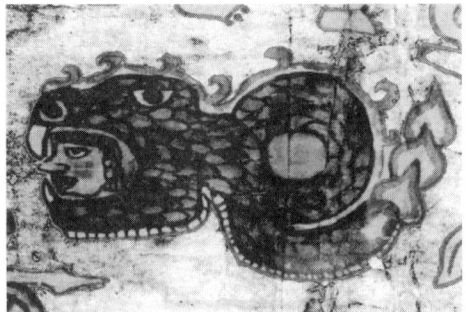

Figura 4. Tonantzin-Cihuacóatl como serpiente de cascabel. *Códice de Huamantla*, 1984a: 16.

La diosa cubre su torso con una prenda roja, probablemente un *quechquemitl*, la camisa que portaban las otomíes y algunas diosas primordiales o antiguas. Prueba de su nobleza y riqueza es el collar azul, seguramente elaborado de mosaico de turquesa con cascabelillos de oro en el borde. Lleva una falda oscura con plumones, que se equiparan con estrellas, lo que significa que ella es Citlalinicue, "Su falda de estrellas", otro epíteto para el aspecto femenino de la Vía Láctea. Atrás de su falda aparece otra prenda, no un enredo completo, también llamada *citlalinicue*, formada por una tira de cuero rojo con un fleco de caracolillos que según el texto náhuatl en Sahagún al caminar la diosa los caracolillos hacían un sonido muy agradable que se oía muy lejos.

Otro atavío es el taparrabo, cuya punta delantera se aprecia entre las piernas de la diosa, lo que significa que es "esforzada y varonil" (Torquemada, 1975, vol. I: 117), es decir, muy valiente. Esta prenda también es roja, como corresponde a una mujer otomí. Sus pulseras son ricas, de piel de venado con cascabelillos de oro, lo mismo que sus ajorcas que indican que ella es la dueña del venado, que es su nahual.

LA PAREJA DE DIOSES EN EL TEPEYAC

Una vez reconocida a Tonan-Cihuacóatl como la diosa en el Tepeyac, se tienen datos en dos documentos de que en el cerro se veneraba no sólo a esta diosa sino a una pareja. El primero es el *Códice Teotenantzin* (siglo XVIII) (figura 5), que perteneció a la colección del noble italiano Lorenzo Boturini Benaducci y se conserva en la Bóveda de Códices de la Biblioteca Nacional de Antropología e Historia. Está pintado en sepia sobre papel europeo y mide 44 por 117 cm (Glass, 1964, lám. 91). El segundo es *El Mapa de México-Tenochtitlan y sus contornos, ca. 1550* (León Portilla y Aguilera, 1986) que se conserva en la Biblioteca de Uppsala en Suecia.

Lorenzo Boturini Benaducci llegó a México con la intención de cobrar a una descendiente del emperador Motecuhzoma el estipendio prometido por el gobierno español (el cual, por cierto, nunca pudo obtener). Sin embargo, se dedicó a conseguir dinero para la coronación de la Virgen de Guadalupe y a coleccionar antigüedades

Figura 5. Las dos figuras en el Tepeyac (derecha, Toci; izquierda, figura no identificada). *Códice Teotenantzin*, BNAH.

mexicanas. La fecha del *Códice de Teotenantzin* coincide con la estancia en México de Boturini, y el hecho de que haya pertenecido a su colección hace suponer que este señor lo mandó dibujar, al tener noticia de que había restos de esculturas o relieves en el Tepeyac, quizá para saber más acerca de la antigua diosa Tonantzin.

En el *Códice de Teotenantzin*, no ilustrado en su totalidad, se ve de izquierda a derecha el perfil desierto de la Sierra de Guadalupe, enseguida una ermita y abajo un marco del que emerge una corriente de agua que parece corresponder al Pocito, la fuente de agua milagrosa que todavía existe. A la derecha aparecen dibujadas sobre el cerro dos figuras de dioses con una iconografía que se aparta de las formas indígenas tradicionales. Al parecer, los relieves en el Tepeyac estaban muy erosionados o dañados y el dibujante tuvo que inventar o reconstruir muchos de los atavíos de los dos personajes.

La figura de la derecha es femenina, ya que el único atavío identificable es el *amacalli*, "tocado de papel" que sólo portan diosas femeninas. Consiste en un casquete con cuatro rosetas, y al centro un signo del año, más dos rosetas grandes, una en cada extremo, de las que cuelgan tiras largas de papel. Este atavío pertenece a la diosa Toci, "Nuestra abuela", que lo ostenta completo en el *Códice Borbónico* (1979: 30) (figura 2), aunque en los *Primeros Memoriales* se consigna que también portaban el *amacalli* algunas diosas, como Chicomecóatl, "Siete serpiente", diosa del maíz, y las diosas del agua,

124

la fertilidad y el pulque (1993, f. 262r); sin embargo, el texto en el mismo *Códice Teotenantzin* aclara que la diosa representada es Toci o Teotenantzin: "Estas dos pinturas son unos diseños de la diosa, que los indios nombraban. A la derecha de la figura del *amacalli* aparece una leyenda en letra manuscrita que dice: Teotenantzin, reverenciada madre de los dioses y a quien en la gentilidad daban culto en el cerro del Tepeyac, donde hoy lo tiene la Virgen de Guadalupe" (*Códice Teotenantzin*, siglo XVIII).

La figura de la izquierda presenta una iconografía que no corresponde a nada conocido: un círculo grande de rectangulitos y un casquete con rombos y discos y sobre el pecho varias formas no conocidas, por lo que no es posible saber quién es el personaje. Hay varios elementos aberrantes en la cita del códice: *1)* sólo se nombra a la deidad, llamada Teotenantzin, cuando hay dos figuras; *2)* el nombre Teotenantzin se presta a dos posibles traducciones: *a)* "Divina reverenciada madre de la gente" y no, como dice el texto, "Madre de los dioses"; *b)* es muy posible que haya un error de grafía: la partícula *te*, seguramente debía ser *to*, "nuestra", ya que el nombre conocido de la diosa antigua del Tepeyac es Tonantzin, no Tenantzin; *c)* el amanuense traduce erróneamente "Madre de los dioses", en vez de Tonantzin, "Nuestra reverenciada madre". Además, ignora que el *amacalli* es un atavío de la diosa Toci y no de Tonantzin.

El otro documento, que señala dos deidades en el Tepeyac, es el *Mapa de México-Tenochtitlan y sus contornos, ca. 1550*, pintado en el Colegio de la Santa Cruz de Tlatelolco. A la derecha del mapa, o sea, el norte del valle de México, aparece la Sierra de Guadalupe y abajo, al principio de ésta, o sea al oriente, sobre el cerro, se ven dos formas como bultos, que al ser verdes podrían tomarse como árboles: pero su forma regular como estelas contrasta con los árboles de follaje impresionista a su alrededor (León-Portilla y Aguilera, 1986: 9) (figura 6). El estar pintadas de verde puede indicar que las piedras estaban cubiertas de musgo o verdor. Alfonso Caso identifica a la pareja en el Tepeyac como Chalchiuhtlicue y Tonantzin o Chicomecóatl, Esther Pasztory con diosas relacionadas con el maíz, la guerra y el agua (en Noguez, 1993: 162 ss.). El mismo Noguez también comparte esta identificación (1993). En todos los casos se trata de parejas de mujeres, pero esto es raro en la religión prehispánica, donde lo más usual es la veneración de la pareja hombre-mujer. Basten a este respecto dos ejemplos de parejas de dioses que son todavía veneradas; una en el Cerro de la Campana, al oeste del valle de México, y otra del siglo XVI, en el *Códice de Huamantla,* del área de Tlaxcala (Aguilera, 1984) (figura 7), por lo que posiblemente lo mismo ocurría en el Tepeyac.

El padre Ángel María Garibay, quien en virtud de su ministerio estuvo en estrecho contacto con los grupos otomíes del poniente del valle de México, relata que en la cima del Cerro de la Campana se rendía culto a la pareja primordial otomí: Makata, "El gran dios padre", quizá el antiguo dios sol, al que se equipara con Cristo o Dios, y Makama, "La gran diosa madre" (Garibay, 1986: 201 ss.).

El *Códice de Huamantla,* de procedencia y contenido otomí, cuya primera etapa data *ca.* 1580 y es resguardado como el *Códice de Teotenantzin* en la Biblioteca Nacional de Antropología e Historia, presenta, no en la cima de un cerro, sino dentro de una cueva, a la pareja primordial, formada por los padres de los otomíes. Aparecen en el inicio de la migración de un grupo otomí, después de la caída de Tula (1168 d.C.). La escena muestra al centro a la pareja formada por Otontecuhtli, "Señor de los otomíes" y Xochiquétzal, "Ramillete precioso". Abajo, un personaje hace Fuego Nuevo y otro enarbola una bandera. La pareja tiene su paralelo escrito en la *Relación de Querétaro*

> Los otomíes tenían dos dioses de mucha reputación y reverencia, el uno en forma de hombre y el otro de mujer, hechos de [...] varas, los cuales vestían ricamente, al de hombre con mantas ricas y al de mujer con naguas y huipiles [...] todo hecho de algodón y tejido con muy ricas labores que era lo mejor que se hacía en toda la tierra. Al hombre le llamaban Padre Viejo, a la mujer llamaban Madre Vieja; de los cuales decían que provenían todos los nacidos y que estos habían procedido de unas cuevas que están en un pueblo que se dice Chiapan (1897, vol. I: 33).

La pareja Padre Viejo y Madre Vieja, en el *Códice de Huamantla,* se identifica por su iconografía con Otontecuhtli, "Señor de los otomíes", por el rostro rayado de negro, y con Xochiquétzal, por la pluma de quetzal, el huipil y enredo rojo de rombos *(Códice de Huamantla,* 1984a: 7). Tanto Garibay como la *Relación de Querétaro* (1897) suministran sólo los epítetos de la pareja primordial. De la pareja que

Figura 6. Área del Tepeyac con los dos bultos o estelas de los dioses allí venerados. *Mapa de México-Tenochtitlan y sus contornos, ca. 1550*, 1986, lám. 9.

Figura 7. Otontecuhtli y Xochiquétzal. *Códice de Huamantla*, 1984, lám. 3

se veneraba en la cima del Tepeyac sólo existen los restos en el *Códice de Teotenantzin* y en el *Mapa de México-Tenochtitlan*; sin embargo se tratará de identificarlas con base en las fuentes históricas, etnográficas, del calendario y de datos astronómicos.

MIXCÓATL, OTRA DEIDAD VENERADA EN EL TEPEYAC

Si en el Tepeyac se celebraban dos deidades como se ve en el *Códice de Teotenantzin* y una de ellas era Cihuacóatl, la segunda deidad es su esposo Mixcóatl (figura 8). Éste es un dios otomí, cuyo rasgo diagnóstico es el *cuauhpilollil.* Es la única deidad masculina conocida hasta ahora que lo lleva y lo sostiene con la banda frontal roja de cuero llamada *tzoncuetlach*. Alrededor de los ojos lleva su ojera negra; él preside la caza, y como tal sostiene arco y flechas y su inseparable *chilatli* o canastilla (*Códice Magliablecchiano*, 1983: 30). En ella guardaba las piezas de caza capturadas y tunas que simbolizaban los corazones humanos que serían el alimento de sol. Mixcóatl tiene su cuerpo rayado de rojo por ser un dios astral. Él es el aspecto masculino del Camino de Santiago, o sea la Vía Láctea (*Códice Telleriano-Remensis*, 1964, vol. I, lám. VIII, 1ª parte). Su esposa, Cihuacóatl, también porta el *cuauhpilolli* al ser ella el aspecto femenino de este mismo cuerpo,

Figura 8.
Mixcóatl, esposo de
Tonanzin-Cihuacóatl.
Códice Magliabecchiano,
1983, lám. 30.

por lo cual lleva el enredo o falda de estrellas, *citlalinicue*, como se dijo. La fiesta de Mixcóatl es Quecholli, que celebra la caza. Con su mujer, es el originador y creador de los pueblos mesoamericanos, incluyendo a los otomíes (Mendieta, 1945, vol. I: 159).

LA PAREJA DE DIOSES VENERADA EN EL TEPEYAC ES OTOMÍ

El hecho de que en el Cerro de la Campana los otomíes veneraran a sus antiguos padres, hombre y mujer, lo mismo que en el *Códice de Huamantla* donde una pareja encabezó la peregrinación, sugirió que la pareja venerada en el Tepeyac también podría ser otomí. Fray Bernardino de Sahagún afirma que Mixcóatl era un dios otomí *(Códice Florentino,* 1979, vol. I, lib. 2, f. 80r), y lo mismo dice Muñoz Camargo (1966: 6), y Cihuacóatl también es otomí (Aguilera, 1997), en parte porque exhibe la pintura facial a cuadros de *huacalli*, huacal, propia de los otomíes, que también lleva Otontecuhtli, el señor de los otomíes (*Códice Mendoza,* 1979, f. 3v) y ella porta, además, el *cuauhpilolli* (*Códice Telleriano-Remensis,* 1964, vol. I, lám. XXVIII, 2ª parte).

El que la pareja venerada en el Tepeyac fuera otomí no tiene nada de particular. Los otomíes estuvieron asentados en el valle de México, en sus alrededores así como en Otumba, "Lugar de otomíes", el gran centro en la ruta del valle de Puebla-Tlaxcala, al sureste del Tepeyac, en el camino a México-Tenochtitlan.

CONCLUSIÓN

En el Cerro del Tepeyac los mexicas veneraban a la diosa Tonan o Cihuacóatl, la más importante de su panteón; y a su esposo Mixcóatl, como aspectos femenino y masculino de la Vía Láctea. La pareja de dioses en el Tepeyac era de filiación otomí lo que habla de una ocupación antigua de ese grupo en el valle de México, anterior a la llegada de los pueblos nahuas. Es posible que en su peregrinación, los mexicas, y al asentarse en el Cerro de Tepeyac, hayan adoptado el culto a la Tonantzin otomí.

La pareja de deidades es, además, muy importante. Tonan-Cihua-cóatl es la diosa principal del panteón mexica y Mixcóatl, su esposo, es el inventor del fuego y creador de la ceremonia del Fuego Nuevo en el cielo, y en la tierra, el inventor del fuego terrestre, de la guerra y de la caza. Si la pareja es aún venerada por otomíes al oeste del valle de México, en el Cerro de la Campana, y en el este del estado de Tlaxcala, en la región de Huamantla, esto indica la relevancia de los otomíes y la necesidad de estudiarlos, ya que su cultura fue muy importante para los pueblos mesoamericanos.

LA FECHA DE INAUGURACIÓN DEL TEMPLO MAYOR*

La inauguración del Templo Mayor de los mexicas fue la celebración más importante en la historia de este pueblo, únicamente comparable con la ceremonia de encender el Fuego Nuevo que se realizaba cada 52 años. Desde su establecimiento en el islote que sería Tenochtitlan, los mexicas levantaron su primer pequeño templo orientado al poniente, es decir, ya tomando en cuenta al sol. El templo continuó creciendo hasta que llegó a tener dimensiones monumentales, tal como lo vieron los conquistadores. El séptimo señor, Tízoc, casi lo terminó, pero fue su sucesor, Ahuítzotl, quien lo inauguró con toda fastuosidad.

La inauguración está descrita con detalles en crónicas del siglo XVI y está representada en el *Códice Telleriano-Remensis* (1964, vol. 1, lám. XIX, 4ª parte) (figura 1). Ahí se señala la muerte de Tízoc en el año 7 conejo (1486), y en el año 8 caña (1487) se muestra a Ahuítzotl presidiendo la inauguración. El templo aparece con las dos capillas arriba (en posición invertida) y se señala el número de sacrificados.

El códice podría proporcionar datos inexactos puesto que es de manufactura colonial. Por el contrario, el monolito de la dedicación del Templo Mayor, también con la misma fecha, que se encuentra en el Sala Mexica del Museo Nacional de Antropología, es indiscutiblemente de la época precortesiana. Señala la misma fecha: año 8 caña, día 7 caña (figura 2) para el mismo suceso: la inauguración

* "La fecha de inauguración del Templo Mayor", *Arqueología Mexicana*, núm. 41, México, inah/Editorial Raíces, 2000: 30-31.

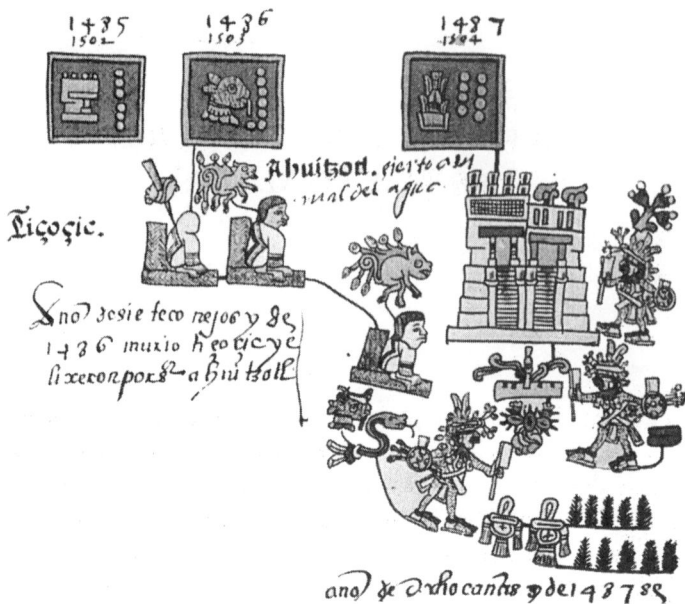

Figura 1. Inauguración del Templo Mayor, presidida por
Ahuítzotl. *Códice Telleriano-Remensis*, 1964, vol. I, lám. XIX, 4ª parte.

Figura 2. Monolito de la
dedicación del Templo
mayor, año 8 caña, día 7
caña. Sala Mexica, MNA.

del Templo Mayor. Alfonso Caso, quien realizó los estudios más cuidadosos y exhaustivos sobre la correlación de los calendarios indígena y cristiano, estudió el monolito y encontró que el día 20 Panquetzaliztli equivalía al 28 de diciembre de 1487 gregoriano (1967: 59). La correlación de Caso, ajustada al tiempo de la Conquista, se desfasa porque no toma en cuenta ningún tipo de ajuste al calendario indígena.

Los sacerdotes mexicas escogieron el día 20 Panquetzaliztli para inaugurar el Templo Mayor, por ser la fiesta del dios patrón Huitzilopochtli. Ésta tenía lugar en diciembre, cuando ya se había recogido la cosecha y se concertaban las guerras. Por otra parte, a medida que avanza la estación de frío, el sol en el horizonte parece alejarse, descender y hacerse cada día más débil. Los antiguos mexicanos temían que el sol ya no volviera, y para que regresara le hacían sacrificios. Algunos días después, el sol retornaba para que el mundo viviera un año más. Por esto, en el día 20 Panquetzaliztli se celebraba también el nacimiento, o más bien el renacimiento, de Huitzilopochtli-Sol.

En 1521, el día 20 Panquetzaliztli del calendario mexica equivalió al 19 de diciembre gregoriano (9 juliano) (Caso, 1967: 65). Pero Caso nunca notó que esta fecha y la de inauguración del Templo Mayor están muy próximas al solsticio de invierno, lo cual sugería que el calendario indígena estaba ajustado a los sucesos solares. Además, si se retroceden nueve veintenas, de las 18 del calendario mexica, se encuentra el día 20 Etzalcualiztli, en que se celebraba la gran fiesta de Tláloc, que caía precisamente el 22 de junio gregoriano, el día del solsticio de verano (figura 3). Este hecho refuerza la hipótesis de que el calendario mexica está ajustado a estos eventos y explica por qué había dos capillas en el Templo Mayor. El calendario indígena, a diferencia del cristiano, es invariable; sus veintenas son siempre de 20 días, pero los sucesos astrales no lo son, por lo cual no hay una sincronía exacta entre ellos. El día 20 Panquetzaliztli se celebra el 19 de diciembre gregoriano, no el día preciso del solsticio de invierno, pero los sacerdotes mexicas sí sabían cuándo ocurría el solsticio, que en el siglo XVI fue el 22 de diciembre. Un texto náhuatl del *Códice Florentino* (1979, vol. I, lib. 2, f. 90r) presenta una instancia indígena de ajuste a su calendario sin desquiciarlo, y este dato también sugiere que el calendario mexica estaba ajustado:

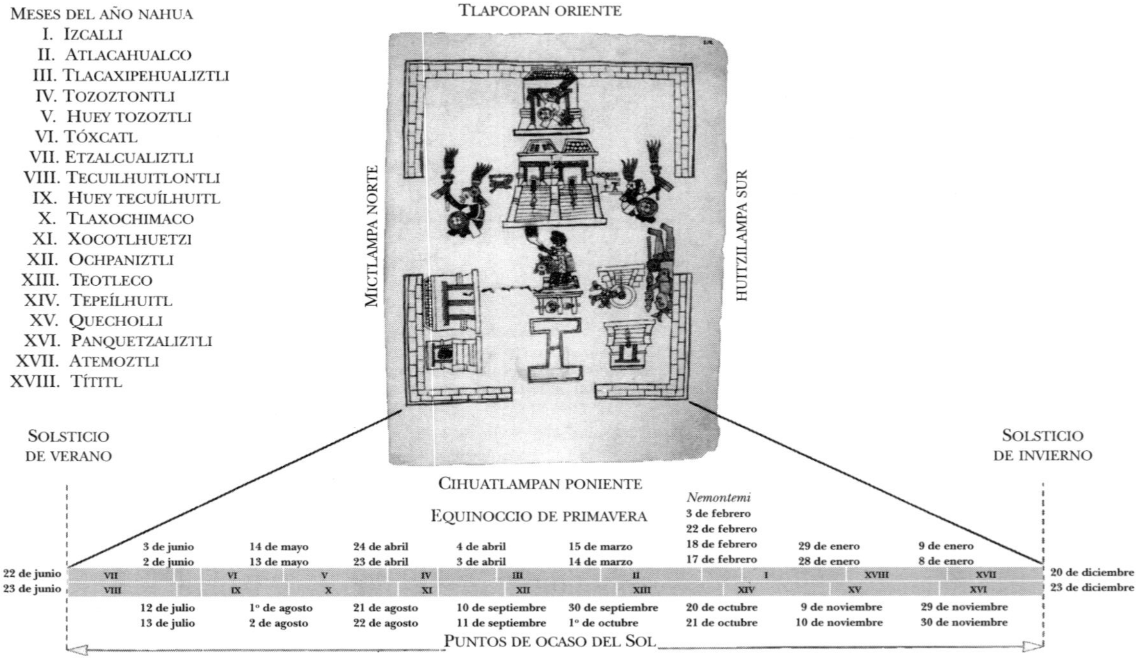

Figura 3. Correlación del calendario mexica con el cristiano, con base en un dibujo de los *Primeros Memoriales*, 1993: f. 269r. Editorial Raíces.

Y el cuarto día [de Atemoztli] se llamaba "Se esparcen cenizas". Los viejos decían: "En verdad los bañados que murieron todavía caminan [en la tierra] por cuatro días. Todavía no parten al lugar de los muertos. Pero cuando se esparzan las cenizas entonces se irán al lugar de los muertos" [...] Aquí termina la fiesta de Panquetzaliztli, ya se habían tomado cuatro días de Atemoztli (*Florentine Codex*, 1981, vol. 2: 150. Traducción del inglés de Carmen Aguilera).

El texto explica que los sacrificios continuaban durante cuatro días, hasta que se sabía que el sol regresaba. Este rito no era una invención nueva: los autores sólo escribieron lo que se transmitió a través de siglos, lo cual es otra prueba de que el calendario mexica heredó la tradición de un calendario solar ajustado. Estos datos constituyen la base de la correlación propuesta por mí en 1982 (Aguilera, 1982: 205). Quizá hallazgos arqueológicos y estudios futuros la refuercen o la destruyan, lo cual representará un avance en los estudios del calendario indígena, sobre el que todavía hoy se debaten muchos aspectos.

THE MEXICA (AZTEC) MILKY WAY[*]

The female aspect of the Milky Way played an important role in Mexica (Aztec) religion and culture. The object of this paper is to briefly review Mexica beliefs about the Milky Way that describe her role since earliest times to the arrival of the Spaniards in 1519 and illustrating it with some representations of the goddess as they appear in Colonial illustrated manuscripts. The notices about this goddess are found mostly in sources written in Spanish after the Conquest of Mexico.

CITLALINICUE'S DEEDS

Citlalinicue lived in the highest heaven, and for this reason she would never die (*Historia de los mexicanos por sus pinturas*, 2002: 81). She was the regent of each trecena or "week" of the *tonalpohualli* or ritual calendar, where she was drawn at the top of each page (*Códice Borbónico*, 1979: 3-20) (figure 1) to indicate her high position and status. Her importance can be measured by the fact that she was known as the creator of the stars, the sun, and the moon (*Histoire du Mechique*, 2002: 155). In another legend, the earth existed but was dark, so she joined two of her sons, the gods Tezcatlipoca and Quetzalcóatl, in making a sun (*Histoire du Mechique*, 2002: 153).

[*] "The Mexica Milky Way", in seac 98, *Memorias de la Reunión de la Sociedad Europea de Astronomía Cultural*, Eds. Clive Ruggles, Frank Perdesgast and Tom Ray, Sussex, England, Ocarina Books Bognor Regis, 2001: 127-132.

Figure 1. Citlalinicue.
Códice Borbónico, 1979: 9.

CITLALINICUE THE GODDESS OF THE MILKY WAY

Citlalinicue, "She of the Starry Skirt", was the ancient goddess of the Milky Way. Another name for Citlalinicue is Citlalcueitl, which has the same meaning, and Serna (1953: 124) says explicitly that Citlalcueitl is the Milky Way. Her name is a clear simile for the astral body. It has to be remembered that the skirt of indigenous women consisted of a very long strip of cloth pleated to fit a woman's waist. The particular skirt of this Indian goddess was dotted with stars. These were the eyes of the night and, in Mesoamerica, they were represented as round white discs, sometimes with a red eyelid.

The first mentions of the Milky Way date from the Classic period (200-750 a.D.), when Teotihuacan was the most important city in central México and from the Early Postclassic (950-1168 a.D.), when Tula was the capital of a powerful empire. The veneration of this astral body in the clear Northern desert skies of México had very probably originated hundreds of years before.

During the Classic period, Citlalinicue was already an important goddess. Legend relates that she sent sixteen hundred men to Teotihuacan, no doubt to subdue this empire. However, all of the warriors died; in other words they were defeated (*Histoire du Mechique*, 2002: 153), and the goddess did not have her way.

In the beginning, Citlalinicue acts by herself with no companion or husband; this seems to indicate an epoch in Mesoamerica when women played a preponderant role in the culture. In later accounts, Citlalinicue has a partner or husband called Citlalatona, "Shining Stars", but her name is mentioned in the first place in the *Anales de Cuauhtitlan* (1992: 81), *Leyenda de los Soles* (2002: 81) and *Codex Vaticanus* (*Códice Vaticano-Ríos* 1964, vol. III, lám. XV). Only later did the Franciscan friar, Gerónimo de Mendieta, mentions the name of Citlalatona first and then Citlalinicue (1945, vol. I: 80).

CITLALINICUE'S DEEDS

Citlalinicue lived in the highest heaven and for this reason she would never die (*Histoire du Mechique*, 2002: 81). She was the regent of each trecena or "week" of the *tonalpohualli* or ritual calendar, whe-re she was drawn at the top of each page (*Códice Borbónico*, 1979: 3-20) to indicate her high position and status. Her importance can be measured by the fact that, as stated above, she was the creator of the stars, the sun, and the moon (*Histoire du Mechique*, 2002: 155). After this she mothered all the gods, who then swore to serve her. In another legend, the earth existed but was dark, so she joined two of her sons, the gods Tezcatlipoca and Quetzalcóatl, in making a sun (*Histoire du Mechique*, 2002: 153). Once Citlalinicue created the stars, the sun and, the moon, *tlohtli* the hawk suggested that she needed men to serve her (Mendieta, 1945, vol. I: 78). Quetzalcóatl went to the underworld to obtain bones from a former humanity in order the create the new men. Citlalinicue was also responsible for giving animals their characteristics. She decided that Yappan, the scorpion, should not have an apparent head and should have its arms raised (Serna, 1953: 227-228). Tezcatlipoca, under Citlalinicue's orders, cut his head off because he had sinned with Xochiquétzal, at which moment he raised his arms in despair.

CITLALINICUE IN THE "CÓDICES"

Citlalinicue appears as an old lady; she exhibits wrinkles (*Códice Borbónico,* 1979: 3-20) (figure 1), but they indicate she is an ancient goddess. Her head is a skull, showing that she is a dreadful heavenly being, already dead to the world but forever alive in heaven. Her open mouth with visible teeth and a red tongue indicates that she is hungry and thirsty for the flesh and blood of men (Aguilera, 2001: 14). She has the dark curly hair of the night gods, with small banners that signify death, because she brought death to men. She wears the *quechquémitl*, the upper garment of ancient goddesses, and the two skirts of the Milky Way: the first is as blue as the day sky, with white discs, and the second, called specifically *citlalinicue*, "She of the star skirt", is red with a border of sea shells.

THE MILKY WAY IN TOLTEC TIMES

In the Toltec era the name of the Milky Way changes from Citlalinicue to Cihuacóatl. The *Leyenda de los Soles* states that the god Quetzalcóatl of Tula still prayed to Citlalinicue and Citlaltona (*Anales de Cuauhtitlan*, 1992: 8). In another story both gods disappear and the creators of humanity are Quetzalcóatl and Cihuacóatl the Mexica version of the Milky Way. Quetzalcóatl went to the underworld to obtain bones from a former humanity in order to create a new one. On the way back, his companion fell and the bones broke into pieces. This is why there are men of all sizes. In another story, Quetzalcóatl took the bones not to Citlalinicue but to Cihuacóatl, "Serpent Woman". This goddess ground the bones, Quetzalcóatl drew blood from his penis over them, and men were created (*Leyenda de los Soles,* 2002: 179).

Two stories that tell of the birth of Quetzalcóatl as a semi-god also reflect the change from Citlalinicue to Cihuacóatl. According to the first: a god that called himself Citlaltona, that is the sign seen in the sky called Camino de Santiago, "Saint James Road", the Milky Way, sent an ambassador from heaven with a message to a virgin in Tulan called Chimalma, "She who deposits her shield". She had two sisters, one called Coatlicue and the second Xochitlicue. When they saw the ambassador they were frightened and died. The ambassador said to Chimalma that his lord wanted to have a child with her. The virgin got up and swept the house and, as soon as she did, she conceived and bore a son who was called Quetzalcóatl (*Códice Vaticano-Ríos*, 1964, vol. III, pl. XV).

In this legend Quetzalcóatl is born from Chimalma, a mortal, rather than from Citlalinicue, Citlaltona' s wife. In the second story, Quetzalcóatl's father is Mixcóatl, "Cloud Serpent", another name for the Milky Way. Mixcóatl, the father inaugurated the New Fire ceremony in heaven and invented war on earth in order to capture prisoners whose blood would feed the gods. He descended to earth as a warring Chichimec, a desert dweller, and conquered many peoples thanks to a magic deer that Cihuacóatl, his celestial wife, had given him; in reality it was the goddess herself in one of her disguises (*Historia de los mexicanos por sus pinturas,* 2002: 15).

Near Tula, Mixcóatl fell in love with Chimalma. He shot her repeatedly with his arrows until she accepted him and became pregnant. Cihuacóatl, in a jealous rage, took the miraculous deer away and Mixcóatl's victorious streak came to an end. In due course Chimalma, gave birth to Quetzalcóatl, but she died in childbirth, and Mixcóatl took the baby to be raised by Cihuacóatl (*Leyenda de los Soles,* 2002: 191). In this story Quetzalcóatl is born, as before, from Chimalma, but the father is now Mixcóatl. He (Mixcóatl) is subsequently killed by some of his other children, and Quetzalcóatl finds his remains, burying them at the Tlillan Calmecac, Cihuacóatl's temple.

The sources never say explicitly that Cihuacóatl is Mixcoatl's celestial wife, but the data in the legends confirm it. Cihuacóatl always protects Mixcóatl, who wanders on earth but always returns to her. The best evidence, however, is that the new gods of the Toltec Milky Way are Cihuacóatl ("Serpent Woman") and Mixcóatl ("Cloud Serpent"). Both are appropriate similes for the Milky Way. This probably alludes to the fact that in winter the Milky Way seems divided into two cloud snakes.

THE MEXICAS ADOPT CIHUACÓATL

The city of Tula fell to nomadic peoples from the north in a.D. 1168, a group of migrating Toltecs installed the lordship of Culhuacán on an elevated peninsula in the south-eastern part of the five lakes of the Basin of Mexico. Being Toltecs, their patron deity was Cihuacóatl.

When the Mexicas arrived in the valley, Culhuacán was a thriving city. To emulate the Toltecs, whom they admired, they adopted Cihuacóatl as their goddess. Later, with the apotheosis of Huitzilopochtli, they modelled Coyolxauhqui after Cihuacóatl (Aguilera, 1978: 2001), but without displacing Cihuacóatl as the main Mexica goddess (*Códice Florentino,* 1979, vol. I, bk. 1, f. 2v). The present study is concerned only with Cihuacóatl.

The main source for the study of Cihuacóatl in Mexica times is a legend recorded by the Franciscan Juan de Torquemada (1975, vol. I: 117). Herein the goddess declares that she is the sister and friend of the Mexica people and discloses four of her names that tell of her character and attributes: Cihuacóatl, Cuauhcíhuatl, Yaocíhuatl, and Tzitzimicíhuatl.

Cihuacóatl ("Serpent Woman"). Cihuacóatl as a snake is represented in the *Codex Huamantla,* the largest cartographic codex known (Aguilera, 1984a). It was painted by the Otomí people from Huamantla, a town east of the city of Tlaxcala, around 1580. The face of the goddess emerges from a green rattlesnake (figure 2). Her face has two small rectangles on the cheeks to denote the syllable *hua* of *cihuatl* which means "woman", leaving no doubt about the gender of the deity. Another Serpent Woman appears in the *Florentine Codex* (*Códice Florentino,* 1979, vol. I, bk. 12, f. 3r) in a less spectacular representation. There she is shown as an omen that announces the fall of Tenochtitlan. She is pictured as "La Llorona", the "Crying Lady", because of the terrible fate that awaits her children, the Mexicas.

Even today, in all parts of Mexico, "La Llorona" wails at night, especially in the rural areas. She appears to men as a beautiful woman dressed in white like a palace lady, who attracts men only to disgrace them. The real Cihuacóatl, however, is different: "She is an evil omen, a savage beast, dreadful, that wailed at night like a coyote and frightened people" (*Códice Florentino,* 1979, vol. I: lib. 12, f. 2v).

Cuauhcíhuatl ("Eagle Woman"). The eagle is astral because it flies very high. It is an eagle that appears to the Mexica at the begin-

Figura 2.
Cihuacóatl. *Códice de Huamantla,* 1984: 16.

142

ning of their pilgrimage and invests them with the insignia of true Chichimecs: the bow, arrows, and the *chitatli* or basket to carry the products of the hunt or the hearts of men (figure 4). She paints a stripe across the faces of the Mexicas with a black ointment and glues eagle down to their ears. Some authors have argued that the eagle is Huitzilopochtli, the sun, but the arrow piercing her underbelly indicates that she is Cihuacóatl, whom the two Mexica captains tried to shoot. This seems to prove that the eagle is Cihuacóatl, as Cuauhcíhuatl, and not Huitzilopochtli.

Figure 3. Cihuacóatl. *Codex Telleriano-Remensis,* 1964, vol. I, pl. XXVIII, 2nd part.

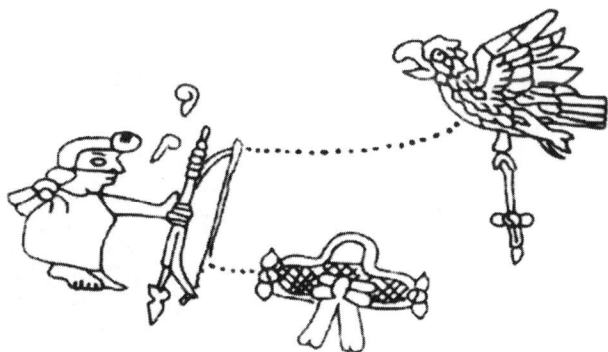

Figure 4. Cuauchíhuatl, *Tira de la Peregrinación. Códices Vault,* BNAH.

Yaocíhuatl ("*Woman Warrior*"), as an eagle, is the epitome of aggressiveness and war. She appears as a warrior in the *Codex Telleriano-Remensis* (1964, vol. I, pl. 46). Her name-glyph is the *atl-tlachinolli*, "water fire", the symbol of war. Another significant element is the *cuauhpilolli* or "hanging of eagle feathers", that relate her to Mixcóatl her husband. The *cuauhpilolli* is the emblem of the Milky Way and among the male gods only Mixcóatl wears it. Yaocíhuatl's gold earplug and noseplug indicate that she is an astral being. She wears a rich necklace fringed with gold bells, a *quechquémitl* or upper garment, and her dark coloured skirt, like the night, that has eagle down balls in place of the discs or stars. Another important piece of her attire is the *máxtlatl* or loincloth, a male garment. It means that the goddess, as Yaocíhuatl, is brave and manly, a fearless warrior.

In the *Codex Magliabecchiano* (1983: 79), she appears as Citlalinicue and as Yaccíhuatl (figure 5). The head is very similar to the one in figure 1, she wears a short blouse or *huipil*, a blue and white necklace, a blue pectoral that is related to fire, and over it a gold disc that signifies fire and light. Her skirt is now as black as the night sky with the white stars, and the border of the *citlalinicue*. We know she is Yaocíhuatl because she wields weapons, the *tzotzopaztli* or weaving

Figure 5. Cihuacóatl as Yaocíhuatl. *Codex Magliabecchiano*, 1983:79.

stick that she uses as a sword in her right hand, and the shield and fue banner of death in her left hand.

Tzitzimicíhuatl. The etimology of this word is probably a repetition of the onomatopoeic syllable *tzi*, the sound the arrow *mitl* makes when thrown, and *cihuatl*, "woman". The Spaniards translated the word as "Infernal Woman", but for the ancient Mexicas the *tzitzimitl* was an awesome feminine astral being that dwelt in the sky, a woman who, having died in childbirth, has ascended to heaven as a star. However, her head is a skull because after death everyone becomes a skeleton, and as such she will appear at the end of time. Citlalinicue is portrayed as Tzitzimicíhuatl in figures1 and 5.

CONCLUSION

Citlalinicue, the Milky Way, was venerated at least as far back as Classic times. Her name changed with time, but not her importance or main attributes. The Toltecs called her Cihuacóatl, and later the Mexicas also worshipped her. Citlalinicue or Cihuacóatl created the sun, the moon, the stars, and the gods who, under her command, created men and the animals. The goddess had four names that are portrayed in coloured images in the *códices*. Each detail of her attire reiterates her attributes, power, and importance. In this case, as in others, it was found that the glyphic way of writing, with forms and colours, says much more than the four names Torquemada mentions in his story. The study also shows the power of women among the Mexicas, as well as among other ancient cultures of Mesoamérica.

CIHUACÓATL, DIOSA OTOMÍ[*]

INTRODUCCIÓN

En mi trabajo sobre el disco de piedra con la imagen de Coyolxauh-qui, descubierto en febrero de 1978, encontré que la diosa con la que ésta comparte más atavíos es Cihuacóatl, y así surgió mi interés por estudiar a esta última. El capítulo sexto del *Códice Florentino*, escrito por fray Bernardino de Sahagún y sus asistentes se llama: "De las diosas principales que se adoraban en esta Nueva España" y dice: "La primera destas diosas se llamaba Cioacoatl" (1979, vol. I, lib. 1, f. 2v). Esto resultó sorpresivo, ya que ella era la patrona de Culhuacán; y porque la elección lógica hubieran sido las diosas Coyolxauhqui, hermana del dios patrón mexica Huitzilopochtli, o Coatlicue, su madre.

Cihuacóatl era una diosa otomí (Aguilera, 1997). Los mexicas, cuando vencen a Culhuacán, adoptan a la diosa patrona de esa ciudad, lo cual fue una práctica común en Mesoamérica. Los cul-huacanos emigraron de Tula con la diosa Cihuacóatl; éste fue el nombre tolteca de Citlalinicue, ya venerada en Teotihuacan (*Historia de los mexicanos por sus pinturas*, 2002: 153). Además sabemos que es de origen otomí, pues lleva la misma pintura facial roja a cuadros, rasgo que comparte con Otontecuhtli, dios patrón otomí (*Códice Mendocino*, 1979: 58).

* "Cihuacóatl, diosa otomí", *Estudios de Cultura Otopame*, núm. 2, México, iia-unam, 2000: 29-43.

Si una diosa tan importante era de origen otomí, esto quiere decir que su cultura tuvo gran influencia en los pueblos de habla nahua, desde tiempos muy antiguos. La conclusión es que los otomíes no eran tan bárbaros y salvajes, como lo dice después el mismo Sahagún (*Códice Florentino*, 1979, vol. III, lib. 10, f. 128r). Como ocurre frecuentemente, las personas que no conocen un idioma tildan de ignorantes a sus hablantes. En este caso muy posiblemente y desde muy antiguo, fueron los hablantes de náhuatl quienes así juzgaban a los otomíes. El presente artículo no pretende ahondar en estos complejos problemas, que seguramente se irán aclarando con el renovado interés por la cultura otomí. Tampoco se relata la historia de Cihuacóatl en el tiempo, ni en sus diferentes representaciones y atribuciones. Baste decir que ya era una diosa venerada en el Preclásico, como muestra la pequeña escultura en piedra, encontrada por la doctora Maricarmen Serra Puche en el sitio de Xochitécatl, en el estado de Tlaxcala, donde se exhibe en el museo de sitio. Por otra parte, su antigüedad también se atestigua porque Cihuacóatl aparece tanto en el calendario ritual o *tonalpohualli* como en el calendario solar o *xiuhpohualli*. En el primero es la regente de la decimoctava trecena y en el segundo de la novena veintena llamada Hueytecuilhuitl o "Gran fiesta de los señores, y señoras", porque el término náhuatl *tecuhtli* significa tanto señor como señora.

A pesar de sus múltiples representaciones, en este trabajo se examina únicamente la imagen de Cihuacóatl en la lámina XVIII del *Códice Telleriano-Remensis* (1964, vol. I), de manufactura colonial (figura 1), ya que en este códice se aprecian más atavíos que atestiguan que la diosa es otomí. La imagen es muy bella, su línea negra es precisa, sus colores brillantes. Aunque algunos de sus elementos están ya aculturados, el copista, basándose en un documento más antiguo, se esmeró, en la medida en que su cultura se lo permitía, por ser fiel al patrón antiguo. La glosa arriba de la imagen dice "Chantico" en grandes caracteres, y los textos escritos en alfabeto latino, de tres manos diferentes, se refieren a esta diosa. Sin embargo, la figura está precisamente en el lugar que corresponde a Cihuacóatl, la trecena 18 del *tonalpohualli*, que comienza por el día Uno Viento. Esto era incongruente con los datos señalados y al examinar sus atavíos encontré que la figura es la correcta, pero los

Figura 1. Cihuacóatl-Citlalinicue. *Códice Telleriano-Remensis*, 1964, vol. I, lám. XXVIII, 2ª parte.

glosistas confundieron el nombre Cihuacóatl con el de la diosa del fuego terrestre (Aguilera, 1987).

La identidad de Cihuacóatl se basa, además de su ubicación en los calendarios, en sus representaciones, tanto en la Piedra de Tízoc como en la de Moctezuma I, ambas en la Sala Mexica del Museo Nacional de Antropología; en éstas, las dos diosas aparecen como patronas de sus respectivas ciudades Culhuacán y Xochimilco. Claramente se ve a Cihuacóatl con uno de sus atavíos diagnósticos, el *cuauhpilolli*, que se describe adelante, y que Chantico no lleva.

No pretendo estudiar aquí en detalle las características de Cihuacóatl, sino principalmente los elementos (rasgos y atavíos) que la definen como perteneciente a esta antigua nación, además de demostrar que Cihuacóatl era una diosa otomí. Los rasgos y atavíos se estudian de arriba a abajo y según la división anatómica de la figura.

PAÑO DE CABEZA

La diosa lleva en la cabeza un paño o tapalito que es un rectángulo rojo tejido en telar de cintura con orilla blanca, que cubre desde la frente hasta la espalda. La orilla blanca indica la franja que deja el telar después de que se teje el color. También Cihuacóatl porta esta prenda en el *Códice Vaticano-Ríos* (1964, vol. III, lám. XLIX), que es muy similar a la anterior, pues ambos códices están emparentados, y también la lleva la diosa en el *Códice Borbónico* (1979: 18). Este tapalito es la base para dos atavíos: el *cuauhpilolli* y el *atl-tlachinolli*, que nombran y definen a la diosa. El paño rojo se refiere a su prosapia otomí, como se irá comprobando al tratar los otros atavíos rojos de la diosa (véase figura 2).

CUAUHPILOLLI

El *cuauhpilolli*, "Colgajo de [plumas] de águila", aislado por Beyer (1965, X: 313), es un atavío muy importante, puesto que aparece en la parte superior más ostensible del tocado. Son dos plumas oscuras de águila juntas, atadas por una cinta roja a un plumón, que caen horizontalmente sobre la cabeza. Los antiguos mexicanos se inspiraron para elaborar este atavío en la *mix-coacuauhtli*, que de acuerdo con Martín del Campo es, "sin temor a errar", la especie *Urubitinga anthracina anthracina* (1941: 401). Las dos plumas están rodeadas de plumones que muchas veces, como en Coyolxauhqui, indican estrellas (Aguilera, 2001). Ésta, como su antecesora Cihuacóatl, es en realidad la madre de las estrellas, pues en tiempos aún más antiguos su antecesora Citlalinicue creó las estrellas (*Historia de los mexicanos por sus pinturas*, 2002: 148-149).

El *cuauhpilolli* se refiere al nombre de Cihuacóatl como Cuauhcíhuatl, "Mujer águila", uno de los cuatro nombres con que ella misma admite, es conocida (Torquemada, 1975, vol. I: 117). El atavío, además, identifica tanto a Cihuacóatl como a Mixcóatl, también dios otomí (*Códice Florentino*, 1979, vol. I, lib. 2, f. 80r), y única deidad masculina que lo porta; ambos son los aspectos femenino y masculino de la Vía Láctea y los hace compañeros o esposos. Aunque esta relación no se hace explícita en las fuentes, se deduce, ya que ambos portan el *cuauhpilolli* y ambos son "Serpiente de nubes". Mixcóatl quiere decir "Serpiente de nubes" y Cihuacóatl, "Mujer serpiene" (véase figura 3).

En el *Códice de Huamantla*, hecho por otomíes de Tlaxcala, Cihuacóatl, su diosa patrona, es una gran serpiente con ganchos blancos
y grises en el dorso que representan las nubes (1984a: 16). Además,
Mixcóatl vencía siempre en la guerra gracias a un nahual, un venado
portentoso que le obsequió Cihuacóatl, como se ve adelante en el
inciso de "Pulseras y ajorcas" (véase figura 4).

ATL-TLACHINOLLI

El *atl-tlachinolli*, "agua y algo quemado", es el símbolo de la guerra.
Está compuesto de una corriente de agua azul con caracolillos y

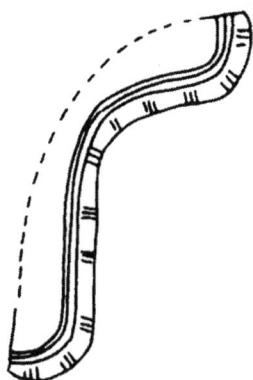

Figura 2. Paño de cabeza.

Figura 3. *Cuauhpilolli.*

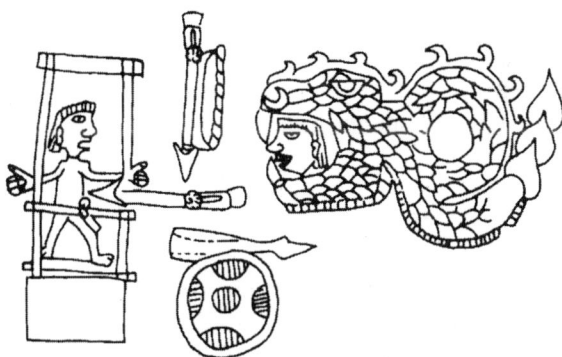

Figura 4. Batalla en Atlancatepec, Tlaxcala. Cihuacóatl como
serpiente. *Códice de Huamantla*, 1984a: 16. Dibujo: Silvia Limón.

cuentas de concha alrededor, entrelazada con otra de parcelas ardiendo, que termina en una flama en forma de mariposa. En la Cihuacóatl, que aparece como Chantico (Aguilera, 1997) en el *Códice Telleriano-Remensis* (1964, vol. I, lám. XXVIII, 2ª parte), el copista no se apegó a la convención indígena y por lo tanto no se aprecia la forma de la mariposa, que se distingue muy bien en el mismo elemento de la Cihuacóatl del *Códice Borbónico* (1979: 18). El *atl-tla-chinolli* indica otro de los nombres de Cihuacóatl: Yaocíhuatl, "Mujer guerrera" (Torquemada, 1975, vol. I, 117). Ella, como Mixcóatl, es diosa guerrera. Mixcóatl inventa la guerra en el cielo y luego en la tierra, y Cihuacóatl *yaotetzahuitl catca*, "era un augurio de guerra" (*Códice Florentino*, 1979, vol. I, lib. 1, f. 2v) (véase figura 5).

PEINADO

Cihuacóatl lleva el **pelo** negro, largo, con tupé rojo sobre la frente, que también tiene significado. El pelo negro hasta el hombro indica que la diosa es una capitana y el copete o tupé, llamado en náhuatl *ixcuatecpilli*, "columna [más bien mechón], sobre el rostro" indica que es noble (Aguilera, 2001: 19), ambos señalan su rango social. Cihuacóatl no era una guerrera cualquiera, sino una capitana noble (véase figura 6).

PINTURA FACIAL Y CORPORAL

La piel, rostro y cuerpo de la diosa son amarillos, como se veían las mujeres nahuas porque usaban como cosmético, para proteger y suavizar su piel, el aceite del *axin* o aje (*Coccus axin*), que da un tinte amarillo (Aguilera, 1985: 93), por lo que este color se adoptó como convención para definir la feminidad en las pictografías y así distinguirlas de los hombres, que se pintaban de color rojizo (véase figura 7).

PINTURA DE HUACAL

Sobre su rostro amarillo la diosa exhibe la pintura de *huacalli*, o caja para empacar y cargar mercancías, que consiste en un cuadro con rayas rojas, con un punto en el centro, tal como lo lleva Otontecuhtli, "Señor de los otomíes", en el *Códice Mendoza* (1979: 58) (figura 2), lo cual muestra, sin lugar a dudas, que Cihuacóatl era una diosa otomí (véase figura 8).

Figura 5. *Atl-tlachinolli.*

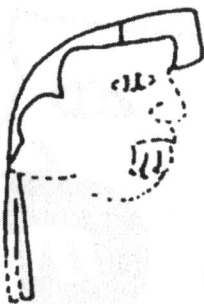

Figura 6. Peinado.

Figura 7. Pintura facial y corporal.

Figura 8. Pintura de huacal.

OJO, BOCA Y COLMILLOS

El ojo está dibujado abierto y de frente, para indicar que la diosa está viva. Tiene pintura roja alrededor de la boca y unos colmillos blancos curvos, que parecen extraños en una diosa tan maravillosa. Este rasgo indica que Cihuacóatl es una *tecuani,* "bestia fiera" (*Códice Florentino,* 1979, vol. I, lib. I, f. 2v), sedienta de sangre y de corazones humanos (véase figura 9).

OREJERAS Y NARIGUERA

Las orejeras y nariguera constan de tres elementos articulados y están coloreadas de amarillo, lo que indica que son de oro, el metal del sol y de los astros, que irradian luz (Aguilera, 2001: 17) (véase figura10).

Figura 9. Ojo, boca y colmillos.

Figura 10. Orejeras y nariguera.

Figura 11. Collar.

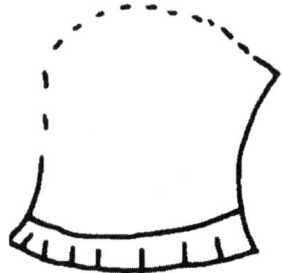

Figura 12. *Quechquemitl.*

COLLAR

El pecho de la diosa Cihuacóatl está cubierto por un collar azul con cuatro discos amarillos, que son cascabeles de oro, como la diosa del mismo nombre en el *Códice Magliabecchiano* (1983: 33). En la segunda imagen de la diosa, en el mismo códice, el collar de turquesa blanca y azul tiene claramente la convención indígena para representar la turquesa, un cuadrito con un punto al centro (1983: 79), por lo que el collar de la Cihuacóatl que se estudia podría ser de turquesa blanca a los lados y de turquesa azul en el centro. En el *Códice Borgia*, un collar similar pero más detallado es el de Itzpapálotl que tiene dos tipos de turquesa (1980: 66). En la primera línea las piezas son uniformes y en la segunda son irregulares. En el *Códice Vaticano-Ríos* (1964, vol. III, lám. XLIV), el collar o pechera tiene la orilla blanca, mientras que en el *Códice Tudela* (1980: 27r) el collar de la diosa es de turquesa blanca con un reguero rojo al centro que sugiere sangre. La turquesa azul pertenece a Xiuhtecuhtli, el dios del fuego, y Cihuacóatl, como cuerpo astral, irradia fuego. En los dibujos los dioses se cubren con atavíos muy ricos ya que no tenían por qué escatimar materiales preciosos por ser estas representaciones ideales (véase figura 11).

QUECHQUEMITL

Bajo el collar se ve una camisa sin mangas con orilla ondulada amarilla. En la pintura original debió ser un *quechquemitl*, prenda que portaban las diosas madres antiguas, como se ve en la Cihuacóatl del *Códice Borbónico* (1979: 18), en los *Primeros Memoriales* (1993: f. 264r) y en el *Códice Florentino* (1979, vol. I, lib. 1, f. 10v). En el primero es amarillo con azul, pero en los dos últimos es rojo (véase figura 12).

ENREDO

El enredo o enagua, *cueitl* en náhuatl, que cubre la cadera de la Cihuacóatl y que se estudia en esta lámina, es de color oscuro, aunque inicialmente debió ser negro y tiene la orilla blanca. Está tachonada de plumones, es decir, como en el caso de los que rodean al *cuauhpilolli*, de estrellas. Se trata de la *citlalcueitl*, "enagua de estrellas", lo cual corrobora que ella es el aspecto femenino de la Vía Láctea y compañera de Mixcóatl. Atrás del enredo aparece otra prenda que reitera esta identificación. Es una tira en dos partes, de la que pende un cráneo visible a medias. La parte superior es ocre, en el *Códice Vaticano-Ríos* tiene manchas oscuras, lo que indica que se trata de piel de jaguar y termina en un fleco de plumas oscuras (1964, vol. III, lám. XLIX). La parte inferior es roja y termina en un fleco de cinco caracolillos (véase la figura 13).

Esta prenda es la *ciltlalicue* o "enagua de estrellas", está representada puntualmente en el *Códice Florentino*, al describir a la diosa Ilamatecuhtli, una advocación de Cihuacóatl (1979, vol. I, lib. 2, f. 93r). En el *Códice Borbónico*, la diosa viste, además del tapalito rojo, una falda roja, que al parecer era propia de Cihuacóatl y de las mujeres otomíes (1979: 18). No se tienen muchos datos acerca del vestido de las otomíes después de la conquista; Faustino Rodríguez, quien trabajó muchos años en la Subdirección de Etnografía del Museo Nacional de Antropología, me relató hace varios años que

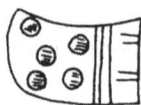

Figura 13. Enredo.

Figura 14. Taparrabos.

por 1920 las "regatonas" o mujeres que compraban el pescado a los trabajadores del Lago de Tzompanco para revenderlo eran llamadas "las coloradas", porque se vestían de rojo y eran otomíes. El dato, que parece fidedigno, se recogió sin buscarlo pues en esa época no me interesaba por los otomíes y sólo recababa información sobre la caza y pesca en el lago de Tzompanco.

TAPARRABOS

Entre las piernas de la diosa aparece la punta delantera de un *maxtlatl* o taparrabo rojo con orilla blanca, una franja con diseño de turquesa y fleco. Cihuacóatl lleva la prenda masculina, como mujer "esforzada y varonil" (Torquemada, 1975, vol. 1: 117), es decir, valiente (véase la figura 14).

PULSERAS Y AJORCAS

Cihuacóatl ciñe su muñeca con pulseras de piel blanca esponjada de las que penden cascabeles de oro. De una cuelga una tira blanca con puntos rojos y de la otra una tira roja y ocre. Las ajorcas o atavíos bajo su rodilla son también de piel esponjada, ahora ocre, y tienen un colgajo al frente. Ambas son de piel de venado e indican que este animal era uno de sus nahuales. Esto se sabe por un canto en su honor recogido por Sahagún, traducido y comentado por Garibay, donde se dice además que ella era "el venado de Culhuacan". Las ajorcas de piel blanca y ocre señalan que se trata tanto del venado blanco maravilloso, rarísimo de ese color, como del ocre, que es más común. Mixcóatl vencía siempre en la guerra gracias al venado de Cihuacóatl. El poema dice en un fragmento:

156

¡Que me llene [me preñe]
mi príncipe Mixcóatl!
Nuestra madre, la guerrera
nuestra madre, la guerrera,
el ciervo de Colhuacan...
¡de plumas es su atavío!
(Garibay 1958: 136).

Mixcóatl pierde al ciervo y su poder de vencer, pues se lo quita
Cihuacóatl, celosa por sus amoríos con Chimalma (*Historia de los
mexicanos por sus pinturas*, 2002: 43). Es significativo que al morir
Chimalma de parto, Mixcóatl lleve al niño Quetzalcóatl con Cihuacóatl para que ésta lo críe (véase fugura 15).

SANDALIAS

Las sandalias de Cihuacóatl son blancas con una tira de cuero rojo
para atarse firmemente. Son las sandalias que usaban los nobles
guerreros y parecen ser solamente utilitarias (véase figura 16).

Figura 15. Pulseras y ajorcas.

Figura 16. Sandalias.

Cojín

La diosa está sentada o de pie frente a un gran asiento o cojín, cubierto de piel o tela ocre, elemento que no aparece en el *Códice Vaticano-Ríos* (1964, vol. III, lám. XLIX) (véase figura 17).

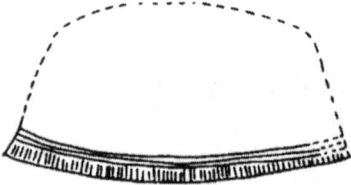

Figura 17. Cojín.

CONCLUSIÓN

Cada uno de los elementos que acompañan a las deidades mesoamericanas son no sólo pictografías, sino elementos simbólicos y partes de un texto que debe leerse. Éstos proporcionan el o los nombres del dios, sus características y atributos. El análisis de cada uno de los rasgos en la imagen de Cihuacóatl del *Códice Telleriano-Remensis* descubre que la diosa, ricamente ataviada, está representada como otomí: la pintura facial de *huacalli* que comparte con el dios patrón otomí Otontecuhtli, "Señor de los otomíes"; su tapalito, el tupé, el *quechquemitl,* la falda de estrellas de tiras con caracolillos y el *máxtlatl* o taparrabos eran la vestimenta de las señoras nobles otomíes. Es una capitana noble cuyo nahual o doble es el ciervo, y sus atavíos de oro y turquesa la relacionan con el fuego astral. El *cuauhpilolli,* colgajo de dos plumas de águila, como el de Mixcóatl, también otomí, la señala como su compañera y esposa, y ambos representan a las deidades más elevadas en la cosmogonía otomí. Ellos son los aspectos masculino y femenino de la Vía Láctea, el cuerpo luminoso más importante del cielo nocturno. En conclusión, Cihuacóatl, conocida en todo México como "La Llorona", es otomí y una herencia viviente de esa cultura.

ALGUNOS ASPECTOS DE LA CULTURA
DEL LAGO DE ZUMPANGO[*]

INTRODUCCIÓN

El presente estudio se originó a raíz de dos temporadas de trabajo en 1972 en el lago de Zumpango, antes de que se desecara hacia 1980 para su limpieza y fuera llenado de nuevo un año más tarde; aunque, desgraciadamente, con aguas negras. A pesar de esto todavía algunos lugareños pescaron en el lago, aunque ya no con tanta variedad de técnicas. La tarea de rescatar la cultura lacustre era urgente ante la amenaza de desecación. Por otra parte, su cercanía con la gran urbe, el consecuente progreso del área y los rumores de que en esa parte podría construirse un nuevo aeropuerto, redundaron en su rápida integración a la cultura de la ciudad de México.

Dentro de este proyecto de rescate etnográfico, el objetivo era observar y registrar las técnicas de explotación de los productos lacustres y conocer su contexto cultural. Según las noticias que se tenían, muchas técnicas todavía estaban apegadas a las de la época prehispánica. El estudiar las posiciones de los individuos haciendo su trabajo, preparando sus instrumentos, su manera de actuar, hablar, pensar y en general vivir, fue de gran utilidad para comprender escenas de actividades y actitudes similares de sus antepasados. Al efectuar la primera visita constaté que las actividades lacustres todavía eran muy similares a las representadas en códices y en otras

* "Algunos aspectos de la cultura del lago de Zumpango", *Revista Expresión Antropológica*, Nueva Época, núm. 12, México, mayo-agosto de 2001: 71-83.

pictografías de los mexicanos que eran, desde su tierra de Aztlán, una cultura lacustre.

LOS INFORMANTES

La información sobre pesca y caza lacustre me fue proporcionada por numerosos vecinos; especialmente valiosos fueron los datos aportados por don Pedro Vicenteño y su familia, de San Pedro de la Laguna, quien durante cuarenta años fue pescador y quien, debido a su edad y a las condiciones de pobreza del lago, se volvió agricultor. Antes complementaba sus ingresos haciendo canutillos de papel para cohetes, realizando reparaciones en la casa, haciendo trabajos eventuales de albañilería, cuidando su pequeña hortaliza y unos cuantos cerdos y pollos.

De gran utilidad fue la información y relaciones de Faustino Rodríguez, colega en la sección de Etnografía del Museo Nacional de Antropología, quien vivió con su familia en San Juan Citlaltépec por cerca de cuarenta años. Ellos mostraron gran entusiasmo por este trabajo y me acompañaron e informaron con detalle de las diferentes actividades y costumbres de la región. Los datos recabados proceden por lo tanto de San Pedro de la Laguna y su barrio de Zumpango, donde casi todos eran pescadores, y de San Juan Citlaltépec, con menos pescadores, y donde se dedicaban más al trabajo en tule y a la caza de aves acuáticas. A todos ellos mis más sinceros agradecimientos.

SAN PEDRO DE LA LAGUNA

El pueblo de San Pedro de la Laguna tenía, según el censo de 1970, cerca de 1800 habitantes, aunque pudo crecer hasta 2000 en los siguientes dos años. Por los años cuarenta las casas todavía tenían muros de adobe con techos de terrado y las más pobres tenían muros de órgano, tule o penca de maguey. A estas últimas, con techo a dos aguas cubiertas de los materiales anteriores, se les llamaba "ranchitos". Las casas en los setenta ya eran en su mayoría de bloque o de ladrillo con losa de concreto y sus habitantes gozaban de comodidades como televisores, radios, estufas de gas, pisos de cemento y muebles. Todavía noté que algunos tenían sus camas muy vestidas "por lujo", ya que todavía preferían dormir en el cómodo petate.

En tiempos antiguos la pesca era la ocupación generalizada, aunque nunca fue de tiempo completo, ya que cada familia tenía su milpita y sus animalitos y hacían adobes tanto para el consumo interno como para vender. Con el crecimiento de la gran urbe muchos hombres, sobre todo jóvenes, se empleaban como albañiles e iban cada día a la ciudad de México a trabajar. En el pueblo se quedaban los coheteros, algunos agricultores y otros, como cuarenta en total, además de las mujeres y niños. Cuando escaseaba el trabajo de albañilería en la capital, los hombres volvían al lago para obtener los elementos para subsistir.

Los viejos pescadores se emocionaban al hablar de cuando todo era música en el tular con miles de aves cantando, de la limpieza del lago reflejando bandadas de aves que llegaban del norte, de la satisfacción de sentir el chinchorroro pesado o al oír el sonido de la "feria", o sea de las monedas obtenidas de la venta del día a pasarla del *chiquihuitito* lleno a un paliacate grande. También hablaban con cariño de las salidas a pescar y de "la huarachera", mujer que les obsequiaba fruta o salsita, aguacates, o algún taco y que esperaba a cambio algunos peces que luego iba a vender.

Hacia 1946 los pescadores del lugar formaron una Unión que contaba con 180 miembros que gozaban de regular posición económica y social, organizaban los festejos del grupo y cooperaban para otros propósitos. A fines de los sesenta, la Unión apenas tenía una veintena de miembros, que demandaron a la entonces Secretaría de Recursos Hidráulicos tierras del lago para labor. Doce años antes esa Secretaría los había requerido, pero los pescadores jamás atendieron el llamado y después ya fue demasiado tarde.

EL LAGO DE ZUMPANGO

Zumpango es el nombre de una región al norte de la cuenca de México. En ella se encuentran los vasos desecados de los antiguos lagos de San Cristóbal, Xaltocan y Zumpango. La región está limitada al oeste por la tierra de Monte Alto, que se prolonga hacia el norte hasta la sierra de las Cruces; al noroeste por la sierra de Tepotzotlán, donde la riega el río Avenidas de Pachuca que desemboca en el lago de Zumpango; al norte por los cerros de Xalpa, la Sierra de Tezontlalpan y la Sierra de Pachuca; al este por el cerro de Paula y las estribaciones al oeste del Cerro Gordo, y al sur por la Sierra de Guadalupe y el Cerro de Chiconautla, que la separan de la región de Tetzcoco. Atraviesa la región del río Cuautitlán, el más caudaloso de la cuenca, cuyas aguas salen de ella por el tajo de Nochistongo.

Para aliviar en parte las inundaciones de la región de Tetzcoco, que es la más baja de la cuenca, se construyó en este estrecho el dique de San Cristóbal, que al retener las aguas de la zona de Zumpango formó el lago de San Cristóbal Ecatepec.

A principios de siglo se inauguró el Canal de Desagüe, que atraviesa la región de suroeste a noroeste, el cual desecó totalmente los lagos de San Cristóbal Ecatepec (el antiguo Ehecatépec) y el de Xaltocan. El canal sale de la cuenca por los túneles Nuevo y Viejo de Tequixquiac, al este de los cerros de Xalpa, y desemboca por medio de un tajo en el río Tula, de la cuenca del Pánuco. El clima templado y semiseco del área permite producir maíz, frijol, garbanzo y cereales. El lago de Zumpango se encuentra en la porción noroeste de la región en el mapa editado por DETENAL, ocupa casi totalmente el triángulo formado por la línea del gran canal al este, el del Canal Castera o el gasoducto al oeste y al norte una línea que va de San José de la Loma pasando por San Juan Citlaltepec hasta alcanzar la parte norte de Zumpango hoy de Ocampo.

Zumpango es uno de los seis lagos que ocupaban el fondo de la cuenca del valle de México desde tiempos prehispánicos. Estas masas de agua tuvieron gran importancia para el imperio mexica, equivalían a los grandes ríos asociados a las altas civilizaciones de la antigüedad: servían de rápidas vías de comunicación y proporcionaban agua y alimento abundantes. En el sur se encontraban los lagos de Chalco y Xochimilco, de agua más bien dulce. Carlos García Mora (comunicación personal) proporciona el dato de que frente a Chalco había agua salada, quizá debido a algún arrastre salino de la montaña. Al norte estaban los lagos de Zumpango, menos salado, Xaltocan y Texcoco. Este último era el más grande y salado; esta característica se debía a que los suelos vecinos contienen sales que las lluvias arrastran y se van depositando en los niveles más bajos.

Figura 1. Pesca con red de mano (*Códice Vaticano B*, 1902-3, lám. 32).

El lago de Zumpango ha sufrido, igual que otros lagos en México, grandes reducciones y daños. En 1970 tenía sólo 850 hectáreas de superficie cuando la cota de tasación marcaba 14.5 metros de profundidad, que es lo máximo que permitía la Secretaría de Recursos Hidráulicos. El lago era entonces un vaso regulador, y desde 1965, cuando se concluyó el Emisor Poniente, se vertían aguas negras, por lo cual la pesca casi desapareció así como la caza, pues dicen los vecinos que las aves que vienen desde tan lejos como Canadá y que se alimentaban de peces, al ver cómo la hierba había invadido casi toda la superficie y no ver agua clara, ya no se detenían ahí. Limitado por bordos o diques desde la época del presidente Lázaro Cárdenas para evitar inundaciones, el lago fue regulado por compuertas.

Durante la época de lluvias, de mayo a septiembre, se elevaba el nivel de las aguas, aunque ésta es una zona de baja precipitación, entre 750 y 800 mm por año. Los ríos Avenidas Pachuca y Santo Tomás aportaban lo suyo a este cuerpo de agua que irrigaba los campos vecinos durante la época de secas, de octubre a abril.

Los vecinos, al no limpiar como antes, dejaron que "la cucharilla o lirio acuático" se extendiera mucho y el tule dejó de crecer cada vez menos entre la hierba y la palmilla; tampoco crecían bien la "tripa de gato", el chilillo, el *acincintli*, la "lengua de vaca", el acotillo, el *aconcoxtle*, ni el *chicaztli* o lentejilla.

Entre las aves que medraban en las riberas del lago de Zumpango se contaban el pato *cuacoztle* o golondrino, el criollo, el *tezoncanauh-tli*, el chaparro, el bocón, el chancuaco, la guasopeta, la zarceta, los carreteros, los *apopocles*, los *poyotlas*, los gallitos, las gallinas, las huilotas o palomas, los *chichicuilotes* y garzas de diferentes tamaños y clases.

En cuanto a especies acuáticas, las más abundante y apreciada era la carpa en sus diferentes variedades, el juil, el monteño, el pescado liso, el blanco y el amarillo, el boquerón o charal, peces de colores, ranas, acociles, atepocates, ajolotes, culebra de agua, etcétera.

ACTIVIDADES

Se tenía una buena vista del lago si se tomaba la carretera de Cuautitlán y Melchor Ocampo a Zumpango. Al terminar el dique que corría paralelo a aquélla, un poco antes de cruzar el puente de hierro de San Pedro de la Laguna se encontraba el embarcadero y se podía observar el lago, que se extendía hasta donde alcanzaba la vista. Allí los domingos, sobre todo cuando había bastante agua, se hacía un paseo que frecuentaban algunos capitalinos y gente del lugar. Era sorprendente ver cómo las escenas del lago parecían copiadas casi exactamente del *Mapa de México-Tenochtitlan y sus contornos ca. 1550* (León Portilla y Aguilera, 1986), que representaba la cuidad de México en plano y alrededor los lagos con escenas de caza y pesca.

En Zumpango todavía los jóvenes de San Pedro maniobraban pequeñas canoas con habilidad. Cerca de la orilla un viejo pescador con su red de mano rastreaba el fondo cenagoso, de cuando en cuando levantaba la red y depositaba su contenido en el canastillo que llevaba atado a la cintura. A lo lejos se veía a otro pescador que lanzaba su fisga desde una canoa, y en medio del lago, junto a una ermita pintada de azul, encima de una isleta llamada Terremote, se veían infinidad de garzas blancas; más atrás, frente a San Juan Citlaltépec, estaba el tular. Junto al embarcadero se instalaba una "frita", es decir, cuatro o cinco puestos en donde se vendían productos del lago ya cocinados que se acompañaban de tlacoyos, pulque y refrescos. Se vendían tamalitos de pescado blanco, guisos de ajolotes, atepocates y acociles, cocinados en comales puestos sobre fogones excavados en el suelo que resultaban muy eficaces debido al viento que soplaba. El fuego se alimentaba con pencas de maguey y estiércol seco.

Se revisó la bibliografía de tema lacustre en la cuenca del Valle de México para complementar los datos obtenidos y no se encontraron estudios específicos sobre el lago de Zumpango, pero sí de otras áreas vecinas. Para el lago de Tetzcoco existen trabajos como el de Linée en su libro sobre el *Mapa de Uppsala* (Linée, 1948), quien anota algunas técnicas de explotación vigentes en el lago de Tetzcoco a fines de los años treinta y resume la información de artículos anteriores sobre el tema (Linée, 1939, vol. I: 492-500). Encuentra que se usaban redes para cazar aves, la fisga posiblemente se lanzaba con *átlatl*, la red de mano para recoger mosco y una variante que en vez de red tenía ayate, para recoger larvas. El trabajo de Apenes (1943, vol. III: 15-18), de la misma época, es el que tiene más información en cuanto a pesca y caza en el área. Habla de pesca con fisga y *átlatl*, redes de arrastre con ayate, simples, dobles y pesca en cuadrilla con veinte hombres, que podría ser pesca con chinchorro o simplemente redes tendidas, y describe el método para recoger el *ahuactli*. En cuanto a la caza, menciona el uso del *átlatl* y la fisga, "armadas", redes para aves y la explotación de la sal, tema en que se extiende más en otro trabajo.

PESCA

Los aparatos de pesca no eran muy variados ni complicados. En los setenta algunas técnicas ya no se practicaban, pero se creyó conveniente darlas a conocer por su contexto y para estudios comparativos tanto con otros lugares del Valle como para fuera de él.

Pesca con chinchorro. Los pescadores utilizaban preferentemente el chinchorro, de origen español, para su actividad, lo que nos da una idea de la abundancia de peces en el lago de Zumpango en el primer cuarto del siglo XX. El chinchorro común tenía como 50 metros de largo por 1.60 de ancho. Arriba, de trecho en trecho, se colocaban en un lazo los flotadores de madera en forma de barrita, triángulo, disco o mariposas. La parte de abajo es el "arrastre". También se colgaban de un lazo horizontal los plomos para que la red se asentara en el fondo del lago y no escapara la pesca, espaciados de 15 a 40 centímetros, según la profundidad o la corriente. En el centro de la red se encontraba el "ombligo" de tejido más fino para retener a los peces y animales más pequeños. A cada lado de la red se colocaban los "baleros", que eran palos de ahuehuete con un flotador y plomos arriba y abajo. Las "abrazaderas" son lazos

Figura 2.
Pescador en
el lago.

atados arriba y debajo de cada "balero", de allí se jalaba para cerrar el chinchorro.

Arriba del "ombligo" había una "oreja" para que un hombre sostuviera el chinchorro con la pesca o para arrastrarlo. En los setenta se podía adquirir la red para el chinchorro ya hecha, aunque duraban mucho menos por la mala calidad del hilo. Don Pedro Vicenteño y su padre tejían sus propias redes con agujas que también ellos hacían, preparaban los plomos, los flotadores, los baleros, etc. Con una paca de hilo de 50 kilogramos que costaba 60 pesos, don Pedro tejió un chinchorro que duró un mes haciéndolo todas las tardes.

En la época de auge de la pesca los Vicenteño tenían dos chinchorros, un "ojón" de malla abierta para pescado grande que manejaban padre e hijo, y otro de "ojo" más pequeño para el boquerón que manejaban unos peones. Decían que era inútil usar el chinchorro de "ojo chico" para pescado grande, pues éste saltaba encima de los flotadores.

Cada redada se hacía con tres canoas, dos para llevar la red y una para la pesca. Primero se tendía la red en línea recta, amarrando cada extremo al anillo en la punta de la canoa. Allí se paraban dos hombres, uno de cada lado y otros tres se colocaban a tramos equidistantes quedando uno en el "ombligo". Éste era un trabajo delicado que tomaba una hora o más, pues el chinchorro tenía muchos metros de largo y debía de tenerse mucho cuidado de no romperlo. Enseguida se hacía avanzar la red que se iba llenando. Las canoas se empezaban a cerrar y el chinchorro a formar un ángulo cada vez más agudo.

Cuando los pescadores sentían las redes suficientemente pesadas lo cerraban; esta operación también duraba más de una hora.

Los hombres iban recogiendo el chinchorro en las canoas laterales y al mismo tiempo iban atrapando peces con las manos. Luego de cerrarlo colocaban la pesca en la tercera canoa que estaba ya preparada con *tlazocuil*, o sea, divisiones de ramas para echar en cada una diferentes clases de pescado, o se colocaban chiquihuites, que servían para el mismo propósito. Al último se sacaba al pez más pequeño que quedaba en el "ombligo".

Los pescadores conocían los lugares en donde estaban las diferentes especies. La más apreciada era la carpa, de la que había diferentes variedades: lisa, china, blanca, colorada, color calandria, negrita y café. También caían en el chinchorro el juil, el pescado liso, el monteño, pescado blanco y amarillo, el boquerón o charal, peces de colores, ranas, acociles, atepocates o chompitos, ajolotes, etc. Los peces de colores se ponían en cubetas de agua y a las ranas se les rompían las patas o las azotaban para que no saltaran y murieran.

Después de cada redada se descansaba un poco y se comía. Venían las mujeres con tacos y café o comían lo que habían llevado. Algunos hombres vestían calzón corto y otros largo, pues decían que el lodo del lago producía escozor. Si hacía frío vestían "cotorinas". En 1936 llegaron unos pescadores de Chapala que asombraron a los vecinos, pues pescaban completamente desnudos.

La pesca empezaba por febrero y marzo, aunque los meses más productivos eran abril y mayo, cuando el agua estaba clara. Se salía en la madrugada o aun de noche si se quería hacer dinero. Durante la época de mayores lluvias, de junio a septiembre el agua estaba turbia, por lo que disminuía la pesca, que tenía que hacerse en la noche.

En la época de frío la pesca se iniciaba hasta media mañana, cuando el agua ya estaba tibia. En diciembre y enero se suspendía la actividad, pues el agua estaba muy baja. En general se pescaba con la luna creciente, cuando por el efecto de la luna salían los animales; en algunos casos, cuando éstos no querían salir, los pescadores con sus remos golpeaban el agua cerca del tular y los troncos en donde estaba para que fuera hacia los chinchorros. A veces de redada se llevaban una o dos canoas llenas de peces. La pesca se iba haciendo según las necesidades del mercado.

Como a las nueve o diez de la mañana aparecían en los diques los "regatones" o revendedores para comprar el pescado. Todavía hasta principios de los años cuarenta se practicaba el trueque; tantas medidas de pescado, por tantos cuartillos de maíz o de frijol; la medida era una jícara, una cazuela o una lata se sardina.

Una vez efectuado el cambio, el "regatón" se iba a revender el pescado a los mercados de Zumpango, Los Reyes, Huehuetoca, Atitalaquia, Apazco, Tequisquiac, Progreso, Tlalnepantla, Azcapotzalco, Pachuca, Tizayuca, Santa María de las Cuevas, Cuautitlán, San Pedro Tlaxopan, Santa María Xoloapan, Xochimilco y en la cuidad de México en los mercados de Tacuba, Beethoven, Jamaica y la Merced.

Por los años cuarenta llegaban a comprar el pescado las "coloradas", mujeres de Xaltocan llamadas así por su enagua colorada, posiblemente otomíes, y las "azules", quienes venían de Tonatitla con falda de ese color. Compraban un chiquihuite de un cuartillo de pescado por un peso 25 centavos. Los pescados más grandes se vendían por pieza según su tamaño: ranas y ajolotes por docena, y lo demás por medida.

En ocasiones las señoras de los chinchorreros, junto con las "mecas", indias o gente muy pobre, salían a vender los animales humildes del lago, algunos ya preparados, a los mercados de los pueblos vecinos, a fin de evitar a los "regatones". En un camión de redilas con sus cubetas llenas de pescado de colores, animales de corral, además de otros productos del lago, llegaban a las cercanías de la Iglesia de la Soledad por la zona de la Merced, donde expedían sus mercancías; a veces sacaban, según dicen, hasta mil pesos diarios.

Los hombres acompañaban a las mujeres sólo los domingos, para ayudarlas a hacer compras y pasear. Entre semana los pescadores se quedaban en casa trabajando. Don Pedro construyó dos estanques para los peces de colores, los llenaba con agua del pozo y añadía un poco de sal; tenía que cambiar el agua más o menos cada dos horas. La pesca, según recuerda, le dio mucho dinero y vivió bien de acuerdo al estilo de vida de su sociedad.

En San Pedro había muchos chinchorros, pero en San Juan había sólo dos, en Santo Tomás y en Caliaca cuatro y en Santa Cruz, ocho. Un chinchorro valía como 150 pesos, lo cual era mucho dinero para la época y la capacidad económica de la mayoría de los pescadores. Esto originó que su posesión y la del equipo necesario:

burros para acarreo, canoas, chiquihuites, fuera una empresa comunal. Como el trabajo asimismo era comunitario, los varios dueños eran también los pescadores.

Debido al alto costo del chinchorro y a la gran cantidad de pescado que se podía obtener, los chinchorreros gozaban de una posición económica y social privilegiada. Éstos desdeñaban la pesca de los animalillos humildes y la agricultura. Si al recorrer el lago en sus canoas veían lugares donde estas especies se aglomeraban, avisaban a sus compañeros menos privilegiados para que fueran a recolectarlas y beneficiarse con ellas. Su posición los hacía tener más comodidades, mayores gastos, y obtenían los cargos religiosos y civiles de la comunidad.

Red tendida. Los agricultores de San Juan Zitlaltepec, de Caliacá y de Santa Cruz hacían canales para irrigar sus tierras, de lo que se aprovechaban también algunos pescadores. Para subir el nivel del agua de estos canales, los pescadores colocaban tablas transversales con rendijas entre ellas en las que se acumulaba el pescado. Los peces que lograban escapar hacia el lago por las rendijas eran atrapados, pues a corta distancia los pescadores habían colocado una red que se fijaba por sus "orejas" o tirantes a los que iban unidos unos palos que se encajaban en el suelo. Cuando no estaban las tablas y había corriente más fuerte, los hombres con remos sentaban la red al piso para que no escaparan los peces. Esta técnica para atrapar a los peces que iban por la corriente se aplicaba mediante redes de mano o con ayates del tamaño adecuado al ancho del canal, atarjea o corriente, y así, no escapaba ningún animal.

Ayate tendido y canastón. Una variante de la técnica anterior se usaba cuando se abría una compuerta de la presa para la irrigación. Frente a ésta, del lado de la laguna se cavaba un cubo de 80 centímetros o un metro de profundidad. Frente al hueco que dejaba la puerta se tendía un ayate tensado y unido a dos palos que se clavaban en el piso. En el hoyo se juntaban los peces y el ayate no les permitía escapar. El pescador con un canastón de asa o una red de mano recogía los peces que allí se concentraban.

Fisga. Entre los instrumentos de pesca prehispánicos que requerían gran habilidad por parte del pescador se encontraba el *átlatl* o lanzadardos y la fisga o *minacachlli*. Linée encontró en uso el primero en Tetzcoco todavía alrededor de 1937, y Nancy Troyke lo vio usarse por Chimalhuacán hasta los años cuarenta o cincuenta; hoy se usa en Pátzcuaro, pero los informantes no recuerdan que se usara esta técnica en Zumpango. Sólo se pescaba con fisga. Cuando subía mucho el agua y no se podía tender el chinchorro, salían hombres a pescar con fisga. No todos los pescadores sabían manejarla, ya que esa habilidad requiere de muy buena vista, buenos reflejos y mucha práctica. Los "chinchorreros" y otros pescadores no especializados sentían admiración por estos hombres que gozaban de prestigio en la comunidad. Se decía que eran tan diestros que muchas veces hacían más dinero que los pescadores con chinchorro que tenían que repartir el montón de la pesca entre varios. Ahora pescar con fisga es un deporte de algunos jóvenes que se divierten viendo quién tiene mejor tino y cuelgan como trofeo los peces atrapados, atravesándolos de boca a agallas con un "gallo" o tira blanca de tule.

Para fisgar el diestro pescador iba en su canoa adonde una nube hacía sombra y allí, muy quieto, esperaba que el pez se viera ondear. Entonces lanzaba su fisga; si hería al pez, lo perseguía y recobraba su arma, cuyo extremo flotaba. La fisga consta de un "remo" o vara que podía ser de carrizo, otate o madera, al cual se fijaban por medio de alambre, fleje o lazo, tres o cuatro puntas que eran clavos o trozos de alambre de hierro aplastado; cada punta llevaba tres ganchos o aletones aproximadamente de 30 centímetros, que eran los que retenían al pez. Las fisgas de otate o carrizo que medían de un metro a un metro y medio se usaban para pescar la carpa barbona, que llegaba a pesar hasta ocho kilos, pero ya para los años sesenta hacía tiempo que había desaparecido. También con fisga se pescaba la carpa más pequeña, el monteño y el pescado liso.

Redes de mano. Los aparatos más usuales en el lago consistían en un aro oblongo formado por dos palos de oyamel unidos a dos varas de huizache o de pirú que se curvaban cuando estaba la vara verde o se doblaban por fuego y se unían con un lazo. A este aro o bastidor se cosía la malla o tela y se añadía al "remo" o garrocho que se afianzaba al aro para poder ser manejado por el pescador. Estas redes en diferentes tamaños, con la malla o tela de diferentes largos y finura, se adecuaban a la fuerza del pescador, al animal que se quería pescar, al lugar en donde se hacía la pesca y a la profundidad del agua. La malla podía ser de "ojo" grande, mediano, chico o mixto, y el ayate podía ser de tejido abierto o fino. El tamaño del "remo" también variaba de acuerdo a las necesidades del pescador.

Redes de arrastre. La red más grande de este tipo medía de 1.50 a 2.00 m de diámetro y la malla tenía 1.50 metros de largo (Don Pedro hizo una cuya malla era de los tres tejidos. La usaban los hombres arrastrándola sobre el fondo del lago lejos de la orilla, en donde el agua estaba limpia para pescar carpas de hasta 30 o 35 centímetros) y con un remo de más de dos metros, era la más común en la orilla; se usaba en marzo y abril, cuando el agua estaba baja, con ella se pescaban ranas, ajolotes, acociles, atepocates.

Cuando llegaban las grandes avenidas del río Avenidas Pachuca, se colocaban cuatro o cinco hombres en hilera con estas redes, para atrapar a los peces que traía la corriente; con ellas obtenía de 150 a 200 pesos diarios hacia los cuarenta. Las mujeres usaban redes de un metro de diámetro y los niños de 50 centímetros. A veces las redes más pequeñas se cubrían con tela de ayate, por ser más económico y comprarse ya hecho.

Redes que se deslizan por el agua. Estas redes no se arrastraban por el fondo, pues eran para pescar un poco debajo de o en la superficie del agua. Eran más pequeñas que las redes de arrastre pero idénticas a éstas en manufactura, aunque el bastidor podía ser simplemente una vara doblada y unida. Con una red total de 75 centímetros de diámetro de malla o de ayate y de 1.20 metros de largo, más que el de otras redes, se pescaba alrededor de los tulares y las hierbas. Una técnica usada por los pescadores y que daba buenos resultados era encajar en el suelo del lago una vara con ramas y esperar a que el pescado se agrupara allí, luego el pescador lo capturaba con una de estas redes. Muchas veces la pesca con este artefacto se hacía desde una canoa.

Red con ombligo. Una variante de la red que se deslizaba, del mismo diámetro que la anterior, es decir de 75 centímetros, era la llamada red de "ombligo", especial para atrapar mosco. Se llamaba así porque el último tercio de la malla tenía una bolsa tejida de "ojo" fino. Por junio, cuando abundaba el mosco, los chinchorreros avisaban en dónde estaba la mancha del insecto. Los pescadores de esta especie esparcían aceite y con una mano deslizaban la red recogiendo el mosco. Cuando tenían suficiente la levantaban mientras con la otra mano cerraban la red arriba del "ombligo". El mosco se pasaba a un costal de manta donde se asfixiaba, luego se esparcía sobre el suelo limpio en donde el sol lo acababa de matar y lo secaba.

Red con tela de manta o ayate fino. Ésta servía para atrapar mosco, *ahuactli,* cocol y moho de agua y era del mismo tamaño y forma que la red que se deslizaba por el agua, sólo que se cubría con manta o ayate fino. El mosco, que se daba en abundancia, lo venía a recoger gente de Xaltocan con unas redes de bastidor rectangular que medían 1.30 metros de largo por 40 centímetros de ancho con una red fina de 2.50 metros de longitud. Esta actividad era importante, pues el mosco seco se vendía bien e incluso se exportaba como alimento para pájaros.

Ayate de lazo. En general los pescadores de ayate se dedicaban a la recolección más que a la pesca propiamente dicha, eran los más pobres que no podían costear un aparato especial de pesca. El mismo ayate que usaban para tantos otros propósitos les servía en el lago.

Cuando el cocol de agua estaba muy "acuajadillo", los pescadores llegaban al sitio en donde se veía la mancha café que se mostraba y que era abundante por septiembre y octubre, cuando el agua estaba alta. Los hombres se amarraban el ayate al cuello, y con dos manos lo extendían bajo el cocol, recogían lo más que podían, escurrían y depositaban en bolsas de manta o en chiquihuites. Cuando la capa de cocol no estaba muy gruesa, entonces los pescadores usaban el ayate de manta.

LAS CANOAS

La construcción de canoas era una actividad especializada que se pasaba de padres a hijos, como otras muchas tecnologías en el lago de Zumpango y en México. Últimamente estaban hechas de madera de pino y las hacían carpinteros de San Pedro Zitlaltepec, que además de canoas hacían muebles y mariposas para chinchorro. Su costo era de 500 pesos por los años setenta y eran adecuadas tanto para llevar la pesca como para practicarla desde ellas.

CONCLUSIONES

La pesca en el lago de Zumpango era una actividad importante que proporcionaba ganancias sustanciales, y la mayoría de los habitantes de la comunidad se dedicaron con provecho a ella. Los instrumentos eran de tecnología mixta, indígena y española, y de manufactura relativamente sencilla, pero estaban bien adecuados a su función. Sólo se pescaba lo que el mercado pedía y la comunidad podía consumir. Los pescadores supeditaban su pesca a lo que los intermediarios, que conocían el mercado, estaban dispuestos a comprar, y el lago siempre guardaba fresco el excedente. Nada se desperdiciaba, pues se interceptaba cada corriente que salía o entraba al lago. No se desdeñaba ni las especies animales o vegetales más humildes, algunas de ellas bastantes extrañas de vista y gusto para las personas ajenas a la cultura indígena. La recolección y preparación de algunas de estas especies implicaba bastante tiempo y trabajo, pero el esfuerzo valía la pena, y por otra parte los productos de la pesca tienen un alto contenido proteínico.

Los pescadores estaban satisfechos y orgullosos de su trabajo, lo gozaban y sentían que tenían lo suficiente para cumplir con las demandas impuestas culturalmente, pero el desarrollo del país les cambió la vida. La proximidad con la ciudad de México, con su industrialización, y quizá el agotamiento del lago por la excesiva pesca, acabó con los hábitos alimenticios tradicionales de la gente de la comunidad. El golpe mortal a la pesca fue la fuerte contaminación del lago, que fue desecado para su limpieza y reestructuración de bordos e instalaciones. Recientemente el lago volvió a llenarse de aves migratorias, que de nuevo arriban, pero otra vez está contaminado por las aguas negras que en él se vierten. A pesar de esto todavía algunos pescadores ejercen su oficio temporalmente en el lago, en las presas y en los ríos de la región; y de igual forma practican la agricultura aunque trabajen en la ciudad de México, lo cual muestra la fuerza de la tradición, al igual que su capacidad de adaptación a las circunstancias ambientales y culturales.

EL SIMBOLISMO DEL QUETZAL EN MESOAMÉRICA[*]

INTRODUCCIÓN

El presente trabajo examina al quetzal en sus representaciones
más significativas, trata de destacar su simbolismo en el centro de
México y postula la hipótesis de que éste se puede extrapolar al área
maya, porque se ha encontrado que los pueblos del Posclásico del
Altiplano heredaron rasgos y simbolismos de la cultura maya, en
un primer acercamiento que se podrá desarrollar más adelante,
de acuerdo con la iconografía maya específica y a medida que
avance la epigrafía. El postulado es que, para la cultura náhuatl,
las fuentes escritas son más abundantes y proporcionan más datos
sobre el quetzal, mientras que para el área maya las fuentes documentales son más escasas.

En el México antiguo los hombres convivían con las aves en su
vida diaria. Se aprovechaba su carne, sus huevos, sus plumas, se gus-
taba de su canto y de su habilidad para imitar voces y a varias se les
creía capaces de tener lenguaje humano. Aun en las ciudades sus
habitantes conocían a muchas aves por su nombre, su ciclo de vida,
sus características y sus poderes, y a través de ellas se conocían muchos augurios y en ocasiones eran asistentes y servidores de los

[*] "El simbolismo del quetzal en Mesoamérica", Yolotl González Torres (coord.),
Animales y plantas en la cosmovisión mesoamericana, México, inah/Plaza y Valdés/
smer, 2001: 221-240. Agradezco al doctor Enrique Florescano y al licenciado
Miguel Ángel Delgado por la lectura y sugerencias a una versión previa de este
trabajo, y a Ana Iturbe por los dibujos que lo ilustran.

Figura 1. Pareja de quetzales. Austin, 1961: 172.

hombres y algunas de ellas llegaron a ser dioses principales en el panteón antiguo.

Eduard Seler, investigador alemán, fue un pionero en éste y muchos otros temas. A principios del siglo XX hizo un trabajo sobre la representación de los animales en los manuscritos mexicas y mayas en el que empezó a descifrar su simbolismo, especialmente el de algunas aves, como el quetzal (Seler, 1996, vol. V: 222). Después de este investigador sólo muy esporádicamente se han emprendido estudios sobre aves, son en general breves o de conjunto (De la Garza, 1995; Navarijo, 1997), a pesar del número tan grande de representaciones de estos animales en manuscritos pictográficos, pinturas murales, relieves y esculturas, cerámica, etcétera.

EL QUETZAL

Por su gran belleza, tuvo gran importancia en la economía, la religión, la sociedad, y la cultura en general, no sólo del Altiplano sino del área maya y de toda Mesoamérica. Dos de las deidades más importantes, Xochiquétzal y Quetzalcóatl, llevan como parte de su nombre las palabras "plumas de quetzal" que se llaman en maya yucateco *k'uk* o *k'uk'um*, "las plumas por antonomasia", y *quetzalli*, en náhuatl, y ambos dioses, en ocasiones, se disfrazan como quetzales, y de ahí derivan sus propiedades, funciones y atributos.

El ave que se conoce como quetzal (*Pharomacrus mocinno*) era llamado *(ah) k'uk'um*, "el emplumado por excelencia" (*Diccionario Maya Cordemex*, 1980: 420), en el área donde se hablaba maya yucateco. En el área de habla náhuatl el ave era nombrada *quetzaltótotl*, "ave de plumas verdes muy ricas y estimadas" (Molina, 1970: 89r).

El aprecio que se tenía al quetzal en el México prehispánico se debía sobre todo a su hermosa apariencia y, especialmente, se valoraban las largas plumas de su cola. El quetzal es un ave de plumaje verde intenso con visos metálicos, que hoy habita en lugares muy restringidos en las selvas húmedas tropicales. El macho tiene una cresta de plumas suaves sobre la cabeza y plumas largas en su cola, con un poco de rojo en el pecho y en ocasiones algo de azul metálico en la parte alta de las alas.

El quetzal, que actualmente es difícil de encontrar, habitaba en las selvas de México y Guatemala, de Chiapas a Panamá, en el sur, y al sur y al este de Oaxaca, la Huasteca y Puebla, en sitios como Calpan, Cozcatlán y Cotaxtla. Las aves se atrapaban en los lugares donde iban a beber (Thompson, 1970: 146) y el *Códice Florentino* dice que uno de estos sitios era Zinacantán, en Chiapas; allí se atrapaban en el verano, cuando bajaban a comer bellotas (1979, vol. II, lib. 9, f. 18v). Éstas deben haber sido el fruto que se conoce como aguacatillo, o de alguna especie de laurácea de la que se alimentan estas aves más que del fruto del roble como se ha dicho.

Las plumas largas del quetzal eran estimadas al igual que las piedras verdes o chalchihuites y a veces más que el oro (Hernández, 1959, vol. III: 319). Las fuentes atestiguan que se usaban como moneda y eran del uso exclusivo de los nobles, los cuales las apreciaban por su belleza y ligereza, pues hacían que ostentaran su alta jerarquía y porque conocían su profundo simbolismo y los beneficios que les conferían. Hay referencias de que se castigaba con la muerte al que mataba a una de estas aves (Blom, citado por Tozzer, en Landa, 1941: 89).

EL COMERCIO DE PLUMAS DE QUETZAL

El comercio de plumas de quetzal es muy antiguo en Mesoamérica; fue uno de los productos de exportación de los olmecas y una de las bases de su riqueza. El culto al dios Quetzalcóatl probablemente se inició en esta época (Coe, 1968: 100-104). En el periodo Clásico, tanto en los grandes centros mayas como en Teotihuacan, aparecen personajes y deidades portando grandes penachos y otros atavíos con estas plumas. En el Posclásico, el comercio y el culto del quetzal continuaron muy activos. Los requerimientos de la clase alta para el ritual con las apreciadas y valiosas plumas era muy alto y debe haber existido una población numerosa de estas aves, lo cual implica que no sólo deben haberse atrapado las aves silvestres, sino que se controló su abasto racionalmente y es muy posible, como se ha sugerido, que los quetzales hayan logrado mantenerse y reproducirse en cautiverio (Tozzer y Allen Glover, 1910: 340).

La consecución y cría de los quetzales, el comercio y el transporte de las plumas para elaborar distintos artículos con ellas estaba a cargo de especialistas, los que debieron conocer su ciclo de vida y los tenían en lugares donde no se dañaran las plumas, alimentándolos adecuadamente y cubriéndose las manos con guantes de heno para manejarlos, tal como se hacía con el *xiuhtótotl* o azulejo real. Los quetzales no se mataban, sólo se les arrancaban las plumas largas de la cola para que volvieran a crecer y poder así tener una siguiente cosecha. Los mercaderes llevaban a las espaldas su preciosa carga en contenedores tejidos y seguramente viajaban en caravanas protegidas fuertemente, para evitar el despojo de carga tan preciosa. Los bultos que contienen plumas de quetzal llevan una de estas aves posada sobre ellos para identificar la carga y porque el ave era su deidad protectora.

EL QUETZAL EN LOS CÓDICES

Por su importancia en las culturas mesoamericanas, el quetzal se representó en numerosas ocasiones. En cualquiera de los medios se dibuja de manera convencional y hasta con rasgos antropomorfos, y no se debe buscar una representación naturalista al estilo occidental, sino la particular a las culturas mesoamericanas. El quetzal, como glifo de la palabra *k'uk* en los códices mayas, sólo consta de la cabeza (figura 2); como ave completa se dibuja en los códices mayas (figura 3) y en los mixtecos (figura 4). En las páginas de los códices, al ser de tamaño pequeño, el ave se simplifica y las plumas de la cola se acortan para acomodarlas al espacio disponible. En general el ave tiene un copete hacia adelante para indicar su calidad de macho, ya que la hembra no lo tiene. Las plumas de las alas son de tamaño medio y tiene generalmente tres o cuatro más largas en la cola y una se curva, siendo éste un rasgo diagnóstico, es decir para identificar al ave verde como quetzal y no con cualquier otra ave.

Ésta es la convención para representar a los quetzales en los dibujos mayas a línea. En los códices del Grupo Borgia, en los de Oaxaca y el Altiplano el esquema persiste, aunque el estilo es diferente y los quetzales están coloreados. Tienen el cuerpo verde, sobre

Figura 2. Cabeza de quetzal, glifo maya del Templo del Sol en Palenque.

Figura 3. Quetzal. *Códice Tro-Cortesiano*, 1985, lám. 70.

Figura 4. Quetzal. *Códice Nuttall*, 1975, lám. 33.

179

las alas hay franjas azul y rojo y el pico y patas son amarillos. En el *Códice Borgia* (1980: 53) (*ca.* 1350) (figura 1), el quetzal aparece en el estilo propio de los códices prehispánicos del Altiplano, aunque en este documento muestra las alas extendidas.

En los códices hechos después de la Conquista, el quetzal muestra mayor o menor influencia del estilo pictórico occidental. Un quetzal muy aculturado es el que porta como divisa de espalda el señor de Ocotelolco de la casa de los Maxicatzin, del que se tiene una descripción e identificación, lo mismo que el de la divisa de espalda de los señores de Quiahuiztlan, llamado *quetzalpatzactli* (*Lienzo de Tlaxcala*, 1983: 98). El cronista mestizo Muñoz Camargo describe ambas divisas:

> las divisas [de Ocotelolco] son una garza o pájaro verde llamado Quetzaltótotl sobre un peñasco, que es una ave de plumas verdes muy preciadas: tiene el pico de oro. La divisa y armas de la casa y cabecera de Quiahuiztlan, es un penacho de plumas verdes a manera de ala o aventador que traían por divisa y armas, los señores de esta cabecera, y el día de hoy la estiman en mucho, llamada quetzal-patzactli (1966: 102).

EL QUETZAL EN EL ÁREA MAYA

Las representaciones más grandes y complejas del quetzal se conservan en tres hermosos relieves del área maya: el Tablero de la Cruz del Templo del Sol, el Tablero de la Cruz Foliada en el templo del mismo nombre (figura 5) y la lápida del sarcófago que albergaba el cuerpo del señor Pacal en el Templo de las Inscripciones (figura 6), las tres en Palenque, Chiapas. Para Thompson (1979: 284), Tozzer y Allen Glover (1910: 340), algunos otros mayistas y en mi opinión, las aves son quetzales, como irá revelando el análisis de la convención de representación y el análisis del complejo iconográfico donde el ave aparece. En las lápidas mencionadas el ave está vista de lado, con su fuerte pata se sostiene sobre un árbol y su cabeza, un tanto antropomorfa, muestra un fuerte pico y un copete de plumas. En el Tablero de la Cruz del Templo del Sol, el quetzal está enriquecido con signos de la preciosidad. En el Tablero de la Cruz Foliada, del penacho del quetzal sobresale un elemento alargado (¿hueso?) y de su cuello pende un collar, lleva orejera y de lo que parece su barbilla cuelga un elemento trenzado que remata en dos puntas. El quetzal, en la lápida del sarcófago de Pacal, tiene la misma convención de dibujo que el anterior, aunque los detalles iconográficos varían. De su copete emerge un signo de preciosidad con cuatro prominencias; tiene una orejera de disco y un collar con un pendiente con la misma forma que la que emerge de su copete (¿hueso?). Su cuerpo está bien proporcionado, de su dorso salen las elegantes plumas que forman sus alas y de nuevo las plumas de la cola son muy largas con un grupo de ellas curvadas.

EL QUETZAL Y EL ÁRBOL

En las lápidas mayas el quetzal se posa sobre un árbol que consta de un tronco vertical grueso y dos ramas horizontales formando una especie de cruz. En la lápida de la Cruz Foliada (figura 5), las hojas en las ramas son grandes y largas. Schele y Freidel (1990: 67) piensan que es el árbol del mundo; otros piensan que es una ceiba.

La planta ha sido identificada como de maíz, debido a las hojas que brotan a cada lado, abajo del rostro del dios C que indica la sacralidad del árbol (Schele y Freidel, 1990: 410). Las hojas albergan el fruto convertido en un rostro humano, tal como aparecen en la planta de maíz en los murales del Templo Rojo de Cacaxtla. El árbol lleva un signo *kan*, que quiere decir maíz, y abajo emerge del rostro del llamado "monstruo del nenúfar" (Schele y Freidel, 1990: 418), relacionado con el agua, que a su vez crece de las fauces de la tierra, lo que muestra al árbol como parte del complejo quetzal, maíz, agua y tierra.

El árbol en la lápida del sarcófago de Pacal (figura 6) y el del Tablero de la Cruz son también plantas de maíz. Ambos tienen al final de las ramas y, en el caso de la lápida del sarcófago, en la cúspide, formas de series de tallitos con disco arriba, parecidas a las espigas en las ramas del árbol del maíz en el *Códice Borgia* (1980). Schele y Freidel aseguran que las formas son la cabeza de un dragón, pero cada una alberga formas diferentes y no se distinguen ni ojos ni hocico ni lengua. Lo que sí se enrosca en las ramas del árbol es una serpiente bicéfala. El árbol en ambos casos integra el conjunto: quetzal-planta del maíz-tierra.

En el *Códice Borgia* (1980: 53), el árbol en el que está posado el quetzal es maíz. Del tronco fuerte nacen dos ramas que rematan en espigas y mazorcas. El árbol se levanta de un círculo de agua y ambos emergen del seno de la tierra. Lo riegan con sangre de su pene Macuilxóchitl y Quetzalcóatl, dioses creadores. La hipótesis de que los árboles en las

Figura 5. El quetzal, la planta del maíz y el monstruo de la tierra. Lápida del Templo de la Cruz Foliada. Palenque, Chiapas. Dibujo tomado de Schele y Miller, 1986: 195.

Figura 6. El quetzal, la planta del maíz y la tierra. Lápida del Templo de las Inscripciones. Palenque, Chiapas. Dibujo tomado de Schele y Miller, 1986: 282.

lápidas mayas son plantas de maíz tanto en el *Códice Borgia* como en las lápidas mayas se refuerza, porque el árbol, en todas las instancias, es parte del complejo quetzal-planta de maíz-agua-tierra.

SIMBOLISMO DEL QUETZAL

Encontrar el simbolismo de los elementos que se estudian es la última etapa del análisis iconográfico, y ya varios autores han comenzado a dilucidar el simbolismo del quetzal. Seler (1996, vol. V: 225) dice que para los mexicanos el quetzal designaba adorno, preciosidad, atavío de la existencia, y refiere que se le dibujaba encima del árbol de la región del este, que está relacionada con la fertilidad, la abundancia y la riqueza. También establece la relación entre el maíz y el quetzal, ya que nota que el ave aparece encima de la cabeza del dios del maíz en la lámina 94 del *Códice Tro-Cortesiano* (1985) y en las lápidas de la Cruz Foliada, la del Templo del Sol y en la copa del árbol en el *Códice Borgia.*

En dos de sus trabajos (1963: 208 y 1993: 220, 221, 224), Florescano va más allá y, al hablar de Quetzalcóatl, dice que las plumas verdes del quetzal, así como las piedras verdes, son la renovación vegetal: "El elemento serpiente simboliza el poder reproductor de la tierra y el agua que al conjugarse producen la renovación vegetal: las plumas verdes del quetzal". Los primeros autores relacionan correctamente al quetzal con el maíz, pero Florescano, paralelamente a mi trabajo de 1981, además relaciona las plumas de esta ave con la renovación vegetal.

El simbolismo del conjunto de las plumas y el jade es verdadero, y un mito en la *Leyenda de los Soles* (2002:195) proporciona el simbolismo específico, tanto de las plumas de quetzal como de las piedras verdes, y descubre que no sólo había una relación entre el quetzal y el maíz, sino una identidad entre las plumas y las hojas de la planta. Esta significación muy probablemente era similar en el área maya, puesto que en las lápidas del Templo del Sol y en la del Templo de la Cruz Foliada la relación quetzal-maíz existe.

Al final de la hegemonía de Tula: Jugó Huémac con los *tlaloque,* dijeron los tlaloque: "¿Qué ganamos en el juego?". Y dijo Huémac: "Mis chalchihuites y mis plumas de *quetzall* ". Otra vez dijeron a Huémac: "Eso mismo ganas tú: nuestros chalchihuites y nuestras plumas de quetzalli". Jugó Huémac y les ganó. Fueron en seguida los tlaloque a trocar lo que habían de dar a Huémac, esto es, elotes (mazorcas de maíz verde) y las preciosas hojas de maíz verde en que el elote crece. Pero él no los recibió, y dijo: "¿Por ventura eso es lo que gané? ¿Acaso no chalchihuites? ¿Acaso no plumas de quetzalli? Lleváos esto". Dijeron los tlaloque: "Está bien. Dadle chalchihuites y plumas de *quetzalli*, y tomad nuestros chalchihuites y nuestras plumas de quetzalli". Luego los tomaron y se fueron. Dijeron en seguida: "Bien está; por ahora escondemos nuestros chalchihuites: ahora padecerá trabajos el tolteca, pero no más cuatro años". Luego heló, y en cuanto cayó el hielo, hasta la rodilla, se perdieron los frutos de la tierra heló en (el mes) de *Teucílhuitl* [Tecuílhuitl], solamente en Tollan hizo calor; todos los árboles, nopales y magueyes se secaron; todas las piedras se deshicieron, todo se hizo pedazos a causa del calor (*Leyenda de los Soles*, 2002: 195).

En verdad los tlaloques se llevaron sus chalchihuites, es decir, las mazorcas o elotes tiernos envueltos en sus hojas verdes de maíz que de esta manera parecen piedras verdes grandes de jade y sus plumas ricas de quetzal las hojas verdes del maíz que tienen la forma y el color de las plumas de quetzal. Un caso de que iguales llaman a iguales en forma y en color: éste es el simbolismo primario del quetzal y del maíz.

El epílogo de este pasaje es de interés, porque muestra cómo los mexicas se iban apoderando de la antigua tradición para validar su descendencia y aspirar al poder. Después del castigo a los toltecas, los tlaloques piden a los mexicas que sacrifiquen a una de sus doncellas, llamada, no por azar, Quetzalxochtzin, "Ramillete de plumas de quetzal", y a cambio de esta ofrenda de sangre a los dioses de la lluvia los mexicas reciben todos los diferentes alimentos que se les habían negado a los toltecas. La narración termina diciendo que después del sacrificio de la doncella "Luego se nubló, y llovió; durante cuatro días llovió muy recio[...] brotaron las diversas clases de plantas y hierbas y zacate" (*Leyenda de los Soles*, 2002: 197). En realidad los mexicas sacrificaron en la personificación de Quetzalxochitzin a Xochiquétzal, la diosa madre y de los mantenimientos.

QUETZALCÓATL Y XOCHIQUÉTZAL

Dos deidades se disfrazan de quetzal: Quetzalcóatl y Xochiquétzal, y ambas tienen las mismas atribuciones que el ave, las cuales se pueden conocer a través del análisis de sus nombres y de referencias en las fuentes.

QUETZALCÓATL

Cuando los mexicas subyugaron a los huastecos, les exigieron: "la plumería que habéis de dar de tributo ha de ser de la color de la gran culebra que anda por estos montes y orillas de la mar que llaman Quetzalcóatl, y estas plumas han de ser de vara y media *zenziacatl ynichuihuiac*". Esta referencia señala que los mexicas creían que las plumas de quetzal eran de la serpiente llamada Quetzalcóatl e indica que esta deidad era considerada como un quetzal. Esto se constató también en el área maya, cuando apareció un ave de plumas verdes, seguramente un quetzal, graznando sobre el lago de Atitlán, en Guatemala, y la mitad de la población salió a observarlo (*Memorial de Solalá*, 1980: 84).

Hernán Cortés llegó a las costas de Veracruz en un año Uno Caña, cuando Quetzalcóatl había prometido regresar. Motecuhzoma II le envía cuatro trajes de dioses. El primero con que lo invisten es el de Quetzalcóatl, y el primer atavío que le colocan es el penacho llamado *quetzalapanecáyotl* (*Códice Florentino*, 1979, vol. III, lib. 12, f. 5v). En otros trabajos (Aguilera, 1981 y 1983) se analizan los atavíos de Quetzalcóatl y se demuestra que el penacho es un quetzal en su totalidad, con un pico de oro que caía sobre la frente del portador, el cuerpo es la parte central más alta, y los abanicos de plumas más bajos a cada lado, las alas extendidas. Al portarlo Motecuhzoma se convertía en quetzal y se investía como Quetzalcóatl.

Este penacho lo porta Quetzalcóatl en las láminas 26, 28 y 36 del *Códice Borbónico* (1979), con el casquete y la base del trapecio tachonado de círculos blancos que representan estrellas. En Tula lo llevan, además de Quetzalcóatl, Huémac, el último señor tolteca (Durán, 1984, vol. I, figura 1), y el Toueyo que, al casarse con la hija de Huémac, adquiere el derecho de portarlo, y Coyotlinahual, quien tiene derecho a llevarlo quizá por ser el patrón de los amantecas o trabajadores de la pluma. Es él quien lo coloca en las sienes de Quetzalcóatl, cuando éste decide abandonar Tula.

El mismo nombre Quetzalcóatl, en sus dos componentes, tiene varias traducciones y conlleva atribuciones derivadas de su condición de quetzal. En el nivel más aparente de interpretación, Quetzalcóatl quiere decir: "Serpiente emplumada o con plumas de quetzal". Como tal él es el sol que rigió la segunda edad cosmogónica, así se ve en la lámina VI del *Códice Vaticano-Ríos* (1964, vol. III: lám. VI) (figura 7). Su cuerpo serpentino lleva manojos de plumas de quetzal, entre los que hay unas formas ovoides que podrían ser mazorcas, aunque como no están coloreadas, por su forma podrían ser también navajas de pedernal. La serpiente que representa a la deidad es del género *crotalus*. La cola con cascabeles aparece en varias serpientes emplumadas en la Sala Mexica, e incluso una de ellas lleva en la cabeza el signo Uno-Caña, que es el nombre calendárico de Quetzalcóatl.

La serpiente es la tierra laborable y las plumas de quetzal las hojas de maíz, como se ve el *Códice Magliabecchiano* (1983: 72). Quetzalcóatl es la tierra cubierta con las plantas de maíz que crecen sobre ella. Esta asociación todavía está presente en varios lugares. En Tepeticpac, estado de Tlaxcala, en una ocasión que amenazaba lluvia, el campo verde de maíz ondeaba por el viento y varios señores dijeron: "Por allí anda Quetzalcóatl". En verdad las plantas de maíz, al ser

Figura 7. Quetzalcóatl.
Códice Vaticano-Ríos,
1964, vol. III, lám. VI.

agitadas por el viento, formaban ondas que simulaban una serpiente emplumada en movimiento. La identificación de la tierra y la milpa con Quetzalcóatl se refuerza si se recuerda que Quetzalcóatl da el maíz a los hombres. Quetzalcóatl observaba cómo la hormiga roja daba viajes con granos de maíz, le pregunta de dónde lo trae y ella se niega a decirle. Al fin se convierte en una hormiga negra y sigue a la roja hasta el Tonacatépetl o "Monte de los mantenimientos", toma el maíz y juntas las hormigas lo llevan a Tamoanchán, allí lo mastican los dioses y lo convierten en masa que dan a los hombres para robustecerlos (*Leyenda de los Soles,* 2002: 181). Todavía en el Posclásico los labradores creían que Quetzalcóatl había inventado la agricultura y oraban para que les diera fuerzas y así hacer su trabajo (*Tratado de los dioses y ritos de la gentilidad,* 1979: 126).

El poder de proporcionar a los hombres fertilidad era privilegio de Quetzalcóatl; pero también el de quitarla. Al final del imperio de Tula, cuando abandona su capital, ésta se convierte en un desierto, los pájaros de pluma rica vuelan hacia el Anáhuac y los árboles de cacao se convierten en mezquites (*Códice Florentino,* 1979, vol. I, lib. 3, f. 20r). Esto prueba el carácter ambivalente de los dioses mesoamericanos, que en caso de no servirles u ofenderles retiraban los bienes que habían otorgado.

Quetzalcóatl quiere decir también "Serpiente preciosa o de la abundancia", porque *quetzalli* significa lo precioso. Los mexicas decían que este dios había sido un comerciante muy próspero (Durán, 1984, vol. II: 61) y es sabido que en Tula poseía enormes riquezas y poder. Las plumas de quetzal simplemente por su belleza tenían mucho valor y eran símbolo de abundancia, de la riqueza y de lo precioso (*Códice Vaticano-Ríos,* 1964, vol. III, lám. IX).

Otra atribución de Quetzalcóatl, que deriva de su etimología, es "Gemelo creador o procreador". *Quetza* es un verbo que significa erección sexual o copular (Molina, 1970, f. 89r). Él fue el encargado de crear al hombre, y las mujeres estériles oraban a él para tener descendencia (Torquemada, 1976, vol. III: 86). En la época tolteca lo concebían como un sacerdote casto engendrado sin pecado. Sólo al final y para su perdición, transgrede sexualmente con Xochiquétzal (Durán, 1984, vol. II: 9), pero esta relación es mucho más antigua, ya que ambas deidades no son sino los aspectos de fertilidad de la pareja primordial.

Una faceta poco conocida de Quetzalcóatl es la guerrera. En la lámina 77 del *Códice Magliabecchiano* (1983), Quetzalcóatl porta el *quetzalapanecáyotl*, pero está armado con escudo y flechas y dentro de un círculo de huellas de pie, que indican el fragor guerrero. Esto hace al dios del penacho de quetzal un dios guerrero. Si los objetos que lleva en las manos Quetzalcóatl (figura 8), como regente del sol primordial, no son mazorcas, sino navajones de sacrificio, esto alude también a su carácter guerrero.

Xochiquétzal

Otra deidad que se disfraza y convierte en quetzal es Xochiquétzal. Su nombre se ha traducido como "Flor preciosa", aunque también podría ser "Plumaje florido" o "Ramillete de plumas". Como quetzal, aparece en el *Códice Telleriano-Remensis* (1964, vol. I, lám. XXX, 2ª parte). Sus atavíos característicos son dos ramilletes de plumas verdes de quetzal, uno a cada lado de la cabeza, y Durán dice que ella llevaba en cada mano una "rosa" labrada de plumas con muchas estampitas de oro como pinjantes (1984, vol. I, 152).

Un mito en la *Histoire du Mechique* cuenta que en el principio de los tiempos descendieron dos dioses a una caverna, en donde uno llamado Piltzintecuhtli, con aspecto del dios solar, estaba acostado

Figura 8. Xochiquétzal.
Códice Telleriano-Remensis,
1964, vol. I, lám. XXX,
2ª parte.

con una diosa llamada Xochiquétzal, de la cual nació Cintéotl, el joven y bello dios del maíz (*Histoire du Mechique*, 2002: 155). Esto es una metáfora para decir que el sol cálido y la tierra húmeda son necesarios para la germinación del maíz. Muestra además que Xochiquétzal es la diosa de la fertilidad de la tierra. En un nivel más esotérico de interpretación, el nombre Xochiquétzal significa "deseo" para iniciar el proceso de procreación. Xóchitl, además de flor, significa el órgano sexual femenino, y *quetza*, ya se vio, connota erección. Por esto para los antiguos mexicanos ella era la esencia de la feminidad y la sexualidad, hermosa y deseable. Tezcatlipoca la rapta a su primer marido Piltzintecuhtli en unas fuentes, o a Tláloc en otras y la lleva a habitar arriba de los cielos a un lugar de delicias. Era la patrona de los enamorados (Muñoz Camargo, 1966: 155) y la patrona de las pintoras, tejedoras y artistas que si no le hacían oraciones y sacrificios, fácilmente podrían convertirse en malas mujeres. Durán la llama "una ramera muy deshonesta" (Durán, 1984, vol. II: 9).

Tonacacíhuatl, "Nuestra señora de los mantenimientos", y Xochiquétzal no son sino diferentes aspectos de la diosa madre o primordial. En el *Códice Telleriano-Remensis* (1964, vol. I, lám. I y XXX, 2ª parte) aparecen ambas con el mismo yelmo disfraz de quetzal. El disfraz significa que ambas o una misma, bajo dos advocaciones, son las responsables de los mantenimientos, de la fertilidad, de la riqueza.

Xochiquétzal, como Quetzalcóatl, es también una diosa guerrera. Ella fue la más esforzada en la guerra y la primera que murió en ella (*Historia de los mexicanos por sus pinturas*, 2002: 34). En el *Códice Telleriano-Remensis* (1964, vol. I, lám. XXX, 2ª parte), se dice que los hombres que nacían cuando ella regía serían los más esforzados en los combates.

CONCLUSIÓN

El quetzal tenía gran importancia en la economía, religión y sociedad mesoamericanas. Sus plumas fueron tan apreciadas que generaron un gran comercio y riqueza. Se representó frecuentemente en lápidas, pinturas y códices, y dos deidades se disfrazaron como quetzales: Quetzalcóatl y Xochiquétzal; al hacerlo, se convirtieron en el ave misma y adquirieron sus propiedades. Las plumas largas de la cola del quetzal simbolizaban las hojas largas y verdes del maíz, y por extensión los campos cubiertos de plantas de maíz. Quetzalcóatl, como serpiente emplumada, representaba la tierra cubierta con este tipo de plantas. Derivado de este concepto, el dios simbolizaba la fecundidad y fertilidad de la tierra y el poder generador y creador, la abundancia y la riqueza, que debía resguardarse con la fuerza de las armas. Xochiquétzal, como quetzal, era también la diosa creadora del maíz y de todos los mantenimientos, de la fertilidad, la riqueza y la guerra, por una parte, y de la sexualidad y reproducción, por la otra.

Finalmente, el hecho de que figure en mitos del Altiplano un ave del área maya indica que es posible que en esta última región se asociaran el quetzal y la planta del maíz; y el hecho de que en la escultura olmeca ya haya representaciones de las plumas de quetzal en muy diversos atavíos permite suponer que en esa época se inició su culto y su simbolismo. Si así fuese, habría que reconocer la persistencia de un mito, que se recogió a fines del Posclásico, fuera del hábitat del quetzal. Por otra parte, el hecho de que en el área maya aparezca el complejo quetzal-maíz-tierra-agua y al final, cuando menos en el Altiplano, la guerra, son reflejo del proceso cultural evolutivo panmesoamericano.

191

ESCULTURA TEOTIHUACANA
DE LA DIOSA TOCI
EN LA SALA MEXICA DEL MNA*

DESCRIPCIÓN DE LA FIGURA

En la renovada Sala Mexica del Museo Nacional de Antropología se exhibe una escultura de barro hasta ahora no identificada que procede de Teotihuacan y ha sido restaurada (figura 1). Su ficha técnica tiene el número de catálogo 11-83-58 y el número de inventario 10-56-42-50. Al frente se modeló una figura humana que mide 125 cm de alto por 38 cm de ancho a la altura de los hombros. Atrás lleva adosado un tubo soporte que comienza en un cono truncado con el borde más amplio abajo para que la figura pueda descansar con seguridad; encima tiene una parte esférica con una abertura rectangular a cada lado. El soporte termina arriba en un tubo de borde invertido, pintado con franjas de color azul, amarillo, rojo y blanco; de éste cuelgan unos discos blancos que posiblemente fueran labrados en concha. Las dos aberturas rectangulares a cada lado del cuerpo esférico sugieren que el soporte podía funcionar como incensario o estufa. Atrás del soporte están el arranque y el final de un asa que servía para mover el objeto, especialmente si estaba caliente.

La figura al frente es un personaje de buenas proporciones. Sobre su cabeza lleva un tocado que consiste en una caja grande hueca que tiene arriba 23 merlones, cada uno con una pequeña

* "Escultura teotihuacana de la diosa Toci en la Sala Mexica del mna", *Arqueología*, núm. 25, México, inah, 2001: 63-70. Agradezco a la Subdirección de Arqueología del Museo Nacional de Antropología y al arqueólogo José Luis Rojas por haberme facilitado la fotografía de la diosa y los datos de clasificación de la pieza.

Figura 1. Escultura de la diosa Toci.

forma ahorquillada al pastillaje. Arriba y abajo, rodeando la caja, se adhirieron cordeles hechos de barro al pastillaje, y entre ellos se pintaron discos grandes hoy apenas visibles, dos al frente y uno a cada lado. Entre los dos discos del frente hay una huella oblonga que posiblemente albergó una piedra plana de la misma forma quizá de material semiprecioso. La caja tiene en su parte frontal inferior, a derecha e izquierda, los arranques de lo que fueron tres tiras que colgaban. El rostro de la figura tiene facciones finas, ojos cerrados, nariz afilada, boca grande entreabierta que deja ver una franja angosta. Las orejas están ocultas por orejeras grandes de disco y barra. El cuerpo viste dos prendas de bordes irregulares. La superior, con cuello en "V", le cubre los brazos hasta antes de los codos y se estrecha hasta llegar a la cadera, la inferior cubre las caderas y muslos acortándose al frente y dejando ver los genitales; aunque éstos y la parte inferior de las prendas casi han desaparecido por fractura. En la parte superior está marcados los pezones y bajo la piel se notan las protuberancias de las tetillas del hombre que porta la piel. Abajo a la izquierda hay una protuberancia con hoyo y es posible que hubiera también otra a la derecha, cuya función se desconoce. La prenda inferior también de piel humana cubre las caderas cuyas puntas cubren hasta arriba de las rodillas, excepto al centro, para dejar visibles los genitales, seguramente masculinos, que han desaparecido.

Sobre cada hombro aparece una flor y abajo hay rastros de dos formas ovales donde estaban incrustados objetos hoy perdidos. Como a 10 cm hacia la parte inferior se ven dos frutos como chiles con capucha en su parte superior. Los brazos están doblados al frente, y los dedos de las manos se curvan dejando un hueco como para sostener algo. Las piernas ligeramente dobladas terminan en pies un tanto separados que descansan perfectamente sobre el piso. El estudio de sus atavíos, el tocado, la pintura facial, la piel y las flores hicieron posible la identificación del personaje en la escultura. Enseguida se identifican cada uno de los atavíos.

TOCADO

El tocado, es decir, todo lo que porta la escultura sobre la cabeza, es el llamado *amacalli* o "hueco de papel", de *ámatl*, papel y *calli*, hueco u oquedad. Esta última acepción de *calli* es menos conocida que la de "casa". Posiblemente se remonta a tiempos antiguos, cuando los hombres se refugiaban en abrigos rocosos a los que llamaron *calli* u oquedad y más tarde, al construir habitaciones, trasladaron el nombre a los lugares donde habitaban que son huecos al interior. Sin embargo, el significado anterior convive con el posterior y en el caso de llevarse en la cabeza, se refiere a un tocado hueco, posiblemente hecho de papel amate grueso.

El *amacalli* no es un elemento diagnóstico o definitivo para identificar al personaje en la escultura, porque lo llevan otras deidades femeninas y masculinas como Chicomecóatl, Chalchiuhtlicue, Xilonen, Tzapotlatena, Uixtocíhuatl, Tomiyauh, Nappatecuhtli, Totoltécatl y Toci *(Primeros Memoriales*, 1993). El dibujo del *amacalli* en estas deidades es pequeño y presenta variables, pero está reproducido de manera cabal en el *Códice Borbónico* (1979: 30) (figura 2), donde lo porta el sacerdote de gran altura y fuerza llamado Teccizcuacuilli, "Ministro del caracol" según Garibay (1956, vol. IV: 353), aunque la palabra se compone de *tecciztli*, "caracol"; *cuaitl*, "cabeza", *cui*, "coger", y *li*, la terminación sustantiva, sacerdote que personificaba a la diosa Toci, "Nuestra abuela", en su fiesta de la cosecha llamada Ochpaniztli, "Barrimiento de caminos".

El *amacalli*, "Caja de papel", en este caso consta de la caja o casquete que la diosa ciñe a su cabeza, tiene al frente dos ángulos encontrados y atados horizontales y dos rectángulos negros uno a cada lado. Su base está rodeada con un cordel blanco con sendas borlas blancas que caen a cada lado del rostro de la diosa. El casquete lleva encima al frente un trapecio y triángulo entrelazados que son el signo del año y atrás se levanta un cono azul de borde blanco de papel azul del que sobresale el cáliz verde con discos amarillos encima que es una flor de *yauhtli* o pericón, con sus estambres. De esta flor se levanta una espiga amarilla de maíz maduro al centro con mazorcas a cada lado, una roja y otra amarilla con sus largos estambres entre sus hojas verdes, todo atado con una cinta roja de cuero cuyo nudo se ve al centro. Un poco abajo, a cada lado del tocado, aparecen cuatro rosetas de papel con segmentos verde, azul, amarillo y rojo, de las que cuelgan tiras de papel con los mismos colores en dos secciones, unas hasta el torso y otras hasta los pies. En la escultura de barro el *amacalli* no es tan complejo, grande o vistoso, ya que es sólo la caja y a cada lado los inicios de las bandas que colgaban, lo que sugiere que los diversos elementos como los del *Códice Borbónico* probablemente se añadían en la fiesta de la diosa.

MÁSCARA SOBRE EL ROSTRO
El rostro real del personaje está oculto bajo una máscara de piel ajustada con los ojos cerrados. Los músculos flácidos del rostro hacen destacar los pómulos y sumir las mejillas y el labio inferior se cuelga

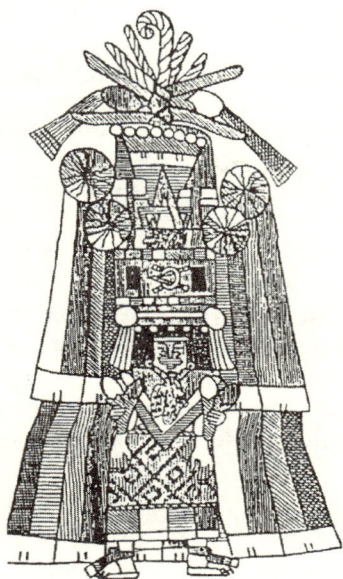

Figura 2. El sacerdote *teccizcuacuilli*, personificación de la diosa Toci. *Códice Borbónico*, 1979: 30.

un tanto y deja ver, bajo el labio superior, una línea que es la boca del portador de la máscara. Aunque la pintura está muy desteñida, se aprecia que el rostro fue pintado de rojo con negro sobre la boca. El color del rostro y los ojos cerrados en la escultura concuerdan con los del personaje en el *Códice Borbónico* (1979: 30) (figura 2) y sugieren que la máscara de la escultura está hecha de piel humana.

LAS PRENDAS DE VESTIR

La prenda de piel humana sobre el torso del personaje masculino ya identifica a la escultura, que no es otra que la de la piel de la víctima femenina que personificaba a la diosa Toci, y era inmolada en su fiesta. Para esta ocasión se escogía a una mujer madura, que la noche anterior se ataviaba como la diosa y la sacrificaban. El *Códice Florentino* refiere:

llegada la media noche, llevabanla al cú, donde había de morir: y nadie hablaba, ni tosía, cuando la llevaban, todos iban en gran silencio: aunque

197

iba con ella, todo el pueblo. Y desque había llegado al lugar donde la habían de matar: tomábanla uno sobre las espaldas y cortábanla de presto la cabeza: y luego caliente la desollaban, y desollada, uno de los sátrapas, se vestía su pellejo: al que llamaban *teccizcuacuilli* escogían para esto, el mayor de cuerpo, y de mayores fuerzas (1979, vol. I, lib. 2, f. 68v).

Las manos inertes de la mujer desollada cuelgan de las manos reales del *teccizcuacuilli*, que sostienen sendas mazorcas gemelas, una roja y otra amarilla. Éste no es el caso en la escultura del museo, pues sus brazos y manos encarnados son los del sacerdote y la piel de la víctima no tiene las manos de la mujer sacrificada. La prenda inferior también de piel humana cubre las caderas hasta arriba de las rodillas excepto al centro para dejar visibles los genitales, de los que quedan apenas huellas pero seguramente masculinos, pues eran del sacerdote.

FLORES SOBRE LOS HOMBROS
Las flores sobre los hombros del personaje están tan bien hechas que se identificaron sin dificultad como *cempoalxóchitl*. La planta florece, en la misma época en que madura el maíz, de agosto o septiembre hasta noviembre por lo que, tanto antiguamente como en la actualidad, es la flor de las festividades de la cosecha y de los muertos, cuando la tierra que ha fructificado descansa y duerme en paz. Por esto en la fiesta de Toci, o sea Ochpaniztli o "barrimiento", todo se hacía en silencio. En la fiesta de Ochpaniztli se efectuaba un baile que duraba ocho días, y los participantes agitaban *cempoal-xóchitl* en rama *(Códice Florentino,* 1979, vol. 1, lib. 2, f. 66v). En el *Códice Magliabecchiano* aparecen Toci y dos guerreros, con flores de *cempoalxóchitl* en las manos (1983: 27) (figura 3).

Después del baile, con los ramos de flores, las mujeres médicas, viejas y mozas y algunas prostitutas escenificaban una pelea donde también intervenían las *cempoalxóchitl*. Las mujeres hacían la escara-muza delante de la mujer que iba a morir, para que no estuviese triste, porque si lloraba significaba que iban a morir muchos gue-rreros en las próximas guerras o muchas mujeres embarazadas. Dice el *Códice Florentino*: "La pelea era, que se apedreaban, con pellas, hechas de aquellas hilachas, que nacen en los árboles: o con pellas, hechas de hojas de espadañas, con hojas de tunas, y con flores amarillas, que llaman de *cempoalxóchitl*' (1979, vol. I, lib. 2, f. 67r). Las pellas eran bolas hechas con el heno que cuelga en otoño e invierno en los árboles.

CHILES

Los chiles que lleva la escultura sobre el pecho tienen una capucha junto al tallo. Janet Long Solís me hizo notar (comunicación personal) que estos frutos aparecen en el *Códice Mendocino* (1979: 161) (figura 4) en pacas de petate como objetos de comercio aunque no conocía la especie científica. Estos frutos picantes y rojos posible-

Figura 3.
La diosa Toci preside la fiesta de Ochpaniztli y dos guerreros bailan con ramos de *cempoalxóchitl*. *Códice Magliabecchiano*, 1983: 27.

Figura 4. El chile con capucha como identificador de lo que contiene el bulto abajo. *Códice Mendocino*, 1979: 161.

mente aluden al carácter guerrero y valiente de la diosa Toci. Una vez recogida la cosecha, ya que la tierra descansaba, se iniciaban las guerras en las que la diosa Toci participaba activamente como la patrona.

BRAZOS Y MANOS, LA COSECHA Y LA GUERRA

La diosa Toci como patrona de las guerras de la temporada de secas está registrada en varias fuentes, como la *Historia de Durán,* que ilustra su inicio (1984, vol. I, cap. XIV) (figura 5). La diosa Toci preside la escena desde su tabladillo, a la derecha del recuadro, y sostiene en sus manos no macana y escudo sino escoba y escudo. Arriba a su izquierda, el *teccizcuacuilli* vestido como la diosa Toci está presto al combate, también con escoba y escudo; abajo combaten con macana y con escudo dos guerreros. El *Códice Florentino* también asienta que Toci portaba un escudo y escoba (1979, vol. I, lib.1, f. 10v). Ésta no era la de popote que tiene varas lisas, sino la que se fabrica aún hoy en día para barrer jardines, hecha de las varas muy

Figura 5. El *teccizcuacuilli,* la diosa Toci y el combate entre el señor y un guerrero con *ichcahuipilli.* Durán, 1984, vol. 1, cap. XIV, figura 24.

fuertes y todavía con hojillas. En la escultura del museo, los brazos extendidos al frente con los dedos curvados sin cerrar en puño indican que están listos para sostener la escoba y el escudo que seguramente se colocaban en sus manos el día de la fiesta.

El simbolismo de escoba y escudo en la mano de la diosa Toci es claro. La escoba es el símbolo del barrimiento de los campos después de la cosecha, y el escudo es el símbolo de la guerra que tiene lugar después que se ha levantado el grano y está seguro en las trojes.

LA DIOSA TOCI

Toci, "Nuestra abuela", era una de las diosas más veneradas en el panteón mexica, según se percibe por sus nombres, funciones y atribuciones. En resumen, su importancia está descrita sólo después de Chalchiuhtlicue y Chicomecóatl: se le conocía también como Teteo Innan, "Madre de los dioses", como Tlalliyolo, "Corazón de la tierra", pues hace temblar la tierra y origina los terremotos, y como Temazcalteci es la abuela del temazcal, el baño de vapor (*Códice Florentino*, 1979, vol. I, lib. 2, ff. 66r y v), tan gratificante e indispensable entre los antiguos mexicanos.

En el ámbito profesional Toci era la patrona de las médicas, las comadronas y también de los médicos. Es decir, de los especialistas de la medicina no sólo de ambos sexos sino de las diferentes especialidades. De las médicas que daban sedantes a la parturienta e inducían abortos cuando era necesario; de las oculistas y dentistas que sacaban objetos del cuerpo y gusanos de dientes y ojos. De los médicos que sangraban con sanguijuelas, los que sanaban hemorroides, los que purgaban a la gente y los oculistas masculinos que curaban los ojos. De las mujeres adivinas y videntes que leían el futuro tirando granos de maíz y leían la fortuna con nudos en cuerdas.

ATAVÍOS DE TOCI

La descripción de los atavíos de la diosa varía en las fuentes. Los *Primeros Memoriales* dicen que la diosa llevaba el *amacalli* (1993, f. 263r), pero éste no se ve en la imagen. El texto añade que llevaba orejeras de pájaro azul, el tocado de algodón flojo con un borlón de palma, falda de estrellas, que no se ve tampoco, sino que es una enagua blanca, escudo con un disco de oro al centro y su escoba. En el *Códice Magliabecchiano*, la diosa Toci lleva el tocado de algodón flojo con dos plumas rayadas de negro y un ramo de plumas amarillas (1983: 27) (figura 3). En las ilustraciones de la *Historia* de Durán, en un caso de escenas múltiples, aparecen tres escenas, aunque ya están muy occidentalizadas. Arriba, de mayor altura, está la personificación de Toci, blandiendo escoba y escudo *(1984, vol. I, cap. XIV, fig. 24) (figura 4). Abajo a la izquierda se escenifica un combate entre el señor con el *quetzalapanecáyotl* (Aguilera, 1980) o penacho de quetzales y un guerrero con *ichcahuipilli* o camisa forrada de algodón, usada para protegerse de las heridas de flecha. A la derecha, sobre un tablado, se ve la diosa Toci, con su tocado de algodón flojo con husos, escoba y escudo. El *Códice Florentino* describe a Toci de la siguiente manera:

tenía la boca y barba, hasta la garganta teñida con hule: que es una goma negra. Tenía el rostro, como un parche redondo, de lo mismo: tenía en la cabeza, a manera de una gorra, hecha de manta: revuelta y añudada los cabos del rostro, caían sobre las espaldas, en el mesmo modo: estaba injerido, un plumaje: del cual salían unas plumas, a manera de llamas: estaban colgando, hacia la parte trasera, de la cabeza. Tenía vestido un *huipilli*: el cual en la extremidad de abajo, tenía una cortapisa, ancha y harpada. Las naguas, que tenía eran blancas. Tenía sus cortaras, o sandalias, en los pies: en la mano izquierda, una rodela, con una chapa redonda de oro, en el medio: en la mano derecha, tenía una escoba, que es instrumento para barrer (*Códice Florentino*, 1979, vol. I, lib. 1, f. 4r).

La descripción de Toci en la *Historia* de Durán es bastante parecida a la anterior, según la imagen que se hallaba en su ermita, a la entrada o salida de la ciudad de México, que se llamaba Tocititlán, "Lugar junto a Toci": "La diosa era un ídolo de palo en figura de mujer anciana, con la cara blanca, de la nariz arriba y negra abajo. Estaba peinada a su uso y encima su tocado de algodón flojo. En una mano tenía una rodela, en la otra una escoba y en la nuca un plumaje de plumas amarillas. Vestía una camisa corta con orla de algodón por hilar y naguas, ambos blancos" (Durán, 1984, vol. I: 144).

Durante la semana en que la mujer esperaba ser victimada, las médicas que la guardaban le proporcionaban henequén para que lo cardara e hilara, y con él tejiera un huipil y unas enaguas. El *Códice Florentino* no dice cuándo, ni si el *teccizcuacuilli* se ponía las ropas de henequén, pero Durán asienta que éste se vestía las ropas de henequén después que se embutía el pellejo de la víctima, y añade: "Poníanle en la cabeza aquella guirnalda de algodón con los husos en ellas y copos de algodón colgando y cardado; en las narices le ponían un joyel de plata, y en orejas, unos zarcillos u orejeras de plata; al pecho un joyel de plata relumbrante" (Durán, 1984, vol. I: 146).

En el *Códice Florentino*, el *teccizcuacuilli* se viste ricamente. A la medianoche que degollaban y desollaban a la mujer víctima, el *teccizcuacuilli* se embutía la piel. En la madrugada siguiente, éste se colocaba en la orilla del basamento del templo de Huitzilopochtli; subían los principales con gran prisa y emplumábanle la cabeza y los pies con plumón de águila, otros le pintaban el rostro de rojo y le vestían un huipil, no muy largo, que tenía delante los pechos, un águila labrada, o tejida en el mismo huipil, otros le ponían unas naguas pintadas. Cuando se iban los nobles, unos sacerdotes le colocaban su tocado: "una corona muy pomposa, que se llamaba *amacalli*, que tenía cinco banderillas, y la de medio más alta, que las otras: esta corona muy ancha en lo alto, y no redonda, sino cuadrada, y del medio della, salían las banderillas: las cuatro banderillas, iban en cuatro esquinas, y la mayor iba en medio: llamaban a esta corona, *meiotli*" (*Códice Florentino*, 1979, vol. I, lib. 2, f. 69v).

LA FIESTA DE OCHPANIZTLI

La fiesta de Toci era Ochpaniztli; "Barrimiento", tenía lugar el último día de la veintena y celebraba el equinoccio de otoño (Aguilera, 1982: 205), que ocurría el 22 de septiembre pero, debido al carácter inmutable de las veintenas, tenía lugar el día 30 del mismo mes. La fiesta y las ceremonias eran de las más solemnes y complejas del año solar. Era la fiesta del fin del ciclo agrícola; el frío se acercaba, se hacía la cosecha, se guardaba el grano en las trojes y los guerreros se preparaban para la guerra.

Los primeros cinco días no se hacía nada y había silencio; luego se efectuaba el baile llamando agitar las manos con ramos de flores de *cempoalxóchitl* y se escenificaba la batalla fingida de médicas, viejas y jóvenes y algunas prostitutas. Se hacía frente al *cuicacalli* la casa de canto y duraba cuatro días. Llevaban a la mujer que se iba a sacrificar al mercado, al salir ésta regaba harina, en señal de que nunca regresaría; y las médicas la consolaban cuando se afligía. A medianoche, en completo silencio, "como si la tierra estuviera muerta", la mataban, y el *teccizcuacuilli,* ministro del caracol, se ponía su pellejo y se escenificaba la carrera de este sacerdote y los nobles que blandían escobas ensangrentadas. Enseguida los nobles ataviaban al *teccizcuacuilli.* Sus huastecos lo acompañaban vestidos con *amacalli,* tocado de papel con su algodón flojo y malacates, una soga por taparrabo y espejos en la espalda. "Al terminar la fiesta iban a Tocititlan, la ermita de Toci, a la entrada [o salida] de la ciudad el sacerdote se desnudaba el pellejo y lo colgaba con los brazos tendidos y la cabeza hacia la calle o camino" *(Códice Florentino,* 1979, vol. I, lib. 2, f. 72v).* El padre Durán es más explícito:

En llegando que llegaban allí, cesaban el combate, y el indio que hasta allí había venido representando a la diosa, con sus guastecos y servidores, subíase por aquellos palos hasta el andamio se desnudaba de todos aquellos vestidos y aderezos y el cuero de la india, de que había estado vestido y vestíanselo a un bulto de paja, que allá arriba en el andamio había, y vestíale encima todos los demás aderezos, con lo cuál quedaba aquel bulto de paja hecho personaje de la diosa (1984, vol. I: 148-149).

CONCLUSIÓN

El personaje que portaba el *amacalli* y la piel humana, como la escultura, era el representante de Toci. El *amacalli* y la piel de mujer que viste la escultura de arcilla en la Sala Mexica es el *teccizcuacuilli,* el representante de la diosa Toci (*Códice Florentino,* 1979, vol. I, lib. 2, f. 68r).

La escultura proviene de Teotihuacan, aunque ya hecha en el periodo Posclásico; quizá por estar modelada en barro dio al artista la oportunidad de ser más naturalista; los rasgos del rostro son finos, las flores son de índole realista, más que ser un conjunto de elementos simbólicos. El análisis de su anatomía y sus vestiduras atestiguan que el personaje es la representación del sacerdote que personificaba a la diosa Toci. El *amacalli*, por sí solo, no fue suficiente para hacer la identificación, porque otros dioses lo llevan. Pero la piel desollada y las flores de *cempoalxóchitl* lo identifican como el representante de la diosa Toci. La escultura sólo lleva puesta la piel del desollado pero es posible que sobre ésta, como a veces sucedía, se le colocaran encima las prendas de henequén tejidas con hilo muy fino y las joyas que describen los cronistas. Los chiles sobre el torso posiblemente sólo indicarían el carácter combativo de la diosa; aunque también podrían aludir a algún castigo, o a que ella era patrona de los cultivadores, y las manos con dedos curvados podrían haber sostenido, como mencionan las fuentes, escudo y escoba.

La escultura de *teccizcuacuilli* analizada es la única conocida de bulto y en arcilla; sin embargo, se sabe que en Tenochtitlan era de palo, como dice Durán. En este artículo sólo nos hemos abocado a identificar la escultura; todavía queda por hacer una monografía detallada de la diosa Toci que encuentre el significado de cada atavío y la ocasión en que se portaba, así como el estudio de la compleja veintena y fiesta de Ochpaniztli.

TURQUOISE*

The Spaniards arrived on the coast of present-day Veracruz in the Mexica year 1 Reed, or 1519 CE, the year that the god Quetzalcóatl had promised to return after leaving his beloved Toltec city of Tula. Thinking that Fernando Cortés was the god Quetzalcóatl (the "feathered serpent"), the Mexica emperor Motecuhzoma sent people to welcome him, and the envoys dressed Cortés in this god's special costume. They placed before Cortés a turquoise mask with intertwined serpents (*coatl*), and on his head placed a quetzal-feather headdress; the two spelled the deity's name. On his lower back they fixed a mirror with bands of turquoise, and they covered him with a beautiful net mantle, studded with bright pieces of turquoise. By doing this, the Mexica were emulating their admired predecessors, the Toltec, and also dressing the Spaniard as a Mexica lord, with turquoise, the most beautiful and valuable of all gemstones.

Turquoise (Náhuatl, *xíhuitl*) is a blue-to-green stone found mostly in veins in desert regions. It is a phosphate of aluminum with small quantities of copper and iron that formed by the distillation of water in rock cleavages; it is often seen on the earth's surface as outcrops.

Ancient Mesoamericans believed that precious stones were to be found early in the morning in places where a thin column of mist rose; this idea was probably prompted by the collected dew on

---

* "Turquoise", *The Oxford Encyclopedia of Mesoamerican Cultures. The Civilizations of México and Central América*, Editor in Chief David Carrasco, Oxford University Press, 2001, vol. 3: 276-277.

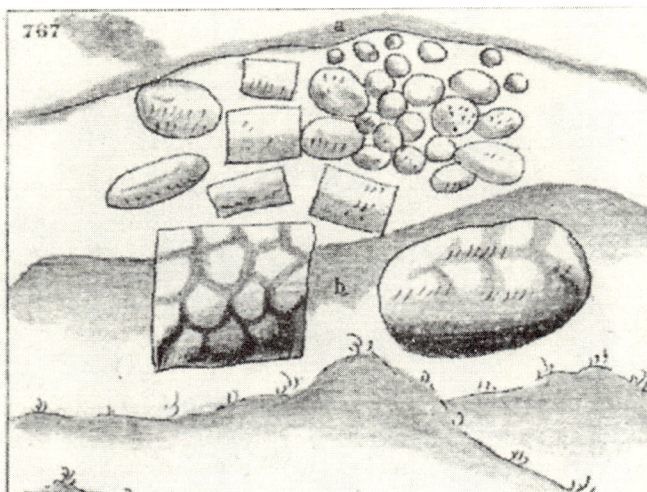

Figure 1. *Códice Florentino,* 1979, vol. III, bk. 11, f. 205v.

turquoise outcrops, which the morning still evaporated. Turquoise deposits do not go very deep, which makes their extraction fairly easy—although the ancient miners worked painstakingly in hot, ill-ventilated shafts.

The discovery of turquoise in Mesoamerica dates from the Preclassic period (1500 BCE-200 CE). It was used extensively in the Classic period (200-900 CE), but its maximum use was in the Early Postclassic (900-1168 CE) during the Toltec hegemony, and then in the Late Postclassic (1168-1521 CE), the epoch of the Mexica expansion. During the last period, turquoise superseded jade as the most valuable stone. Sixteenth-century sources speak of its value, splendor, and the many objects in which it was used.

Under Classic Teotihuacán, the Chalchihuites culture of the western region of Zacatecas was the center of turquoise working and distribution. Altavista was the largest ceremonial center of the culture. There, archeologists discovered a workshop with the various stages of the turquoise-work process: chunks, beveled tesserae for mosaics, finished objects, and debris. It is believed that beveling and other turquoise-working techniques were developed at this place. After the

Figure 2. *Códice Florentino,* 1979, vol. III, bk. 11, f. 206v.

fall of Teotihuacán, the turquoise-production center was shifted to Chaco Canyon in present-day New Mexico. Soon the Chaco people were not only trading turquoise but also manufacturing objects with Mesoamerican techniques probably learned at Altavista.

In the Postclassic period, turquoise reached Mesoamerica mostly from Chaco Canyon, some 1600 kilometers (1 000 miles) away. During this period, turquoise was more a product of trade, use, and power in the Oaxaca area and in the highland than in the Maya region. From the Maya region only a few examples exist, although in the Yucatan Peninsula there are representations on the mosaic walls of the ballcourt at Chichén Itzá (actually of Toltec origin) of warriors who are attired with pieces of turquoise. In fact, Tula, the Toltec capital in Central Mexico, was the capital of turquoise, and Quetzalcóatl, its patron god, was the mythic discoverer, merchant, and owner of the gemstone sources. He even owned a house lined with turquoise, according to legend.

Once the lapidaries had chunks of rock containing turquoise, they carefully separated the material from the matrix, polished the valuable pieces, finished them with a fine sand mixed with bat dung, and burnished them with a bamboo tube. To glue the tesserae into a wooden base, they used a mixture of charcoal and *chia*-seed oil applied to the back. They produced cylindrical and tubular beads, cabochons, and beveled tesserae. There still exist many pre-Hispanic objects ornamented with turquoise mosaic or with beads: masks, round flat objects, shields, helmets, lip plugs, animals from whose jaws emerge human heads, necklaces, and other pieces set with one or several bits of turquoise. The *códices* represent many more types of turquoise objects than those known today. These sources give an approximate idea of the most significant items, but not of the immense quantity produced and used by Mesoamericans. Many objects are now in museums or private collections, and the missing forms may have gone down in shipwrecks when the native treasures were shipped to Spain.

Masks were very important objects because they identified the images of the gods or priests. Apart from Quetzalcóatl, Tláloc, and his wife Chalchiuhtlicue, Xiuhtecuhtli, Tezcatlipoca, Camaxtli, and Cintéotl wore turquoise masks. The royal diadem *(xiuhuitzolli)* was the symbol of Toltec and later Mexica supremacy and lordship. It was a triangular headdress covered with turquoise. The most expensive article of the accesion attire, the *xiuháyatl* or *xiuhtilmatli* was a hemp-net mantle tied at the shoulder, with a fine turquoise bead threaded on each knot.

The *xiuhtlalpilli* was a similarly made garment tied at the waist, worn by the deities Huitzilopochtli, Yacatecuhtli, and Paynal. The lord's accession attire also included noserods and noseplugs, earplugs, necklaces, pectorals, armbands, wristbands, anklets, and even the ends of loin –cloths enriched with bands of turquoise. All this regalia was of Toltec origin. Other objects made with turquoise were disks, mirrors, shields, sacrificial knives, staffs, *átlatl* (spear-throwers), swords, scepters, and the *tzotzopaztli* (weaving stick) particular to Cihuacóatl, sometimes used as a weapon. Objects bearing turquoise were very expensive and could be worn only by gods, nobles, and priests.

Its blue-to-green color led the Mesoamericans to associate it with Tláloc, god of rain, and his wife. For its brightness, it was related to the god of fire, Xiuhtecuhtli, lord of turquoise, of the year, and of green, tender herbs (because *xihuitl* has those three meanings) and to solar gods like Xochipilli, Huitzilopochtli, and his vicar, Paynal. Turquoise symbolized water and fire, and thus life and also eternity, since it embodied the cyclical concept of time. Xiuhtecuhtli, the "Turquoise Lord" and the annually renewed vegetation, was the god who initiated the year. The glyph for "year" in the Colonial period had turquoise in it. Turquoise then expressed power and lordship —also wisdom, what is right and good—, all the noble qualities associated with the legendary Toltec people.

Los quetzales en Teotihuacan[*]

Teotihuacan se ha llamado la ciudad pintada porque al parecer toda su arquitectura tanto en el exterior como en el interior e incluso algunos de sus pisos estaban cubiertos de vivos colores. La temática de las pinturas es compleja, siempre religiosa, con un simbolismo específico. Predominan las deidades, los animales y los ejemplos de flora y fauna. Los investigadores especialistas en Teotihuacan se han abocado, desde hace tiempo, a estudiar la pintura mural y admiten la excelencia de esta producción artística del periodo Clásico mesoamericano.

En los murales de Teotihuacan aparecen numerosas aves de plumas verdes que representan algo, según las convenciones propias de esa época y de ese lugar. Sin embargo, hasta la fecha, los estudiosos no se han puesto de acuerdo en cuanto a su especie. Los arqueólogos, tradicionalmente, han identificado ciertas aves representadas en Teotihuacan como quetzales, basados en su experiencia visual y documental.

Algunos biólogos, por su parte, impugnan esta identificación al comparar las aves verdes de Teotihuacan con las naturales o con sus representaciones apegados al dato visual y a sus conocimientos científicos. Los rasgos a veces variables de las aves verdes confunden a otros estudiosos, quienes afirman que son aves fantásticas. Recien-

[*] "Los quetzales en Teotihuacan", *Ideología y política a través de materiales, imágenes y símbolos. Memoria de la primera mesa redonda de Teotihuacan*, María Elena Ruiz Gallut (ed.), México, iia/iie/unam/inah, 2002: 399-410.

temente algunos han optado por llamar a las aves verdes "celestes o cósmicas", quizá con el fin de evitar la controversia.

El presente trabajo trata de identificar a cuatro aves verdes de Teotihuacan. Para ello fue dividido en cinco incisos más un párrafo de conclusiones: 1) Quetzales mayas; 2) Un quetzal en el *Códice Nuttall*; 3) Dos quetzales en el *Códice Borgia*; 4) Cuatro aves de plumaje verde en Teotihuacan; 5) Un texto en el *Códice Florentino*, y 6) Conclusiones.

QUETZALES MAYAS

Las representaciones de quetzales en glifos en relieve (figura 1) y en códices (figuras 2, 3, 4) han perdido el color o nunca lo tuvieron. El glifo del quetzal en el estuco del Templo del Sol en Palenque es sólo la cabeza del ave con el copete hacia adelante (figura 5). En los códices, los quetzales están representados de cuerpo completo y vistos por su lado más característico. Las aves se identifican como quetzales por el infalible copete; aunque las plumas largas de la cola frecuentemente se acortan para ajustarlas al pequeño cuadrete o espacio en donde deben estar inscritas.

Figura 1. Glifo cabeza de quetzal. Templo del Sol en Palenque.

Figura 2. Quetzal en la lámina 70 de *Códice Tro-Cortesiano*, 1985.

Figura 3. Quetzal en la lámina
33 del *Códice Nuttall,* 1975.

Figura 4. Quetzal en la lámina
53 del *Códice Borgia,* 1980.

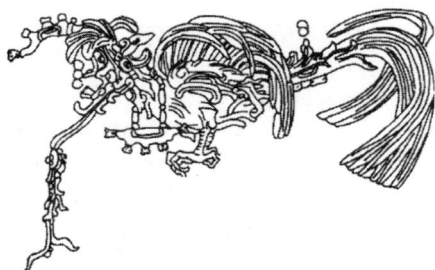

Figura 5. Quetzal en la lápida
del sarcófago de Pacal en
Palenque.

Figura 6. Quetzal en la lámina
61 del *Códice Bórgia,* 1980.

En otro trabajo identifico como quetzales a las aves grandes de cuerpo completo con rostro antropomorfo en Palenque (Aguilera, 1981b) (figura 5) y encima del árbol del maíz en el *Códice Borgia* (1980: 53) (figura 6), como ya lo han hecho otros autores, porque forman parte del complejo quetzal, planta de maíz, agua y tierra (Aguilera, 2001c).

UN QUETZAL EN EL *CÓDICE NUTTALL*

Los quetzales en los códices prehispánicos de Oaxaca ya tienen color. Se identifican por su semejanza con las convenciones de representación y similitud con los del *Códice Borgia* que se estudian adelante. En el *Códice Nuttall* se aprecia el copete del ave y el cuerpo verde, las alas tienen arriba una franja roja y otra azul, su cuerpo está visto de lado y una angosta franja roja indica su pecho. Sólo tienen una pata muy grande y en la cola una de sus plumas se curva (1975: 33)

DOS QUETZALES EN EL *CÓDICE BORGIA*

En el *Códice Borgia* aparece un quetzal sobre un árbol de maíz. Muestra su copete hacia adelante, tiene las alas extendidas vistas por su parte interior, hacia arriba franjas de color rojo, azul y amarillo. Una franja amarilla al frente del cuerpo indica el pecho. La cola tiene dos partes, una corta arriba con franjas roja, azul y amarilla encima y una larga de plumas verdes abajo. La segunda consta de tres plumas largas verdes y una más pequeña curvada. Sus fuertes patas amarillas están vistas de lado (1980: 53).

El ave es un quetzal no sólo por su representación convencional sino porque en el mismo *Códice Borgia* aparece otro quetzal en la serie de trece aves del *tonalpohualli* casi idéntico al anterior, excepto por variaciones en los colores de las tres franjas en las alas y la cola. El vientre es amarillo y rojo y en la cola aparece un disco amarillo (1980: 71). Seler empezó a identificar las trece aves en este códice; pero al darse a conocer el *Códice Tudela* en 1947 y su publicación en 1980, que ilustra la misma secuencia, se pudo identificar todas las aves debido a que cada una tiene su nombre escrito arriba en español (Aguilera, 1981b: 144-145).

La glosa arriba de la onceava ave de color verde dice *quetzaltototl*, el nombre náhuatl del quetzal, que es en realidad la doceava, porque el tlacuilo, ya colonial, dibujó la onceava en lugar de la doceava, y no como aparecen en los *Códices Borgia* (1980: 71) y en el *Tonalámatl de Aubin* (1981: 3-20), donde la onceava es la roja guacamaya y la doceava es el verde quetzal.

CUATRO AVES DE PLUMAJE VERDE EN TEOTIHUACAN

Las figuras anteriores muestran que las representaciones del quetzal pueden ser de muy diverso tamaño, estilo y forma, lo cual no invalida su especie. En vista de que no sobreviven fuentes escritas del periodo teotihuacano, se resolvió identificar las formas e iconos de las aves verdes por medio del análisis de las fuentes de la cultura náhuatl ya escritas en alfabeto latino, bajo la premisa de que en la época prehispánica el cambio era muy lento y el simbolismo de los iconos, excepto en estilo, no varían casi nada o poco.

La primera ave verde, no ilustrada en este trabajo, procedente de Techinatitla (600 d.C.-750 d.C.), mide 79 cm de alto por 102 de largo. Perteneció al fondo J. Wagner y fue devuelta al INAH (Millon *et al.*, 1988: 165, lám. 16). El estilo del pintor es suelto y se podría decir que es impresionista, lo que da a las pinturas una gran frescura y las aves se muestran alertas y dinámicas. Su plumaje es verde con un ojo amarillo e iris negro bordeado de azul y rojo. Sobre su cabeza y cuello levantados se extiende su copete de plumas suaves y encima sobresale un penacho de plumas largas. El pico es amarillo con la parte superior encorvada y asoma la lengua roja.

De ésta salen dos vírgulas grandes con signos de dureza de color verde. Abajo del pico aparece una barba de plumas. Su cuerpo tiene al frente una franja roja que señala el pecho. Las alas extendidas muestran la parte interior; tiene arriba dos franjas, roja y azul, y más abajo una ancha, roja con ganchos negros. La cola consta de dos secciones con plumas, arriba con plumas cortas, entre ambas aparece una forma roja con borde azul, abajo otra de plumas largas que sobresalen del borde del marco verde y amarillo donde se

Figura 7. Mural con quetzal. Procede de Techinantitla en Teotihuacan, MNA.

pintó el ave. Las patas son amarillas con uñas color turquesa. Hay siete huellas de pie alrededor del ave. La segunda ave, como la primera, procede de Techinantitla (600 d.C.-750 d.C.) (figura 7). Mide 110 cm de largo por 52 de alto. Perteneció al fondo J. Wagner y fue devuelta al INAH (Millon *et al.*, 1988: 167, lám. 15). Es muy similar en estilo, colores e iconografía a la anterior, sólo difiere de ella en que las vírgulas son de color verde y amarillo, el marco que la encuadra está más completo y aparecen en él diez huellas. Las alas también tienen la franja con ganchos.

La tercera ave es de procedencia desconocida. Mide 86 cm de largo por 70 de alto (figura 8). Se encuentra en el Museo Amparo (Miller, 1973: 365, figura 361). Fue pintada por una mano diferente a la de las dos aves anteriores. Su dibujo es más detallista y preciosista. El ave es un poco más esbelta, su cuello es grueso por las plumas del copete que continúan en el cuello. Su cabeza no se levanta y de su pico emergen flores. Sus alas, un poco más largas, muestran la franja roja con ganchos. Lleva sobre el pecho un escudo inscrito con una flor de cuatro pétalos. Sus patas amarillas muestran las rodillas.

La cuarta ave no se sabe de dónde procede. Mide 110 cm de largo por 52 de alto (figura 9). Se encuentra en la bodega del Museo

Nacional de Antropología. Es de mano de otro pintor, es más robusta que las anteriores y no lleva el penacho de plumas largas sobre el copete. Únicamente se dibujó el ala derecha que lleva la franja roja con ganchos. El espacio del ala izquierda lo ocupa un estandarte de

Figura 8. Mural de Quetzal. Procedencia desconocida, Museo Amparo, Puebla.

Figura 9. Mural con Quetzal. Procedencia desconocida, MNA.

tres franjas, al parecer de tela, porque terminan en un fleco suave. De su pico emergen flores y en su pecho hay un escudo con una mano dentro que sostiene una lanza apuntada y engalanada al final. La composición es clara, directa y significativa.

UN TEXTO EN EL *CÓDICE FLORENTINO*

Con el fin de recabar información sobre los iconos de las aves verdes, se empezaron a revisar las fuentes. Es obvio que el primer documento fue el *Códice Florentino*. En el capítulo 2 del libro 11 "que trata de las aves de pluma rica" se encontró, como era de esperarse, que el quetzal, por su enorme significado en las culturas mesoamericanas, se describe primero y más extensamente que las otras aves. El texto en español, dirigido a lectores europeos, da idea de cómo veían y apreciaban los indígenas a esta singular ave. El texto en náhuatl es más científico, especifica y nombra las diferentes partes del ave y de las plumas. Ambos textos mencionan los colores, que son iguales a los del ave en la realidad, y muy semejantes también a los que tienen las aves verdes en los murales de Teotihuacan. En su parte esencial, la descripción del quetzal en español dice:

> Hay una ave en esta tierra que se, llama *quetzaltótotl,* tiene plumas muy ricas y de diversos colores; tiene el pico agudo y amarillo; tiene un tocado en la cabeza de pluma, como cresta de gallo. Las plumas que cría en la cola se llaman *quetzalli* y son muy verdes y resplandecientes, son anchas, como unas hojas de espadaña, dobléganse cuando las toca el aire: y resplandecen muy hermosamente. Tiene esta ave unas plumas negras en la cota. con que cubre estas plumas ricas, las cuales están en el medio de estas negras [...] El tocado que tiene en la cabeza esta ave es muy hermoso y resplandeciente, llaman a estas plumas *tznitzcan:* tiene esta ave el cuello, y el pecho colorado, resplandeciente; es preciosa esta pluma y llámanla *tzinitzcan:* el pescuezo por la parte de atrás y todas las espaldas tiene las plumas verdes muy resplandecientes; debajo de la cola y entre las piernas tiene una pluma delicada, verde clara, resplandeciente y blanda; en los codillos de las alas tiene plumas verdes, y debajo negro, y las plumas más de dentro de las alas tiene de color de uña y un poco encorvadas son anchuelas y agudas, y sobre los cañones cíe las plumas del ala que ye llaman *quetzalhiutztli,* son verdes claras, largas, derechas y agudas de las puntas, y resplandece su verdura. Habitan estas aves en la provincia que se llama Tecolotlan, que es hacia Honduras, o

cercas. Viven en las arboledas, y hacen su nido en los árboles para criar sus hijos (*Códice Florentino*, 1979, vol. III, lib. 11. ff. 19v y 20r).

En el texto anterior abundan los términos que exaltan la belleza y calidad de las plumas del ave, aunque al final es oscuro, y el escribir que el quetzal tenía un tocado como una cresta de gallo es un error porque en náhuatl el copete de plumas del quetzal, u otra ave, se llama *cuachichíquil* mientras que las crestas de carne como las del gallo se llaman *cuanacatl* (Molina, 1970: 31v). Esto puede deberse a que el autor o los autores ya no conocían la terminología antigua o no leían el náhuatl que sí especifica el nombre de la cresta.

El texto en español nos proporciona cuatro términos en náhuatl: el nombre del ave, de las plumas del copete, uno de las alas y el de las plumas de la cola, mientras que el texto en náhuatl nombra al ave y proporciona, además, once nombres de sus plumas, lo cual da idea del conocimiento ornitológico que habían alcanzado los antiguos mexicanos. Enseguida se enuncian los términos de las plumas en náhuatl con una breve descripción, en gran parte tomada de la traducción del texto náhuatl hecha por Charles E. Dibble y Arthur J. O. Anderson (*Florentine Codex*, 1963, vol. 11: 19).

Quetzaltótotl
Quetzalli. Las plumas largas de la cola, verdes, verde yerba, muy verdes, verde tierno, color turquesa, son como los tules anchos, los que brillan, que se doblan. Están dentro de otras plumas negras.
Cuitlapill tlilltic. Plumas de la cola, largas, anchas, color humo, negruzcas con tizne.
Cuachichiquil. El copete verde de plumas.
Tzinitzcan. Las plumas verdes finas resplandecientes del copete y cuello, como las espinas o cada uno de los hilos de las plumas *quetzalli.*
Olincayotl. Las plumas suaves, verde yerba, del abdomen.
Tzicoliuhqui. Las plumas que crecen desde el codillo de las alas, en su interior, donde se doblan, negras en la base, color carne [*xoxohuic*] y curvas.
Tecpatic. Plumas de las alas abajo de las anteriores; como navajas de pedernal, son anchas y apuntadas.
Quetzalhuitztli. Quetzalli, plumas como espina o puntiagudas.
Chilchotic. Plumas color pimiento verde.
Piaztontli. Plumillas apuntadas.
Yacahuitztic. Punta aguda. Son los nombres de las plumas que cubren la base de las plumas de vuelo. Son verdes, muy verdes.

CONCLUSIONES

La identificación de las aves verdes con grecas en las alas como quetzales es el primer paso en el estudio iconográfico. Sin embargo la lectura de los demás iconos que exhibe el quetzal proporciona una lectura más precisa. La barba que llevan las cuatro aves atestigua que el quetzal es el dios Quetzalcóatl. Esta lista todavía debe estudiarse para situar las plumas y añadir el término equivalente en español.

Los datos sobre el quetzal en los textos del *Códice Florentino* coinciden con las representaciones de aves de plumaje verde en Teotihuacan. El pico y las patas amarillas, las plumas del copete que, como dice el texto, cubren la parte posterior del cuello; las rojas del cuello y pecho, las verdes del abdomen, del cuerpo y de las alas en el exterior y en el interior las llamadas *tzicoliuhqui,* negras o verde oscuro, y curvas; éstas son especialmente relevantes y deberían ser identificadas porque aparecen en las cuatro aves teotihuacanas. Por otra parte, al estudiar el texto sobre el quetzal en el *Códice Florentino* se encontró que en el texto en español no existe el término; Dibble y Anderson lo transcriben más no lo escriben porque no traducen los términos técnicos (*Florentine Codex,* 1963, vol. 11: 19).

El término *tzicoliuhqui* quiere decir cosas torcidas repetidamente, de *coliuhqui,* que significa cosa torcida (Molina, 1970, f. 24r) o gancho, y *tzi,* partícula enfatizante o reiterativa que se refiere probablemente a la franja roja o greca con los ganchos. El texto náhuatl dice que las *tzicoliuhqui* son de tamaño mediano, negras o verduzcas en la base y encorvadas; el texto describe cabalmente la franja o greca con los ganchos en las alas de las cuatro aves examinadas. Ellas son, por lo tanto, el rasgo diagnóstico o unívoco que con las demás características en el texto, que se ajustan a las de las cuatro aves verdes de Teotihuacan, las identifica como quetzales. Con este principio quizá otras aves verdes en Teotihuacan puedan ser identificadas. El orificio anal indicaría el sufijo reverencial *tzin* para decir Quetzaltzin, "Reverenciado", para referirse a Quetzalcóatl con sumo respeto. Las armas que exhiben dos de las cuatro aves examinadas señalan un aspecto guerrero, poco conocido de Quetzalcóatl (Aguilera, 1983b, 1990a) (figura 2.3). La greca roja con ganchos podría representar nubes y el aspecto de dador de agua o fertilizador de Quetzalcóatl.

El estudio presente ya tuvo una aplicación práctica pues identifica un atavío que la doctora Millon no pudo reconocer. El pie de la lámina 28 de Millon *et al.* (1988) dice: "atavío de plumas no identificado", que en realidad muestra el ala derecha de un quetzal. Por último, los diferentes estilos podrían ayudar a esclarecer fechas o lugares de manufactura.

Topónimos de los doce pueblos de Milpa Alta[*]

INTRODUCCIÓN

Las comunidades, delegaciones políticas y estados de la República Mexicana, sobre todo aquellos de fuerte tradición indígena, se han preocupado por conocer e identificar sus topónimos antiguos. La delegación Milpa Alta (figura 1), conocida antiguamente como Malacachtepec-Momozco, no es la excepción. Desde hace años don Carlos López, nahuatlato originario de la región, hizo un esfuerzo encomiable al respecto; pero un estilo inadecuado y algunos errores me llevaron a proponer una nueva versión más apegada a los glifos prehispánicos conocidos. Al terminar, distribuí una hoja con los jeroglíficos que yo sugería a algunos de los habitantes para que los comentaran. Especialmente valiosas fueron las notas escritas por don Jorge Leyva en relación con el glifo de Xicomulco o Xicomolco. Una aclaración importante fue que en el náhuatl de Milpa Alta se usa la "o" mexicana en los vocablos con "o" y no la "u" tezcocana.

Los pueblos de la delegación son doce (figura 2) y los glifos fueron dibujados, copiados, inspirados o compuestos de acuerdo con la investigación, de la forma más apegada posible a lo que sería el pensamiento indígena. Comento cada uno, menciono la fuente

[*] "Topónimos de los doce pueblos de Milpa Alta, México, D.F.", *Expresión Antropológica,* Nueva Época, núm. 4, Toluca, México, imc, 2002: 58-65. Agradezco al arquitecto Rafael Cid Mora, quien hizo los dibujos finales sobre mis bosquejos, y al maestro Librado Silva, que me proporcionó el mapa de la delegación de Milpa Alta.

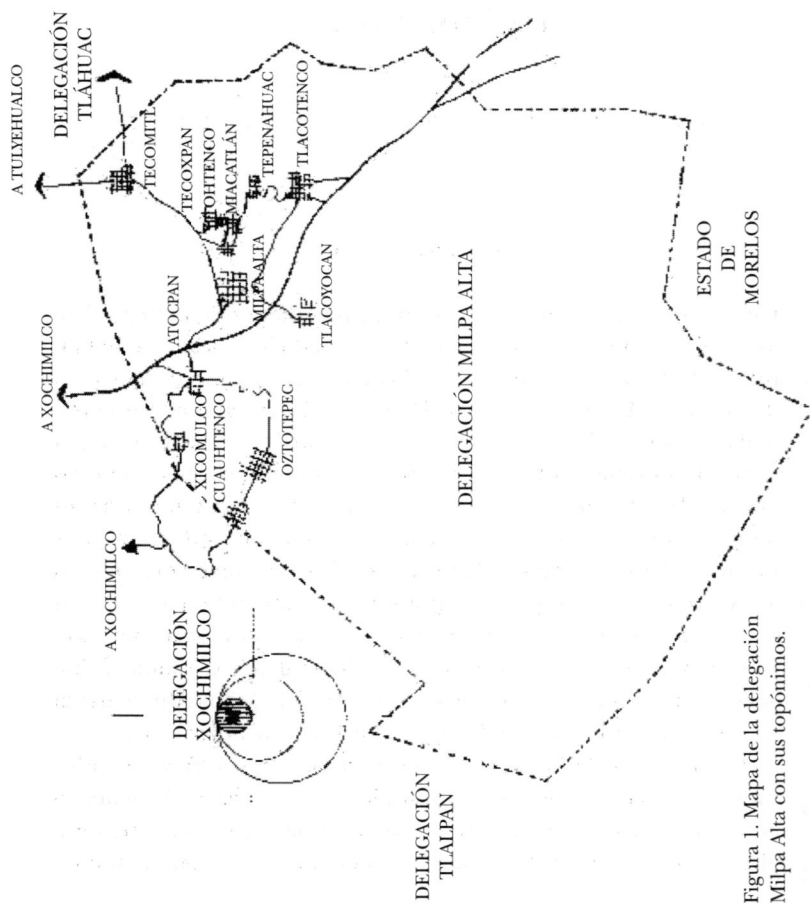

Figura 1. Mapa de la delegación Milpa Alta con sus topónimos.

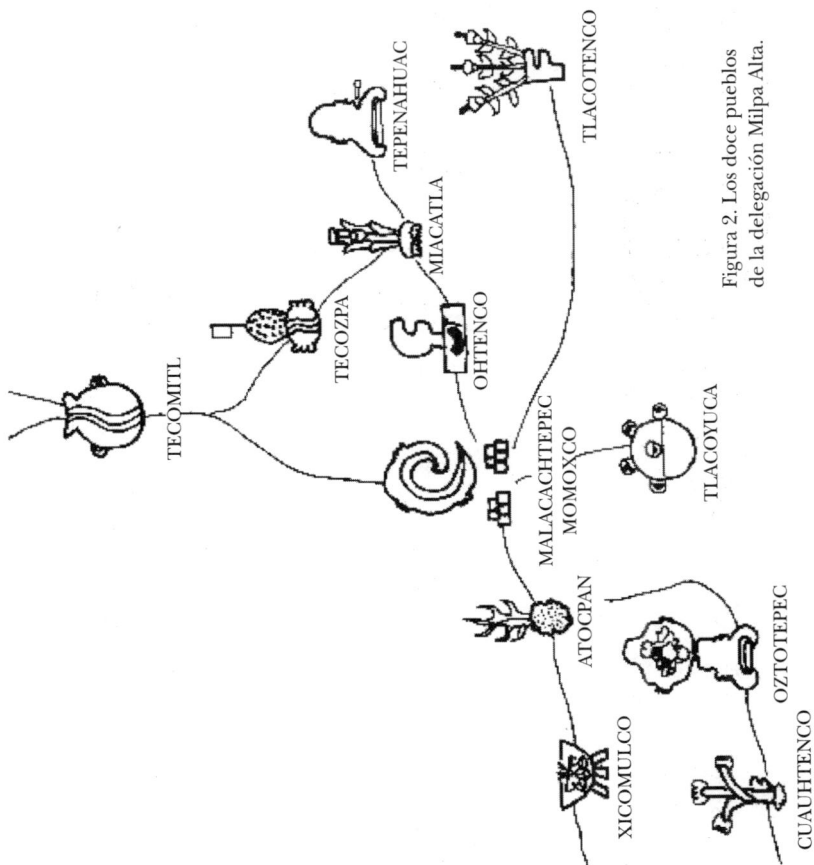

Figura 2. Los doce pueblos de la delegación Milpa Alta.

TECOMITL

TECOZPA

TEPENAHUAC

MIACATLA

OHTENCO

TLACOTENCO

MALACACHTEPEC
MOMOXCO

TLACOYUCA

ATOCPAN

XICOMULCO

OZTOTEPEC

CUAUHTENCO

227

Atocpan
Sobre tierra fértil

Cuauhtenco
En la orilla del bosque

Tepenáhuac
Cerca del cerro

Tecomitl
Olla de piedra

Oztotepec
Cueva en el cerro

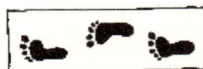

Ohtenco
A la orilla del camino

Tlacoyocan
Lugar de jarrillas

Miacatlán
Donde abundan
las flechas

Xicomulco
En el rincón (del aire)

Tecoxpan
Sobre las piedras
amarillas

Tlacotenco
En la orilla
de las jarrillas

Malacatepec-Momozco
Lugar del huso-Altar

de donde lo obtuve, las alteraciones que hice, y si fue el caso desgloso el término proporcionando la traducción.

ATOCPAN: "Lugar sobre la tierra fértil", de *atoctli*, "tierra oscura, húmeda, fértil", y el sufijo locativo *pan*, "lugar sobre". El glifo fue tomado del *Códice Mendocino* (1979, f. 29r) sin alterar estilo ni colores. Como los demás dibujos en este documento, la aculturación en estilo es poca. Se representa con un círculo de borde un tanto ondulado oscuro, que es la tierra fértil, de la que emerge una plantita de maíz ya con su fruto. Dicen los atocpeños que el lugar se llamó así porque está en el piemonte y allí se deposita un lodo muy fértil.

CUAUHTENCO: "Lugar a la orilla del bosque". Se compone de *cuahuitl* o *cuauhtli*, "árbol o bosque"; *tentli*, "labio u orilla", y el sufijo locativo *co*. El glifo compuesto se toma del *Códice Mendocino* (197, f. 24v). Es uno de los más apegados a la convención indígena. Consiste en un árbol con una boca con labios en el lado izquierdo del tronco. Se omite la vírgula que no tiene lugar aquí.

TEPENÁHUAC: "Lugar cerca del cerro", de *tépetl*, "cerro", *nahua*, "cerca", y *c*, apócope de *co*, sufijo locativo. El dibujo es un cerro con sus signos de dureza a cada lado, es decir tres prominencias curvas juntas, y del lado derecho se abre una boca, con la vírgula del habla, para indicar la partícula *nahua*, "cerca", que funciona como fonética del verbo *nahua*, "hablar claro". Las dos franjas, una roja y otra amarilla en la base del cerro, indican una herida que muestra sangre y grasa como la de un ser vivo, porque los cerros para los indígenas antiguos eran seres vivientes.

TECOMITL: "Cántaro u olla de piedra", de *tetl*, "piedra", y *co*, sufijo locativo, o sea "En la olla o cántaro de piedra". Se toma del *Códice Mendocino* (1979, f. 13v). El glifo es una olla con dos asas en donde se aprecian las vetas, como las que tienen las piedras, que indican el material de que estaba hecha.

OZTOTEPEC: "Lugar de la cueva en el cerro". En el glifo antiguo se tomó por nombre Oztoticpac, pero los lugareños dicen que el nombre del pueblo es Oztotepec. Está compuesto de *oztotl*, "cueva"; *tépetl*, "cerro", y *c*, apócope del sufijo locativo *co*. El glifo consiste en dos elementos, el campaniforme para cerro y encima, y el conocido para cueva, o sea un "monstruo" de la tierra visto de frente (*Códice Mendocino*, 1979, f. 10v). En éste se omitió el ovillo de hilo de algodón, que representa la partícula *icpac*, "encima", presente en el glifo en el códice mencionado y añadí el *tepetl,* "cerro", que sí forma parte de la palabra Oztotepec.

OHTENCO: "Lugar a la orilla del camino". El término describe la posición geográfica de la población; de *ohtli,* "camino"; *tentli,* "labios" y *co,* sufijo locativo. El glifo es una franja con tres huellas de pies oscuras, para indicar que es un camino transitado por humanos. Se omiten los labios porque en ocasiones así sucede en la glífica indígena para obtener mayor claridad *(Códice Mendocino,* 1979, f. 10r).

XIHCOMOLCO: "Lugar en el ombligo (depresión) en el rincón (de un monte)", de *xihtli,* "ombligo"; *xomolli,* "esquina o rincón", y el sufijo locativo *co.* La omisión del saltillo (h) es ahora normal en la escritura y pronunciación moderna, lo mismo que el cambio de la "x" por la "c" de *xomolli.* El señor Jorge Leyva explica que el lugar tiene ese nombre debido a que se encuentra en la depresión entre los montes Teutli o Tecuhtli. El Tecomitl, al chocar con el primero, hace que el aire vuelva bruscamente, formando un ombligo o remolino en Xicomolco que luego continúa hasta Ehecatepec. Formé el glifo tomando un monte tradicional, al que corté una esquina en donde inserté el glifo de *xihtli,* "ombligo" (*Códice Mendocino,* 1979: ff. 17v y 20v).

TLACOYOCAN: "Lugar de jarillas", de *tlacotl,* "jarilla", y *yocan,* sufijo locativo. Librado Silva (comunicación personal) dice que *tlacotl* es genérico de vara, lo cual es cierto, aunque de las jarillas se obtenían varas seguramente muy buenas para fabricar otros objetos, como varas arrojadizas. Además, piensa que la palabra puede tener como componentes a *tlacoyohtli,* "lugar con agujeros", porque el pueblo tiene una depresión en el centro, lo cual es su propia opinión. El glifo tomado del *Códice Mendocino* (1979, f. 10r) consta de tres varas floridas y añado el cerro para diferenciarlo del glifo de Tlacotenco, aunque la palabra *tépetl* no entre en la composición del topónimo. Ésta es también una práctica seguida en el mismo códice, por ejemplo en el caso del glifo de Tolocan, hoy Toluca *(Códice Mendocino,* 1979, f.10r).

MIACATLÁN: "Lugar donde abundan las cañas (para flechas)", de *mitl,* "flecha" (el proyectil solamente); *ácatl,* "caña", es decir, la "vara de la flecha", y el sufijo locativo abundancial *tlan.* El glifo se toma de nuevo del *Códice Mendocino* (1979, f. 23r*),* que designa la localidad del mismo nombre.

TECOZPAN: "Lugar sobre piedras amarillas", de *tetl*, "piedra"; *coztic*, "amarillo", y del sufijo locativo *pan*. El glifo es igual al de Tecozauhtla en el *Códice Mendocino* (1979, f. 16r) y consiste en una piedra a la manera prehispánica, con los signos de dureza en los extremos, las vetas de diferente tono de beige y gris, y arriba un disco con puntitos para indicar la tierra amarilla del lugar, con la cual se elaboraba un pigmento.

TLACOTENCO: "Lugar en la orilla de varas", de la palabra ya conocida *tlacotli*, "vara"; *tentli*, "dientes", fonéticamente "orilla", y el sufijo locativo *co*. Este topónimo no tiene problema en su traducción ni en su representación. Sólo tomé el del *Códice Mendocino* (1979, f. 5v) e hice el rectángulo de base más alto.

MALACACHTEPEC-MOMOZCO: Es el pueblo principal desde antiguo y el que da el nombre a la delegación. Se traduce como "lugar rodeado de cerros", del verbo *malacachoa*, "dar vueltas"; *tépetl*, "cerro o cerros", y *c*, apócope del locativo *co*. Tal vez tomó este nombre del centro ceremonial que posiblemente estuvo allí. El glifo del lugar aparece en el *Mapa de México-Tenochtitlán y sus contornos ca. 1550* (León Portilla y Aguilera,1986: 53), aunque en un estilo aculturado; consta del *momoztle*, o sea el basamento de una pirámide, encima un cerro y arriba de éste un malacate, es decir, el huso para hilar algodón.

CIHUACÓATL: CELESTIAL OR TERRESTRIAL*

INTRODUCTION

When I started to study the goddess Cihuacóatl, "Serpent Woman", I followed the widely accepted idea that this deity was an agricultural earth goddess; but as the work progressed I found many indications that Cihuacóatl was a celestial goddess. The primary purpose of this study is to identify sorne of the celestial characteristics that underline her powers as an agricultural deity and if possible determine her domain. The information is drawn from sixteenth century sources, either in Spanish or Náhuatl, and from the pictorials or *códices* from Central Mexico.

CIHUACÓATL-QUILAZTLI

The name Cihuacóatl is often followed by that of Quilaztli, and sometimes the goddess is referred only as Quilaztli (Torquemada, 1975, vol. 1: 117). Sullivan (1966, vol. VI: 77) gives the etymology of the word as *quilitl*, "edible plant", and *huaztli*, an instrumental suffix that means "to generate". León Portilla (1992: 135) says the world means "provider of vegetables". López Austin (1984: 194)

* "Cihuacóatl: Celestial or Terrestrial", in *Latin American Indian Journal*, vol. 19, num. 1, McKeesport, Pensylvania, Penn State McKeesport, 2003: 92-108. Acknowledgment to Ana Iturbe for her assistance with the illustrations and to Meredith Paxton for the correction of the English of a previous version of this paper.

translates the word as "the obtainment of vegetables" or "the arrival of the vegetables", from the noun *quilitl*, "vegetables", and the verb *aci*, "to reach, to obtain or to get some place". In these translations Quilaztli has *quilitl*, "edible plant", as the main word in its etimology. In his article entitled "Religion of pre-Hispanic Central México", Nicholson (1971, vol. X: 422) writes that Cihuacóatl-Quilaztli was an earth goddess and probably a lunar deity.

This view is evidently inspired by Seler (*Códice Borgia*, 1980, vol. I: 24, 126 y vol. II: 106, 151), who insisted on numerous occasions that Cihuacóatl was an Earth goddess.

The sources contain many allusions to the agricultural role of Cihuacóatl-Quilaztli: she supplied rain but was not directly the clouds or the rain. It was Tláloc, god of rain and water, who sent his helpers, the *tlaloque* to water the earth where it was needed. The clouds, called *ahuaque* in Náhuatl, are never said to be *tzitzimime*, the astral beings studied below. Serna (1953: 306) is the only supporter of the idea that the *cihuateteo*,[1] "women goddesses", are the clouds and, consequently, Cihuacóatl (being a *cihuatéotl*, singular of *cihuateteo*) was a cloud. However, the *cihuateteo* were not clouds but stars, as Seler (*Códice Borgia*, 1980, vol. II: 24) suspected long ago. Fray Diego Durán (1984, vol. I: 255-256) states that in May, during the feast of Tóxcatl, which he says means "Dryness", special prayers were offered to the principal gods Huitzilopochtli, Tezcatlipoca, the sun, and Cihuacóatl but not to the gods of rain. In the climate of Central Mexico the rains that start approximately in April cease for a while. In May it is hot and men prayed so it would rain again.

At the feast of the veintena or "month" of Hueytecuilthuitl (August 1st), "Great feast of the lord", in which Cihuacóatl was one of the patrons, prayers were offered again to ask for good crops. Fray Diego Durán (1984, vol. I: 126-127) specifically says that they dressed a slave as Cihuacóatl but called her Xilonen. This early veneration of Xilonen, the goddess of tender corn, probably meant that they wanted Cihuacóatl to produce a good harvest. Cihuacóatl perpetuated agriculture not only by sending rain but also by giving men

---

[1] The *cihuateteo* were the women who, having died in childbirth, were converted into stars and ascended to the sky. They accompanied the sun during the first half of the day.

Figura 1. Cihuacóatl-Tzitzimicíhuatl.
Codex Magliabecchiano, 1983: 64.

the heavy work of agriculture and the instruments to till the soil, the thumpline and the hoe (*Códice Florentino*, 1979, vol.1, bk. 1, f. 2v).[2] An esoteric hymn in her honor relates her to the corn cob and the rattle board that was a symbol of fertility:

> Fir tree is our sustenance,
> corncob of the godly field
> On rattle board upraised
> thy spines fill up my hand,
> like rattle stick upraised.
> (*Florentine Codex*, 1981, vol. 2: 236)

CIHUACÓATL-TZITZIMICÍHUATL

One of the names of Cihuacóatl is Tzitzimicíhuatl. This name is composed of the word *tzitzímitl* that probably means "arrow thrown repeatedly", and *cíhuatl*, "woman". In turn *tzitzímitl* is composed of the two times particle *tzi*, onomatopoeic for the sound the thrown

---

[2] *Códice Florentino* refers to the facsimile; *Florentine Codex* refers to the Dibble and Anderson edition.

arrow makes, and *mitl*, "arrow", the duplication of the first syllable indicates repeated action. This etymology was suggested by the author of the glosses in *Códice Magliabechiano* (1983: 63v), who says on the page opposite the figure, "*cicimitl* que quiere dezir una saeta" [*"Tzitzímitl* that means an arrow"].

Torquemada narrates a story where Cihuacóatl herself discloses four of her names. During the Mexica pilgrimage a woman named Quilaztli, who was a witch, appeared dressed as an eagle, perched on a century plant. Two captains tried to shoot her with their arrows. In such danger, Quilaztli declared her identity by saying, "Do not shoot me, I am not an ordinary woman. I am Quilaztli, but I have four other names by which you will know me: Cohuacíhuatl [the same as Cihuacóatl], Cuauhcíhuatl, 'Eagle Woman', Yaocíhuatl, 'Warrior woman', and Tzitzimicíhuatl, 'Infernal woman'" (Torquemada, 1975, vol. I: 117).[3]

The acculturated Indians translated *tzitzímitl* in positive terms, as "angel" and "saint", while Spanish translations of the word ("demon", "monster", "terrible being", "witch", and "ghost") convey strongly negative connotations. As Tzitzimicíhuatl, Cihuacóatl-Quilaztli can be considered the regent or patron of the *tzitzimime* (see below), and both had the power to bring rain, as is apparent in the history of the Mexicas.

Motecuhzoma I (1440-1469) was engaged in the building of the Great Temple in his capital city of Tenochtitlan, and the structure still lacked its *tzitzimime*. While the work was in progress, there was a severe drought that lasted for five years (1450-1455). In an effort to relieve the problem, the feast of Hueytecuíhuitl was to be celebrated (Alvarado Tezozómoc 1980: 364). Like the *tzitzímime*, Hueytecuíhuitl (referred to by Alvarado Tezozómoc as a god) supported the sky and brought rain (further discussion follows). The responsibility for the installation of the missing deities fell to one of Motecuhzoma's successors, Tízoc (1491-1486), and it is from the description of his contribution that we learn that the *tzitzimime* were regarded as the gods of the air that "brought rain, water, thunder, and lightning" (Alvarado Tezozómoc, 1980: 451). Cihuacóatl pro-

---

[3] Dennis Tedlock (personal communication, 1986) suggests that *tzitzímitl* could come from the Quechua word *tzímit*, "dwarf".

bably also prevented the damage caused by rains. When dark clouds announced a storm that could ruin the fields, a priest brandished a live serpent coiled around a stick toward the menacing clouds and recited a spell so that the storm would not cause damage (Serna, 1953: 78).

CELESTIAL CIHUACÓATL

The story of the building of the Great Temple gives data not only about the agricultural rain-bringing attributes of Cihuacóatl Tzitzimicíhuatl and the *tzitzimime* but also about their celestial status. The sculptures of the *tzitzimime*, the gods of the signs and planets [meaning they were stellar beings], were placed around the pyramid of the Great Temple, in a sort of a Mexica zodiac. The above-cited gods that became very important stars were thrown out of heaven because they sinned. They were also named *petlacotzitziquique*, "holders of the reed mat", and "holders of the chair and seat of the lord, that is, Tonacatecuhtli who sits on his throne over the mat reed, and dwells in the highest heaven" (Alvarado Tezozómoc, 1980: 486). In these quotations the sky is compared to the *petlati* or rectangular straw mat and bed of the ancient Mexicas. The *tzitzimime*, along with their patron, Cihuacóatl-Tzitzimicíhuatl, had the important function, not only of propitiating rain but of holding up the sky as well. The *tzitzimime* were also called *tetzauhcíhuauh*, "wondrous women". These beings inhabited the second heaven and they had no flesh, only bones *(Historia de los mexicanos por sus pinturas,* 2002: 81).

REPRESENTATIONS OF CIHUACÓATL-TZITZIMICÍHUATL

Two images of Cihuacóatl in the *Códice Magliabecchiano* add information about the appearance of Cihuacóatl-Tzitzimicíhuatl. The first is a terrifying figure identified by the text in the preceeding page as *çicimitl* (for *tzitzímitl*) (*Códice Magliabecchiano*, 1983: 63v) (figure 1); but the study of her head and attire discloses that she is Cihuacóatl-Tzitzimicíhuatl. She has the yellow skin of a woman. Her tongue is a flint knife that means she is hungry for the flesh and blood of men. She has the curly hair of the night gods with the banners that mean death. Her necklace of hands and hearts tells of her need for sacrifices, and the liver on her chest means that she is brave. Her claw-like hands and feet say she is a *tecuani*, "people eater", a wild beast (*Códice Florentino*, 1979, vol. I, bk. I, f. 2v), and the rattle snake that appears between her legs could signify her name "Serpent Woman". A snake also emerges below the throne where Cihuacóatl is seated in the *Tonalámatl* de la colección Aubin (1981: 18).

The only garment the skeletal Cihuacóatl-Tzitzimicíhuatl wears is a red tunic-like item that ends in a simplified version of the *citlalcueitl*, "skirt of stars".[4]

The red star skirt with shells was worn by Ilamatecuhtli, who was, according to Seler (1992, vol. III: 27, 88), an aspect of Cihuacóatl. This association is described in the *Florentine Codex*, 1981, vol. 2: 155):

> She had her white skirt, her white shift, completely white. And over this she was dressed in what was named her star skirt (*citlalcueitl*). This was made with small shells on cured skin, cut into long, thin strips, the shells set in at the end of each (strip). She wore it about her hips over (the other skirt). When she walked, loudly did it jingle; it was heard from afar.

The second image of Cihuacóatl-Tzitzimicíhuatl appears in page 79 of the *Códice Magliabecchiano* (1983: 79r) (figure 2). In this example, she also has the skeletal head but her dress is more elaborate, which provides greater opportunity for iconographic analysis. She wears a gold ear plug with a piece of cloth hanging from it, a blue and white turquoise necklace, and below, the turquoise pectoral of Xiuhtecuhtli, "Turquoise lord", with a gold disk in the center. All of this jewerly pertains to fire and in Cihuacóatl's case, to astral fire. Blue turquoise is the stone of the fire god, and gold is the metal of the sun (*Florentine Codex*, 1963, vol. 11: 233), that also symbolizes wealth. She covers her torso with a white blouse and wears a black skirt with white disks that symbolize the dark sky dotted with stars. The skirt, which is a simplified version of the red skirt with shells known as

---

[4] The skirt of ancient Mexica woman consisted of a long piece of cloth that was pleated around the waist.

Figure 2.
Cihuacóatl-Tzitzimicíhuatl.
Códice Magliabecchiano,
1983: 79.

citlalcueitl, ends in a border or hem of yellow and red bands with
white fringe. In both examples the goddess has a human head and
face and wears the *cuauhpiolli*, the feather headdress of Mixcóatl,
the male aspect of the Milky Way. This headdress suggests she is
Mixcóatl's wife[5] and the female aspect of the same galaxy.

[5] There are no explicit data in the sources that mention that Cihuacóatl was
Mixcóatl's wife, but there is indirect evidence. Citlalinicue and Citlalatona, the
ancient Milky Way deities, have similarities with the Toltec Mixcóatl and Chimalma. Citlalatona had desired a Chimalma who was miraculously impregnated with
a Quetzalcóatl, just as Mixcóatl copulated with the Chimalma of Huitznahuac, and
Quetzalcóatl was born. However, Chimalma was not the wife; Mixcóatl's wife was
Ilancueitl, an aspect of Cihuacóatl (Seler in *Códice Borgia* 1980, vol. 2: 259). They
engendered all the Mexican nations (Motolinía, 1971:12; Torquemada, 1975, vol.
I: 4). It is also meaningful that when Chimalma died in childbirth, Mixcóatl took
the baby Quetzalcóatl to be raised by Cihuacóatl-Quilaztli. Cihuacóatl had as one
of her nahuales the deer that accompanied Mixcóatl and with which he won all his
battles. When he became involved with Chimalma, the deer was taken away from
him. It was probably Cihuacóatl in an understandable jealous rage. When the
deer evaded the hunters, they invoked Mixcoacíhuatl, "Mixcóatl woman" (Ruiz
de Alarcón, 1953, vol. 2: 83), not Chimalma. When Mixcóatl found the remains
of his father, he buried them in the Tlillan, like the later name of Cihuacóatl's
temple. Finally, the names Mixcóatl, "Cloud Serpent", and Cihuacóatl, "Serpent
Woman", are good similes for the couple that dwells in the Milky Way.

CIHUACÓATL-ILAMATECUHTLI

In the *Codex Telleriano-Remensis* (1964: vol. I, pl. XI,1st part and pl. XXVIII, 2nd part), there are two more images of Cihuacóatl. The first shows her as Cihuacóatl-Ilamatecuhtli, regent of Títiti, the seventeenth veintena or "month" of the *xiuhpohualli* (the solar year) (figure 3). The second depicts Cihuacóatl as regent of the eighteenth trecena or "week" of the *tonapohualli* (260- day or calendrical cycle), One Ehécatl, or "One Wind" (figure 4) (See Aguilera, 1997), where the author shows that the goddess is not Chantico but Cihuacóatl. Another indication that Cihuacóatl was astral is that in the same codex the dark skirts of these two goddesses have white eagle-down balls, called *tlachcáyotl* in Náhuatl, that are equivalent to stars. The down balls and the white dots are interchangeable, as may be seen from the skirt of Citlalinicue (*Códice Borbónico,* 1979: 3-20) (figure 5), who wears a blue skirt, symbolizing the day sky, with white dots that are the stars.

The substitution can also be seen in sculptural representations of Coyolxauhqui. The disk bearing the image of the goddess that was discovered in Mexico City on 21-22 February 1978 (Aguilera, 2001b: 1 and frontispiece) and a fragment from another stone carving of her in the Museo del Templo Mayor in Mexico City (Aguilera 2001b: figure 29b) have circles on their hair. The greenstone head in the

Figure 3. Cihuacóatl-Ilamatecuhtli. *Códice Telleriano-Remensis*, 1964, vol. I, pl. XI, 1st part.

National Museum of Anthropology, also in Mexico City, and the alabaster mask in the Peabody Museum at Harvard University in Cambridge, Massachusetts, show eagle-down balls on their hair, as well (Aguilera, 2001b: photos H and G).

CIHUACÓATL AS CIHUAPILLI

Cihuacóatl, is called Cihuapilli and Cuauhcíhuatl in a poem that the midwife recited to the girl that had just died in the ordeal of giving birth:

Figure 4. Cihuacóatl-Citlalinicue.
Códice Telleriano-Remensis, 1964, vol. I, pl. XXVIII, 2nd part.

Figure 5. Citlalinicue.
Códice Borbónico, 1979: 3-20.

241

Chamotzin:[6]
My youngest one
Cuauhcíhuatl, little one,
little dove, my beloved maiden
thou hast performed thy office
thou has done thy work
thy beloved task is done
thou hast behaved,
in conformity with thy mother
Cihuapilli, Quauhcihuatl,
Cihuacóatl, Quilaztli.
Thou hast taken, raised up
used the shield
the little shield, the little shield
Which thy beloved mother
Cihuapilli, Cihuacóatl, Quilaztli
(*Florentine Codex*, 1969, 6: 164).

In this prayer, Cihuacóatl is invoked as Cihuapilli, "Noble Woman", and dweller of the sky. She is the patroness of birth, a creator goddess, and the first woman to give birth (*Códice Florentino*, 1979, vol. II, bk. 6, f. 138r). Cihuacóatl is also called Cuauhcíhuatl, "Eagle Woman" or "Brave Woman", the second name she told the captains during the Mexica pilgrimage. This name means that she is, like the eagle, an astral bird that fights bravely, whether in real battle against men —as when she appeared fully dressed in war attire to the two captains, challenging them to fight— or in the ordeal of giving birth in the struggle to give a new warrior to the nation. In another prayer to the girl who died in childbirth, the midwife tells of all the happiness that awaits her in her new celestial abode:

Now get up, get ready
it is already dawn,
it is already daylight
the morning has reddened
the cuezalpaxiti, the cuezalcuicuitzcatl,[7]

[6] Chamotzin is a term of endearment.
[7] The *cuezalpaxiti* is a "flaming pachita", black chachalaca (*Penelopina nigra*) and the *cuezalcuicitzcatl* is a "flaming swallow" (*Hirundinidae*).

the flame colored spoon bill sing.
Go to know the good place,
the nice place, the home of
your mother, your father, the sun,
where there is joy, contentment, and happiness.
That your elder sisters, the ciuapipiltin,
the heavenly women take you to him,
those always happy, joyful and gay
(*Florentine Codex*, 1969, vol. 6: 164).

In this poem, as in the preceeding, there is information which indicates the *cihuapiiltin* and Cihuacóatl, as Cihuapilli, are stellar beings. In the first, the dead girl is going to heaven, the sun and her sisters, the *cihuapipiltin*; in the second, these goddesses are called *ilhuicacihuapipiltzin*, "celestial women". The *Historia de los mexicanos por sus pinturas* (2002: 81) says that the *cihuapipiltin* lived in the second heaven and accompanied the sun during the day. As mentioned above, the *cihuapipiltin* were stars at night.

They were created by Cihuacóatl-Citlalinicue, their mother; and they appeared during the day when eclipses occurred (Seler in *Códice Borgia*, 1980, vol. II: 24). It is significant that in the feast of Títitl, Cihuacóatl, as Ilamatecuhtli, accompanied by the *cihuateteo*, climbed up the Great Temple to honor Huitzilopochtli.

CIHUACÓATL AS SERPENT WOMAN

Cihuacóatl, "Serpent Woman", and her husband Mixcóatl, "Cloud serpent", have names that allude to the appearance of the Millky Way that for ancient Mexicas looked like a bifurcated cloud serpent during winter. In the *Códice de Huamantla* (1984a: 18-19) (figure 6), Cihuacóatl appears as a rattlesnake with a woman's face, presiding over a sacrifice of victory on the Eastern frontier of Tlaxcala, and Mixcóatl is interwined with a rattlesnake in an atlatl in the British Museum in London (Aguilera, 1987: 80). In the *Códice Florentino* and in the *Códice Aubin*, Cihuacóatl appears as a snake with a woman's head or face (figures 7 and 8). The name Cihuacóatl, "Serpent Woman", is composed of *cíhuatl*, "woman", and *cóatl*, "serpent", or "twin". This last meaning could allude to the

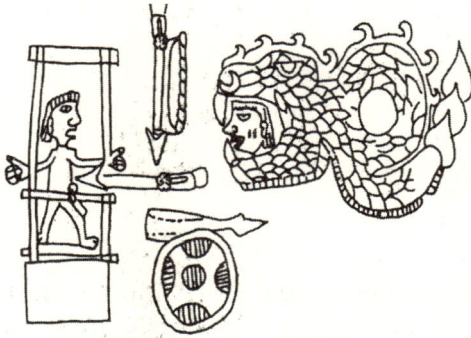

Figure 6. Cihuacóatl
as a snake. *Códice
de Huamantla*,
1984a: 18.

Figure 7. Cihuacóatl as a
snake. *Códice Florentino*,
1979, vol. II, bk. 8, f. 3r.

Figure 8.
Cihuacóatl
as a snake.
Códice Aubin,
1980: 14.

opposing roles of the goddess who always gave birth to twins (Torquemada, 1976, vol. 3: 98). During the day, she was a beautiful *cihuapilli*; companion of the sun; but at night, especially on certain days, she turned into a horrible Tzitzimicíhuatl that harmed children and men, probably because she held them responsible for her own death. Martín Ecatl, the second governor of Tlatelolco, recalled that in Azcapotzalco, Cihuacóatl ate a small boy as he lay in his cradle (*Florentine Codex*, 1954, vol. 8: 8). Sometimes Cihuacóatl appeared as a beautiful woman who seduced men and then killed them. However, even as *tzitzimicíhuatl*, she had a double role. Despite being a hater and killer of children and men, she brought rain and helped the Mexica nation.

A woman serpent that fits the role of Cihuacóatl as Yaocíhuatl, the fourth name she gave to the Mexica captains, is described in the *Anales de Cuauhtitlan* (1992: 25) as a warrior woman in the guise of a great snake that emerged from the waters and her name was Acpaxapo. When there was war she often talked in human speech to the Xaltocamecas because she was their god: "She has the face of a woman; and her hair is entirely the same as that of women, just like, the sweet smell. She announced and said what was to happen to them [the Xaltocamecas]: if they could capture, or if they would die; if they would be made prisoners".

CIHUACÓATL, THE MILKY WAY

The many names of Cihuacóatl, her attributes and functions, her rich and varied attire in the pictorials, and her position as regent, in both the *tonalpohualli* and in the *xiuhpohualli* denote her importance. She sent rain and lived in the sky but was not the clouds. As Cihuapilli or Cihuateótl, she was the patron of women who died in childbirth and ascended to heaven as goddesses. She was the first one to give birth and always had twins.

In the *Códice Magliabecchiano* (figures 1 and 2), Cihuacóatl shares many elements with Citlalinicue: the skeletal head, the dark curly hair of the night, and the banners of death. In the *Códice Telleriano-Remensis* (figures 3 and 4), she wears the *cuauhpilolli* the piece of attire that is diagnostic of Mixcóatl. In all four images, she wears the starry skirt, that along with the preceding accouterments, identifies the images of Cihuacóatl as aspects of Citlalinicue, the feminine aspect of the Milky Way.

Citlalinicue and her husband, Citlalatona, were venerated as the feminine and male aspects of the Milky Way even before Toltec times (Aguilera, 2001b). As mentioned above, this duality probably developed from the observation of the Milky Way in the clear skies of the North during winter, when it appears bifurcated and could have been interpreted by ancient Mexicans as two cloud serpents. Citlalinicue/Cihuacóatl, the Toltec Millky Way, was a powerful goddess. She created the sun, the stars, the moon, and then the gods, who, in turn, created men (*Histoire du Mechique*, 2002: 155). Later, Cihuacóatl-Ilamatecuhtli and Iztac-Mixcóatl created all the nations (see note 5).

The Mexicas probably acquired the cult of Cihuacóatl in Tula or through the Culhuacans, who had been Toltecs before emigrating to Culhuacan. Adding gods to their pantheon was a normal practice of the Mexicas and of Mesoamericans in general. If they had one hundred gods, it was better to have the protection of one hundred and one. That is why Coyolxauhqui, a Mexica goddess modeled after Cihuacóatl, could also be added when the Mexicas in Tenochtitlán wanted a counterpart to Huitzilopochtli.

CONCLUSION

Like Quetzalcóatl, who was the patron saint of agriculture (*Tratado de los dioses y ritos de la gentilidad*, 1979: 126) and the celestial planet Venus, the goddess Cihuacóatl was a celestial deity who was beneficial to agriculture. We recognize her as celestial not only because of her star skirt, which some underworld gods like Tlazolteotl-Ixcuina, Itzpapálotl, and even Tlaltecuhtli and Mictlantecuhtli also wear, but because of the skirt in combination with the *cuauhpilolli* and her other attributes. These include her skeletal head and body, her yellow skin, and her representation as a snake. Further support comes from the colonial written sources where Cihuacóatl is recognized as the wife and companion of Mixcóatl, the Milky Way. These data point to a celestial Cihuacóatl with terrestial duties, while raising another question: What about the other Mesoamerican gods? With the exception of the underworld gods, who share a well-structured world similar to ours, they all seem to dwell in heaven. What is needed is a better knowledge of the criteria for defining the gods as celestial and/or terrestial.

DESCUBRIENDO A UN NIÑO SOL*

Mediante la iconografía se pueden interpretar los objetos prehispánicos y sus posibles usos. Tal es el caso de la bola negra, u ofrenda de plumas encontrada en el cerro Xipes y en el *Códice Nuttall*. Un domingo, varios muchachos de la comunidad de La Cañada, Morelos, hicieron una excursión por los alrededores. En la grieta de un volcán extinto encontraron una bola negra. Jugaron fútbol con ella un rato y al atardecer volvieron a su pueblo. Uno de ellos, Rafael Cid Mora, llevó la bola a su casa porque creyó que era un coco quemado y se preguntó qué habría pasado con el agua y la especie de fruto que suelen tener en su interior. Tomó un serrucho y empezó a cortar, tropezó con algo duro y siguió hasta que separó la bola en dos. Grande fue su sorpresa cuando vio que dentro había una figurilla de piedra verde y que con el serrucho había maltratado uno de sus pies. Rafael se hizo arquitecto y asistió a mi clase de iconografía. Un día, en la fiesta de fin de cursos, me dijo que tenía un objeto muy raro y estaba perplejo porque el museo al que lo quiso donar lo había rechazado, quizá por feo. Poco después examiné el objeto y, al no recordar haber visto nada semejante y dada

* "Descubriendo a un niño sol", *Arqueología Mexicana,* núm. 55, México, INAH/Editorial Raíces, 2002: 58-63. Agradezco a la arqueóloga Noemí Castillo, quien hizo el estudio del sitio en el que se encontró la ofrenda de plumas, levantó los planos correspondientes y descubrió un centro ceremonial desconocido al pie del volcán del cerro Xipes; al arquitecto Rafael Cid Mora, cuya perspicacia salvó para la posteridad este objeto único, y a Samuel Núñez, por su cuidadosa revisión del texto.

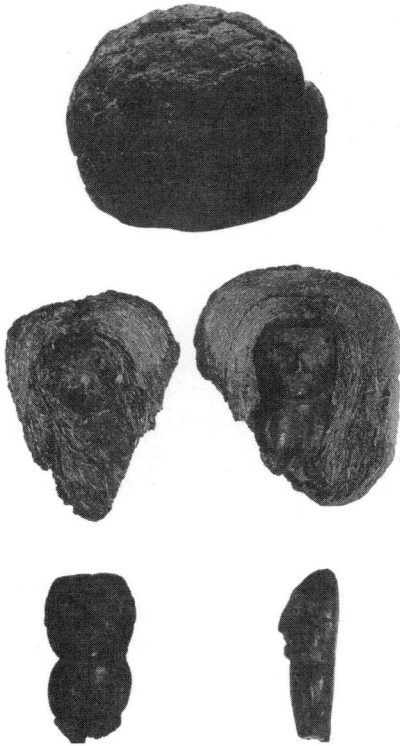

Figura 1. La llamada "bola negra" se hizo recubriendo una figurilla de piedra verde con varias capas de sustancias resinosas mezcladas con finas plumillas verdes y azules, posiblemente de azulejo real y colibrí, así como de un ave más grande; además en uno de sus lados tiene semillas. La figurilla de piedra verde encontrada dentro de la bola de plumas —perteneciente al Epiclásico (ca. 500 a 900 d.C.)— posiblemente representa al Xiuhpitontli, "niñito turquesa", que dentro del ritual propiciatorio a Xipe Tótec se convierte en el sol.

su evidente factura prehispánica, decidí investigarlo. Finalmente, el objeto fue donado al Museo Nacional de Antropología.

LA BOLA NEGRA

La bola, que ahora es sólo un ovoide negro, mide 21 cm de largo por 17.5 de diámetro en su parte más ancha. Originalmente estaba cubierta por plumas finas que posiblemente le dieran una apariencia muy bella y la harían ver más grande. Para fabricarla, una figurilla de piedra verde fue cubierta sucesivamente con varias capas de una sustancia resinosa, a la cual se adhirieron plumillas finas verdes y azules, algunas de las cuales todavía aparecen iridiscentes. Es posible

Entre los objetos representados en el *Códice Nuttall* se encuentran los relacionados con rituales propiciatorios, varios de los cuales son redondos y muestran formas iguales a las usadas para representar plumas. Es muy probable que se refieran a ofrendas similares a la bola negra.

Decapitación de una codorniz sobre un atado de ocotes y media bola de plumas. *Códice Nuttall*, p. 5.
REPROGRAFÍA: MARCO ANTONIO PACHECO / RAÍCES

Sacrificio de una codorniz; su sangre riega una ofrenda donde se incineran dos bolas rituales: una de hule y otra, debajo, cubierta de plumas. *Códice Nuttall*, p. 38.
REPROGRAFÍA: M. A. PACHECO / RAÍCES

Signo del día *malinalli*, cuyas inflorescencias simbolizan caducidad. *Códice Nuttall*, p. 48.
REPROGRAFÍA: MARCO ANTONIO PACHECO / RAÍCES

El Sol nace de una bola de plumas. *Códice Nuttall*, p. 67.
REPROGRAFÍA: MARCO ANTONIO PACHECO / RAÍCES

Objetos redondos con plumas (a, b, c).

251

Fotografía 1. El arquitecto Rafael Cid Mora en el llamado cerro Xipes, cerca de la comunidad de La Cañada, Morelos, donde encontró la bola de plumas.

que las plumas sean de azulejo real y de colibrí y que las largas de la parte externa sean de un ave más grande, pues lo que resta de sus cañones mide hasta 5 cm. Una segunda capa fue hecha con plumas más pequeñas y en uno de los lados aparece un conjunto de semillas no identificadas, que cabe aclarar no son de chía.

La figurilla de piedra verde en el interior de la bola quizá sea de serpentina; mide 12.5 cm de alto por 6 de ancho. Una línea profunda separa la cabeza del cuerpo y ambas partes son de igual altura. En la parte superior una curva separa la línea del pelo, y a los lados se modelaron las orejas. La nariz es corta y afilada; los ojos están hundidos y en la boca apenas se marcaron los labios. Los brazos están unidos al torso y los pies, uno de los cuales está dañado, y son apenas dos formas ovoides pequeñas en la base.

Las arqueólogas Noemí Castillo y Leonor Merino coinciden en que la figurilla pertenece al periodo Epiclásico (*ca.* 500-900 d.C.) y en que los tiestos recogidos en el volcán donde se encontró la bola son muy similares a los de Cantona, Puebla. La fecha coincide con la de la Subdirección de Laboratorio y Apoyo Académico del INAH, cuyo fechamiento por carbono 14 proporcionó el año 700 d.C., o sea en la transición del Clásico al Postclásico.

EL *CÓDICE NUTTALL* Y LA BOLA NEGRA

A fin de conocer el contexto y el significado de la bola, busqué semejanzas en esculturas, en cerámica y menciones en las fuentes, pero no encontré nada referente a un objeto parecido. Revisé entonces los códices de áreas cercanas al hallazgo y la búsqueda me condujo al *Códice Nuttall*. Éste es un manuscrito mixteco del oeste de Oaxaca pintado hacia el siglo XII y por lo tanto cercano en tiempo y en espacio al volcán donde se encontró la bola cubierta de plumas. En este códice están representados varios objetos redondos, originalmente de color verde pero que debido a la oxidación del pigmento ahora se ven ocres.

En algunos de los objetos redondos del códice están representadas formas iguales a las que se utilizaban para las plumas, aunque no tienen marcado el cañón. En el *Códice Nuttall* aparecen esteras de plumas sin cañón, como se ve en las páginas 81 y 82 (1975). Los investigadores Anders, Jansen y Pérez sugieren que esas formas redondas son rosetas (AJP, 1994: 239). A menudo se olvida que la mayoría de los objetos representados en los códices no son planos sino tridimensionales. Por ejemplo, los objetos redondos del códice aparecen bajo otros objetos con volumen, como los huesos y el cráneo. Por lo anterior es muy probable que esos objetos redondos del *Códice Nuttall* hayan sido, más que rosetas, bolas cubiertas de ricas plumas.

HISTORIA EN CUATRO EPISODIOS

En las últimas cuatro páginas del reverso del *Códice Nuttall* (1975: 81-84) se narra un episodio en la vida del famoso señor mixteco 8 Venado Garra de Jaguar; y en las páginas 82 y 84 aparecen las bolas de plumas. Además de los datos históricos, contienen rituales a Xiuhtecuhtli, "señor de la turquesa, la hierba, el año", dios del fuego, y a Xipe-Tótec, "nuestro señor el desollado", dios solar, llamado 7 Lluvia en los códices mixtecos. En este trabajo, además de referirme a la historia, destaco los emblemas relativos a estos dioses, el significado y el papel de la bola de plumas en el ritual.

Lo que no se incluye en el *Códice Nuttall* es lo relativo al simbolismo del ritual en que aparece la bola de plumas. No se sabía nada al respecto hasta que la bola de La Cañada con la figurilla dentro contribuyó a aclararlo. En las escenas del códice se describe un ritual para propiciar al fuego en la tierra y se incinera una bola preciosa, que lleva dentro el Xiuhpiltontli, "niñito turquesa", el niño precioso que se convierte en el fuego celeste, el sol, para que los hombres tengan calor, mantenimientos y bienestar.

INTERPRETACIÓN DE FRAGMENTOS
DEL *CÓDICE NUTTALL*

Es importante señalar que los códices mixtecos como el *Nuttall* se leen de derecha a izquierda, aunque para facilitar su lectura son desglosados de izquierda a derecha como es tradición.

INTERPRETACIÓN DE LA FIGURA 3

A) La historia comienza en un día 11 muerte (1). En el temazcal o baño de vapor (2) es asesinado el señor 12 Movimiento (3), medio hermano mayor de 8 Venado Garra de Jaguar. Según unos, fue asesinado mientras tomaba un baño de vapor; según otros, su muerte ocurrió en un lugar llamado "en el baño de vapor", a manos de un individuo que, ahora se sabe, fue enviado por 8 Venado para arrebatarle sus dominios.

B) En el día 1 agua (4), el cadáver del medio hermano, con yelmo de jaguar (5), es incinerado por dos sacerdotes. Uno ofrece una codorniz (6), a la que rocía con polvos, quizá de *yautli*, como se hacía con los sacrificados al fuego, para que no sintieran el ardor al ser arrojados a la hoguera. El otro sostiene una antorcha encendida (7) y las llamas están representadas por plumas de guacamaya llamadas *cuezalin*, "flama" (8), en náhuatl. Sobre una esfera de plumas (9) están dos haces de leña, seguramente para alimentar al fuego, atados con papel rojo y blanco (10) y el *yopitzontli*, "tocado de yope", o sombrerillo con pico, particular de Xipe (11). De los haces emergen mariposas azul turquesa que indican fuego (12).

C) Llegan cinco personajes más con ofrendas; dos de ellos son sacerdotes, porque están pintados de negro. El primero es muy importante pues lleva una rica bolsa de pata de jaguar y ofrece una

Escenas A, B, C.

codorniz (13). Otros tres señores ofrecen, respectivamente, una vasija con chocolate florido espumoso (14), una rica manta (15) y pulque (16). El quinto con una mariposa azul en su tocado, lleva una guirnalda de flores (17).

D) La escena ocurre en el año 10 casa, correspondiente al año 1101 d.C. (24). El día 2 pedernal (18), en la ciudad de la Serpiente (19), el señor 8 Venado (20), sentado en un banquillo cubierto con piel de jaguar, preside una ceremonia a un bulto vestido como Xiuhtecutli (21), que lleva el yelmo de caimán del dios primordial (21a), mascara de turquesa (21b) y manta roja (21c). Al parecer va a ser incinerado, pues está sobre leña y un atado de ocote, que es la leña menuda con mucha resina para que el fuego se encienda rápidamente. Un sacerdote con manta muy rica (22) le ofrece pulque, chocolate y flores. Otro con manta roja, le trae una gran guirnalda de flores (23). Al parecer los sacerdotes llegan en el mismo año de 10 casa (24), en un día 6 jaguar (25), procedentes de la ciudad del Jaguar, monte del Señor Gordo, llanura de la Flecha (26, 27 y 28).

255

E) Encima del rectángulo con grecas (29), que significa ciudad y del que salen chorros de sangre (30), se efectúa una importante ceremonia. Dos sacerdotes (31 y 32) queman una ofrenda (33), consistente en una bola de plumas (33a), sobre la que descansan dos fémures (33b) y dos ramilletes de *malinalli*, que es una especie de zacatón (33c). Los huesos están envueltos en la pechera de tres elementos de Xipe, dios solar (33d). Sobre los huesos descansa un cráneo (33e), del que emergen cuatro banderas (33f). Todos estos elementos son símbolos de caducidad. Uno de los sacerdotes (31) prende fuego a la bola y las llamas y el humo se elevan (33g), mientras el otro (32) rocía polvos a una codorniz.

INTERPRETACIÓN DE LA FIGURA 4

A) En el año 11 casa, correspondiente a 1101 d.C. (1), el día 12 mono (2), una vez efectuado el ritual a los dioses del fuego y eliminado su medio hermano, 8 Venado se apodera de su señorío y toma su capital, representada por un monte (3), con una flecha clavada que significa conquista (4). El atado con papeles rojo y blanco (5), los rectángulos de tres colores (6) y las flores blancas cuadripétalas —tonallio "emblemas solares" (7)— indican que el monte está dedicado a Xipe-Tótec. Después de la victoria, 8 Venado (8) hace prisionero al joven 4 Viento (9), a quien culpa de asesinar a su medio hermano, según indica la acción de tomarlo por el pelo y lo acongojado que se muestra, aunque finalmente no lo mata.

B) En el año 12 conejo —correspondiente al año 1102 d.C. (10)—, el día 6 serpiente (11), después de la victoria, aparece el monte del águila (12), que es un ave solar, y la ciudad del Juego de Pelota Estelar (13). Se ve un bulto con el aparato para sacar fuego (14) y la faldilla roja y blanca (15), emblemas respectivos de Xiuhtecuhtli y Xipe-Tótec. En ese mismo año se inician las ceremonias de victoria; 8 Venado sacrifica a los hijos de su medio hermano, herederos legítimos de la ciudad.

Con esto, además de apoderarse de su señorío, evita enfrentar problemas futuros de sucesión legítima.

C) 10 Perro (16), ataviado como el dios Xipe, combate sobre la piedra redonda (17), en el ritual llamado del sacrificio gladiatorio que se efectuaba en la fiesta de *tlacaxipehualiztli*, "desollamiento de hombres", dedicada a Xipe. El joven viste el gorro cónico con

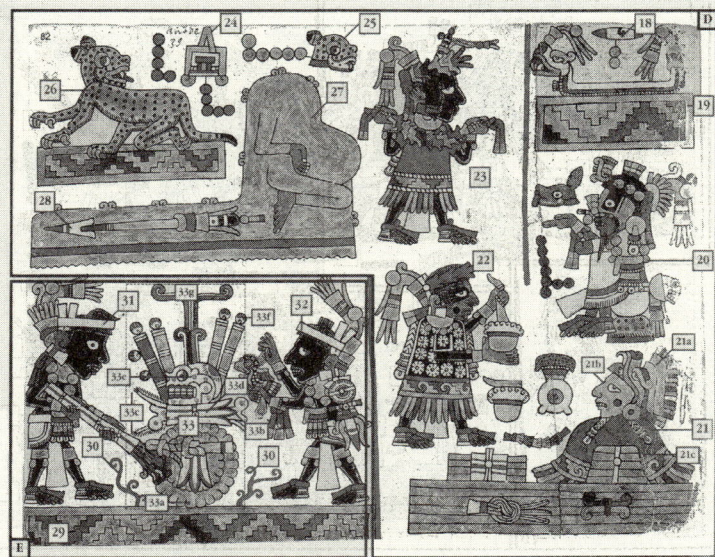

Escenas D, E.

colgantes (16a), la pechera de tres elementos (16b), los brazaletes con tiras —igual que el taparrabo— y las ajorcas, todos blanco y rojo (16c). Además, varios de estos elementos terminan en forma de cola de golondrina (16d), rasgo característico de los atavíos de Xipe-Tótec. 10 Perro combate armado sólo con palitos contra el señor 8 Venado (18) —quien lo raya con su garra, una indicación de que se convertirá en un ser estelar— y contra el señor Águila Flameante (19). Lo vencen, como lo indican las lágrimas en sus ojos, y seguramente luego lo sacrifican.

D) Un guerrero que personifica a la muerte (20) lanza una flecha mortal con su lanzadardos (20a) a otro de los medios sobrinos de 8 Venado, llamado 6 Casa (quien aparece en la p. 84). En el día 1 caña (21), el señor 6 Casa Pedernales Amarrados con Cuerda (22) es sacrificado por un guerrero. Muere atado a un armazón de madera (23) y al igual que el señor 10 Perro está vestido como Xipe-Tótec.

E) Después de los sacrificios, en un día 9 viento (24) se prepara la ofrenda para el ritual simbólico más trascendente —no descu-

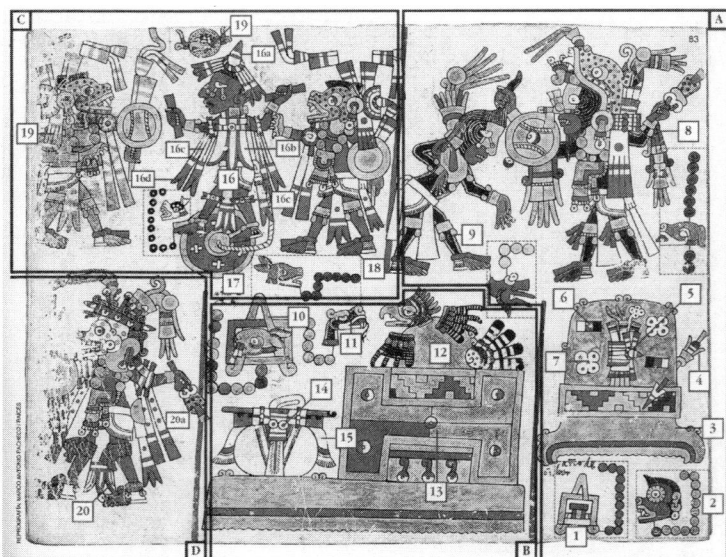

Escenas A, B, C.

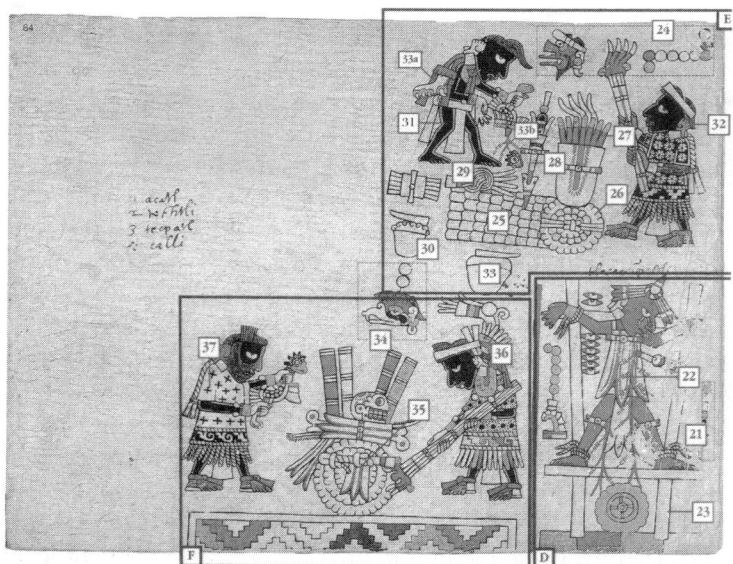

Escenas D, E, F.

bierto hasta ahora—, que se conjuga con el simbolismo de la bola de plumas. Sobre una estera (25) está la bola de plumas (26), un canasto con plumas largas de guacamaya (27) —que indican que la bola se va a quemar—, una flecha ensangrentada clavada en la estera (28), un haz de leña (29), una escudilla con pulque (30) y otra con un líquido no identificado (31), pues en esta página varios de los objetos no se colorearon. Un sacerdote (32) mantiene en alto su antorcha, lo cual indica que está listo para quemar la ofrenda; otro (33), con una bolsa con pata de jaguar (33a), quizá el mismo de la página 81, descabeza una codorniz (33b) sobre el atado de plumas ricas.

F) En un día 2 buitre (34) concluye el ritual con la quema de la ofrenda (35), que es igual a de la página 82, excepto que los sacerdotes, para esta gran ocasión, ya visten túnica, lo que indica la importancia de la ceremonia. Uno de ellos (36) la enciende con su antorcha mientras el otro (37) presenta una codorniz.

CONCLUSIONES

Las cuatro páginas del *Códice Nuttall* revelan una historia de ambición, poder, conquista y asesinatos que culminan en rituales propiciatorios a Xipe-Tótec, deidad solar, generados en el ámbito humano por el fuego. El pretexto para los asesinatos fue, como en la cultura mexica, que los rituales debían efectuarse con sacrificios de personajes importantes, en este caso los medios sobrinos nobles de 8 Venado.

En las culturas mesoamericanas, en las que no hay línea divisoria entre lo humano y lo divino, lo terrestre y lo celeste, los hombres pueden manipular el universo. Los hombres hacen fuego sobre la tierra para hacer surgir al sol en un acto de magia. Igual ocurrió en Teotihuacan, donde Nanahuatzin, "el bubosillo", se arrojó a la hoguera y se elevó convertido en sol. Lo mismo sucedía el día del Fuego Nuevo entre los mexicas; los sacerdotes, en la cima del Huizachtécatl, hacían fuego en el pecho de un cautivo noble, y la bola de fuego que de él se elevaba se convertía en el sol que iluminaría la Tierra por otros 52 años.

Tanto la escena de la quema de la ofrenda en el códice como la hermosa ofrenda de plumas contribuyen a aclarar el simbolismo del ritual a Xipe-Tótec, dios solar del equinoccio principal de primavera. La ofrenda de plumas con su figurilla dentro aclara el significado de los rituales al sol. A su vez, el códice ayuda a encontrar la identidad de la bola de plumas y la de su corazón precioso de piedra verde, así como a descifrar por qué se incineraba. Todavía falta un estudio de los materiales de la ofrenda de plumas en un laboratorio con tecnología moderna, para identificar tanto la materia resinosa como las semillas y las aves cuyas plumas se utilizaron.

Finalmente, resulta por demás interesante señalar que el volcán donde se realizó el hallazgo de la bola, en la zona de malpaís, o sea, el depósito piroplástico del volcán, se llama aún hoy cerro Xipes.

EL PENACHO DE MOTECUHZOMA*

El objetivo del presente trabajo no es alentar el debate de si el penacho de Moctezuma debe ser devuelto a México o no, sino exponer los datos que muestran que era un atavío sólo de los señores mexicas (los gobernantes), y por ello éstos lo portaban en acciones guerreras, y no era (como dice la cédula bajo el penacho en el Museo Etnográfico de Viena) un atavío de sacerdotes.

EL PENACHO DE QUETZALCÓATL

El dios Quetzalcóatl en el *Códice Magliabecchiano* (1983) lleva varios tocados elaborados con materiales preciosos, siendo el más grande y vistoso el penacho que lleva el dios en la página 77 (figura 1). Éste es un resplandor de plumas verdes de quetzal con la parte central más alta. El dios está representado como guerrero con escudo y flechas que ejecuta una danza guerrera. Esta acción la ilustra el círculo de huellas de pie que indica el rodeo preliminar que ejecutan los guerreros antes de asestar el primer golpe.

El penacho de plumas verdes largas de quetzal como el de Quetzalcóatl descrito arriba se llama en náhuatl *quetzalapanecáyotl*, la quetzalidad de los *apanecas*, según lo descubrió Zelia Nuttall (1892). Representa un quetzal completo con sus alas extendidas a

* "El penacho de Motecuhzoma", *Arqueología Mexicana*, vol. XI, núm. 64, México, inah/Editorial Raíces, 2003: 76-79.

Figura 1. Quetzalcóatl con el *quetzalapanecáyotl*.
Códice Magliabecchiano, 1983: 77

los lados, su cuerpo entero es la parte de plumas más alta al centro, con su cola arriba; abajo, la cabeza tenía un pico de oro (figura 2). La idea de que el penacho representa un quetzal entero me lo sugirió, además de la forma, el hecho de que según un antiguo catálogo de piezas enviadas a Europa, el penacho en Viena tenía un pico de oro (Nuttall, 1904: 5-6) que posteriormente desapareció (Aguilera, 1990).

EL *QUETZALAPANECÁYOTL*, SÍMBOLO DE SEÑORÍO Y DE GUERRA

En tiempos toltecas, durante el gobierno de Huémac, el último de sus gobernantes y encarnación de Quetzalcóatl, ocurrieron los engaños de Titlacauan, un aspecto del dios Tezcatlipoca, con los que

Figura 2. El penacho de plumas o *quetzalapanecáyotl* representa un quetzal completo con las alas extendidas; el cuerpo es la parte de plumas más alta, al centro, con la cola hacia arriba y la cabeza —que tenía un pico de oro que desapareció— hacia abajo. Foto: Michel Zabé/Raíces Editores.

asoló a los toltecas a fin de apoderarse de su imperio. Uno de sus últimos engaños fue que este dios se apareció en el mercado de Tula como Toueyo, un extranjero de la Huasteca, un vendedor de chiles que pronto deseó casarse con la hija de Huémac (*Códice Florentino*, 1979, vol. I, lib. 3, f. 14r).

Los súbditos nobles de Huémac no vieron con buenos ojos que la hija de Huémac se casase con un extranjero, pues todos aspiraban a ese honor por los beneficios que tal enlace conllevaba, y conminan a Huémac a que se deshaga del yerno indeseable. En el primer conflicto que se presenta, participa Toueyo, como era costumbre, pero al llegar al lugar de la batalla los guerreros toltecas lo abandonan a su suerte para que muera. Toueyo queda sólo en el campo de batalla, razón por la cual convoca a sus enanos y jorobados y con su ayuda vence a los enemigos. Regresa victorioso a Tula para el asombro de Huémac, que sin embargo lo recibe con danzas y música y le ciñe la cabeza con el *quetzalapanecáyotl* (*Códice Florentino*, 1979, vol. I, lib. 3, f. 15r) Al ceñir Huémac la cabeza de Toueyo con el *quetzalapanecáyotl* simboliza que lo inviste como su sucesor y jefe del imperio tolteca. Poco después, Huémac es obligado a salir de Tula (figura 3).

Huémac se embarca en el oriente en una balsa y desaparece; según otra versión, se incinera y se convierte en el planeta Venus, no sin antes vaticinar que volvería en un año Ce Ácatl o 1 Caña. En la *Historia de las Indias de Nueva españa e islas de Tierra Firme* de Fray Diego Durán (1984, vol. 1, lám. 1, fig. 3) aparece Huémac como personificación de Quetzalcóatl, sentado sobre unas andas o balsa de serpientes, portando el *quetzalapanecáyotl* y cubierto con una manta roja mientras que su máscara particular descansa abajo.

EL *QUETZALAPANECÁYOTL* VIAJA DE TULA A TENOCHTITLAN

Después de la caída de Tula los pueblos que dependían del imperio se dispersan, buscan lugares donde asentarse y los mexicas, uno de estos pueblos, llega al valle de México. Al inicio de la *Tira de la Peregrinación*, el último de los *teomama* o cargadores del dios tiene como glifo onomástico el *quetzalapanecáyotl* y la glosa escrita encima dice Quetzalapanécatl (figura 4), lo que lo señala como el jefe que está

Figura 3. Huémac abandona Tula portando el *quetzalapanecáyotl*. Durán, 1984, Trat. 2, lám. 1a.

Figura 4. Teomama llamado [quetzal] *Apanecatl Teomama mexica. Tira de la peregrinación*, siglo XVI, MNA.

protegido por los otros dos *teomama* varones, que avanzan adelante, mientras que la *teomama* Chimalma, por su calidad de mujer, aparece detrás del jefe que la protege.

También ciñe el penacho de plumas de quetzal, en la *Historia* de Durán (1984, vol. 1, lám. 19) Coyotlinahual, "su disfraz de coyote", no por ser un gobernante de Estado sino por ser el patrón de los *amantecas* o trabajadores de las plumas que son los que elaboraban el penacho.

SIMBOLISMO DEL *QUETZALAPANECÁYOTL* ENTRE LOS MEXICAS

El simbolismo de gobierno y guerra del *quetzalapanecáyotl* ya se vio en la narración sobre Toueyo. En tiempos mexicas el mismo simbolismo se hace presente en la llamada Piedra de Tízoc, donde el señor matlatzinca es sometido por el señor mexica Tízoc (figura 5) y en varias ilustraciones de la *Historia* de Durán donde los señores ciñen el penacho cuando están en batalla, mientras que ciñen la diadema de turquesas o *xiuhuitzolli* cuando ascienden al trono para gobernar e impartir justicia. Las ilustraciones 20 y 21 de esta misma

265

Figura 5. Tízoc, portando el *quetzalapanecáyotl,* somete al señor matlatzinca. Piedra de Tízoc, Sala Mexica, MNA.

Figura 6. Axayácatl como juez porta una diadema de turquesa. Durán, 1984, Trat. 1, cap. 32, lám. 10a.

Figura 7. Axayácatl en la guerra porta el *quetzalapanecáyotl.* Durán, 1984, Trat.1, cap. 33, lám. 10a.

fuente hacen aparente este caso. En la primera se ve a Axayácatl, identificado por su glifo, un rostro con el signo de agua más una glosa en español que dice Axayaca, sentado en su *tepotzoicpalli,* conversando con sus súbditos (figura 6). En la segunda Axayácatl, sólo identificado por su glifo, porta el *quetzalapanecáyotl* que combate y vence a los tlatelolcas (figura 7).

HERNÁN CORTÉS ES INVESTIDO CON EL *QUETZALAPANECÁYOTL*

Tal como lo pronosticó Huémac-Quetzalcóatl, en un año Ce Ácatl, esta vez de 1519, llega Cortés a las costas de Veracruz. Motecuhzoma II sabe por sus vigilantes que gentes extrañas en grandes *acalli,* "casas sobre el agua", llegan a las costas de Veracruz en el oriente. De inmediato envía cuatro emisarios, todos señores nobles, para averiguar quiénes eran los recién llegados y les da mantas ricas de su uso exclusivo, para darles la bienvenida. Los españoles a cambio le dan algunas cuentillas y le mandaron decir que ellos tendrían que regresar a su tierra, pero que volverían (*Códice Florentino,* 1979, vol. III, lib. 12, f. 4v).

Motecuhzoma II desde el principio consideró dioses a los recién llegados y a Cortés el dios Quetzalcóatl, y por esto ordena a

267

sus emisarios que lo invistan como tal. En su primer encuentro, ya cerca de la ciudad de México lo saluda y dice: "Oh señor nuestro séais muy bien venido, habéis llegado a vuestra casa México. Habéis venido a sentaros en vuestro trono y vuestra silla, el cual yo en vuestro nombre he poseído algunos días" (*Códice Florentino*, 1979, vol. III, lib. 12, f. 24v).

Al cabo de un año, final del año Matlactli Tochtli, "Diez Conejo", las embarcaciones de los españoles fueron vistas de nuevo. Motecuhzoma II envió a cinco señores a recibirlo y ofrecerle presentes. Ahora no mantas sino cuatro trajes de dioses: Quetzalcóatl, Tezcatlipoca, Tláloc y un segundo de Quetzalcóatl. Motecuhzoma II pensó que este dios había regresado, por lo que como a él lo ataviaron. Le colocaron sobre el rostro la máscara de serpiente cubierta con mosaico de turquesa con la que iba el *quetzalapanecáyotl*, y de éste colgaron las orejeras de piedra verde en forma de serpiente.

Le vistieron su chaleco particular y un collar de cuentas verdes con un disco de oro en medio. En la parte baja de la espalda le ataron el espejo *tezcacuitlapilli* y sobre sus hombros la manta llamada *tzitzilli*. En las pantorrillas ataron sus bandas de piedras verdes con caracolillos de oro. En su brazo colocaron su escudo cruzado con franjas de oro y cascabelillos, de cuyo borde colgaban plumas de quetzal y una bandera de plumas de lo mismo y colocaron ante él sus sandalias de obsidiana. Los otros tres atavíos de dioses sólo los pusieron en hileras delante del dios (*Códice Florentino*, 1979, vol. III, lib. 12, ff. 6r y ss).

LA CONQUISTA Y EL FINAL DEL *QUETZALAPANECÁYOTL*

Los españoles sitiaron y conquistaron Tenochtitlan, hicieron prisionero a Motecuhzoma II y demandaron que los llevara al Teccalco, la casa del tesoro. Allí de nuevo los indígenas, todavía orgullosos, le ofrecieron en primer lugar el *quetzalapanecáyotl*. Tal era su valor, real y simbólico, que con él quisieron significar que investían como los nuevos propietarios del imperio mexica a los españoles. Éstos, por supuesto, no repararon en el plumaje ni en sus implicaciones. En nada valoraron las hermosas plumas. Tomaron los escudos, los espejos de oro, los collares, las narigueras, las ajorcas, los brazaletes, las frontaleras de oro. Arrancaron las plumas, separaron el oro de los atavíos y luego lo fundieron (*Códice Florentino*, 1979, vol. III, lib. 12, f. 27v).

CONCLUSIÓN

El penacho, llamado en náhuatl *quetzalapanecáyotl*, tiene una historia muy larga entre los pueblos de habla nahua. Pero el hecho de que esté hecho de plumas de quetzal podría indicar que fue inventado en el área maya y quizás desde tiempos olmecas. Representa a un quetzal con sus alas a los lados, con el cuerpo entero al centro con la cola arriba y el pico de oro abajo, sobre la frente del portador. El penacho aparece en el Altiplano en tiempos toltecas y era el atavío de su dios patrono, el dios Quetzalcóatl. Desde esta época, el penacho simbolizaba señorío; era el atavío del gobernante y con él se ataviaba para combatir en la guerra. Los gobernantes mexicas lo adoptaron con el mismo simbolismo y funciones. Como se ve gráficamente en la *Historia* de Durán, el penacho no lo usaban los sacerdotes sino sólo los gobernantes, aunque en ocasiones éstos tenían funciones sacerdotales. Motecuhzoma II, desde el inicio de la llegada de los españoles, los consideró dioses y a Cortés el dios Quetzalcóatl, y por esto le devolvió no sólo el penacho de quetzales, símbolo del señorío mexica, sino otros muchos objetos.

No se sabe con certeza si el penacho en Austria es el que los indígenas llevaron a Cortés en su segundo encuentro con los españoles en Veracruz. Lo cierto es que lo portaba el dios Quetzalcóatl y los gobernantes, y era símbolo de señorío y de guerra.

LA BELLA IMAGEN
DE LA DIOSA DEL TEPEYAC[*]

Es sabido que la diosa Tonantzin, "Nuestra reverenciada madre" o "Nuestra madrecita", era la diosa que se veneraba en el Tepeyac antes de la Conquista.

El doctor Rodrigo Martínez me indicó que don Joaquín García Icazbalceta ya lo mencionaba en 1883, en su "Carta acerca del origen de la imagen de Nuestra Señora de Guadalupe" (1982: 1125), y luego el mismo doctor Martínez elaboró el tema en su trabajo sobre "Las apariciones de Cihuacóatl " (Martínez Baracs, 1990). Siguiendo la misma línea, encontré que en el Tepeyac se veneraba no sólo a Cihuacóatl sino a dos dioses (Aguilera, 2000b); basada en que en el *Códice de Teotenantzin* aparecen dos figuras y porque en el *Mapa de México Tenochtitlan y sus contornos ca.* 1550 (Aguilera y León Portilla, 1986: 53) hay dos estelas sobre el monte del Tepeyac, identificado por posición geográfica y su glosa. Estos dioses son Cihuacóatl y su esposo Mixcóatl (Aguilera, 2000b).

En vista de que una de las imágenes más bellas de la diosa del Tepeyac no se conoce como Cihuacóatl (Aguilera, 1997a), el presente trabajo tiene por objeto presentarla y estudiar sus atavíos (*Códice Telleriano-Remensis*,1964, vol. I, lám. XXVIII, 2ª parte) (figura 1). Aunque pintada después de la Conquista, sus elementos, rasgos y atavíos, en su mayoría, fueron hechos casi todos con apego a la tradición indígena.

[*] "La bella diosa del Tepeyac", *Dimensión Antropológica*, núm. 21-22, Nueva época. Toluca, México, Gobierno del Estado de México, 2004: 46-51.

Figura 1. Cihuacóatl-Citlalinicue. *Códice Telleriano-Remensis,*
1964, vol. I, lám. XXVIII, 2ª parte).

Esta imagen no se había identificado como Cihuacóatl, porque
la glosa escrita arriba de ella en gruesa línea negra dice Chantico.
Para aclarar esta confusión publiqué un artículo (Aguilera, 1997a)
que se ha difundido poco, por lo que de nuevo examino la figura y
describo sus atavíos, ya que éstos confirman su identificación.

Lo primero que me extrañó al estudiar las diosas patronas en las
18 veintenas del *tonalpohualli* o calendario adivinatorio en el *Códice
Telleriano-Remensis* es que Chantico fungía como patrona de la décimo
octava veintena, siendo una diosa menor, mientras que Cihuacóatl,
la diosa más importante del panteón mexica, no aparecía. Chantico,
cuyo nombre significa "en el hogar", era una diosa muy antigua, de
la que dan pocas noticias las fuentes. Era venerada en Xochimilco
y era patrona de los orfebres de ese lugar, que tenían que derretir
el metal con alto fuego para producir sus trabajos. Estaba asociada
al chile rojo, muy picoso, que quema la lengua y es como si estuvie-

ra ardiendo, y con el perro, cuya mordida también es dolorosa y arde. Por esto otros de sus nombres eran Cuaxólotl, "Cabeza de perro", y Chiconahui Itzcuintli, "Nueve perro". Por el contrario, las menciones a Cihuacóatl, "Serpiente mujer"o Mujer doble", no sólo son más abundantes, sino de mayor peso. Era también una diosa muy antigua, madre de los mexicas, y fue ella quien predijo la ruina de Tenochtitlan. Es tanto su amor por sus hijos que todavía vive en la memoria y la vida de los mexicanos: gime y llora en la noche por ellos, por lo que se la conoce como "La Llorona".

Cihuacóatl es el aspecto femenino de la Vía Láctea y su esposo Mixcóatl, "Serpiente de Nube", el aspecto masculino de este cuerpo. Ella fue la madre sustituta de Quetzalcóatl cuando Chimalma, su madre, muere. Ella misma declara su importancia al decir que tenía otros cuatro nombres, igualmente importantes, en un incidente que pasó por Chimalco durante la peregrinación mexica:

Aquí también sucedió que una mujer llamada Quilaztli, que venía con ellos era grande hechicera, la cual por arte del demonio, dicen que se transformaba en la forma que quería, hizo burlar a dos capitanes y caudillos, llamados el Uno Mixcohuatl y el otro Xiuhnel, los cuales andaban por el campo cazando y se les apareció en forma de águila muy hermosa y grande, puesta sobre un hueynochtli, que llamamos nosotros los castellanos, cimborio y como los capitanes la viesen, quisiéronle tirar sus flechas, pensando que en realidad era águila natural y verdadera y al tiempo de desembrazar las flechas y conociendo la hechicera su peligro y riesgo, les habló diciendo: para burlaros basta lo hecho, no me tiréis que yo soy Quilaztli, vuestra hermana y de vuestro pueblo. Enojáronse los capitanes de que les había hecho. Ella les respondió que si querían matarla que hiciesen su poder, mas que algún día se lo pagarían, ellos no la respondieron y fuéronse y ella se quedó en su árbol y cada cual con su desabrimiento (Torquemada, 1975, vol. 1: 117).

Tiempo después, acordándose la hechicera de la pesadumbre que hubo entre ella y los dos capitanes, se vistió a la usanza de guerra y se fue a ellos y pensando amedrentarlos les dijo:

Ya me conocéis, que soy Quilaztli y debéis de pensar que la contienda que conmigo tenéis, es semejante a la que pudierais tener con alguna otra mujercilla vil y de poco ánimo, si así lo pensáis, vivís engañados porque yo soy esforzada y varonil y en mis nombres echaréis de ver quien soy y mi grande esfuerzo, porque si vosotros me conocéis por Quilaztli (que es el nombre común con que me nombráis) yo tengo otros cuatro nombres con que me conozco, el uno de los cuales es Cohuacíhuatl, que quiere decir, mujer culebra, el otro Quauhcíhuatl, mujer águila, el otro Yaocíhuatl, mujer guerrera, el cuarto Tzitzimicíhuatl, que quiere decir mujer infernal, y según las propiedades que se incluyen en estos cuatro nombres veréis quien soy y el poder que tengo y el mal que puedo haceros, y si queréis poner a prueba de las manos esta verdad, aquí salgo al desafío. Los dos esforzados capitanes, no temiendo las arrogantes palabras con que Quilaztli quiso atemorizarlos respondieron: si tú eres tan valerosa como te has pintado nosotros no lo somos menos, pero tu eres mujer y no es razón que se diga de nosotros tomamos armas contra mujeres, y sin hablarla más se apartaron de ella, afrentados de ver que una mujer los desafiaba y callaron el caso, porque no se supiese entre los del pueblo (Torquemada, 1975, vol. 1: 117).

La diosa misma Cihuacóatl dice de su valentía y da sus nombres: Quilaztli, propiciadora de las verduras, Cohuacíhuatl o Cihuacóatl, "Mujer serpiente", Cuauhcíhuatl o "Mujer águila", Yaocíhuatl o "Mujer enemiga o guerrera" y Tzitzimicíhuatl "Mujer infernal" y al decir que es "esforzada y varonil", que es valiente. No es sorprendente que la diosa del Tepeyac "fuera la diosa más importante del panteón mexica (Sahagún, 1979, vol. 1, lib.1, f. 2v).

Además de la diferencia en importancia de las dos diosas, también se constató que el atavío de ambas es diferente, en los *Primeros Memoriales* y en las Piedras de Tízoc y Motecuhzoma 1. En los *Primeros Memoriales* (1993: 266v), Chantico lleva un tocado de flores de rastrojo y a sus espaldas un manojo de luz o resplandor, ambos relacionados con lo seco y el fuego mientras que Cihuacóatl porta el *cuauhtzontli*, "tocado [de plumas] de águila" (*Primeros Memoriales*, 1993, f. 264r). En la Piedra de Tízoc el tocado de Chantico parece ser de metal porque es geométrico, lo que la relaciona con los orfebres, mientras que en Cihuacóatl es el *cuauhpilolli*, "colgajo de [plumas de] águila", que la identifica como la Vía Láctea y es el mismo que lleva su esposo Mixcóatl, el aspecto masculino del mismo cuerpo astral (Aguilera, 1997a). En la figura de la diosa en el *Códice Telleriano-Remensis* cada uno de sus atavíos y color declaran sus nombres y sus atributos.

La diosa está sentada sobre un gran cojín ocre que termina en un fleco blanco, para denotar que es una mujer noble y palaciega. Cubre su cabeza con un tapalito rojo con borde blanco y encima aparecen dos atavíos muy importantes. El de arriba es el *cuauhpilolli* que indica su nombre de Cuauhcíhuatl, "Mujer águila", como el ave que se remonta al cielo. Éste consta de un plumón grande y dos plumas oscuras también son de águila, enriquecido con plumas largas verdes de quetzal y rodeado de plumones más pequeños, que son estrellas. Abajo está el *atl-tlachinolli*, "agua-quemado", símbolo de guerra y el nombre de Cihuacóatl como Yaocíhuatl. Consiste en una corriente de agua azul con las cuentas de concha y los caracolillos, ambos blancos, que la bordean. El rostro de la diosa, lo mismo que todo su cuerpo, es amarillo, como corresponde a las mujeres y muestra la pintura facial a cuadros rojos con punto al centro, característica de Otontecuhtli, dios de los otomíes, para indicar que ella es otomí. Tiene nariguera y orejera de oro, como mencionan los *Primeros Memoriales*, para indicar que es fuego astral y su boca rodeada de rojo y con colmillos indica que ella es una *tecuani*, bestia fiera hambrienta de sangre y corazones humanos. Ella es una *tzitzimicíhuatl*, un portento o, como decían los españoles, una "mujer infernal". Tiene un collar azul quizá, de mosaico de turquesa con borde rojo de cuero del que cuelgan cuatro pinjantes de oro. Cubre su rostro con una prenda roja sin mangas, como usaban las otomíes y su enredo o falda es oscura con cinco plumones, llamada Citlalinicue, "falda de estrellas", que indica cielo nocturno tachonado de estrellas, ya que ella es la diosa de la Vía Láctea. Entre sus piernas emerge un taparrabos rojo con borde blanco que, como dice la narración de Torquemada, la revelan como una mujer "esforzada y varonil", es decir, valiente, como guerrera que es. Lleva pulseras de piel con cascabelillos de oro en el borde. La de la mano izquierda tiene dos bandas blancas con discos rojos, mientras que la de la mano derecha tiene una sola banda roja y amarilla. Sus piernas llevan ajorcas dobles de piel con un colgante del mismo material bordeadas por cascabelillos de oro. Estas prendas la relacionan con el venado que era su animal mágico, el cual prestó a su esposo Mixcóatl, y calza sandalias blancas anudadas con cintas rojas. Atrás y abajo del tapalito emerge un colgajo compuesto de un cráneo apenas visible, que podría indicar que ella es la *cihuateotl* llamada Ce Ozomatli, Uno mono y abajo cuelga otra *citlalcueitl* o "falda de estrellas", que la identifica como la madre de las estrellas, es decir la Vía Láctea. La actitud de la diosa sentada en un cojín es de majestad y sus brazos extendidos indican que recibe y otorga dones ya que es poderosa.

En conclusión, la diosa venerada en el Tepeyac era la más importante del panteón mexica y fue una diosa otomí. Su reconocimiento como Cihuacóatl en el *Códice Telleriano-Remensis* implica cambios radicales en la religión mexica que, hasta ahora, habían sido oscurecidos al pensarse que era Chantico, la diosa patrona de la décimo octava trecena del *tonalpohualli*, y no la diosa mayor del panteón mexica.

TEOCIPACTLI, UN DIOS
TLAXCALTECA DESCONOCIDO[*]

Hace tiempo, a propósito de un trabajo que realizaba sobre los atavíos de Mixcóatl, varias personas me comentaron que en el Museo
Regional de Antropología, en Tlaxcala, existía una escultura de
este dios. Visité el museo varias veces pero no lograba encontrarla.
Un día pregunté al guardia de la entrada si conocía la escultura
de Mixcóatl; inmediatamente me informó, al tiempo que señalaba
con su dedo, que era la piedra al lado derecho, bajo las arcadas del
que fue el claustro del convento franciscano en el siglo XVI y que
ahora es el museo. Era la escultura que había visto muchas veces,
pero no era Mixcóatl, también llamado Camaxtle, el dios de los
chichimecas tlaxcaltecas. El error posiblemente se originó hacia
1902, cuando Antonio Peñafiel publicó su obra *La ciudad virreinal
de Tlaxcala*, reeditada en 1978, donde identifica la escultura como
Camaxtle (Peñafiel, 1978: 48). En vista de lo anterior, decidí averiguar quién era el personaje representado y que de momento no
podía identificar.

LA ESCULTURA

Aunque la procedencia del personaje en la escultura se desconoce,
seguramente proviene de algún lugar cercano, en la antigua región
tlaxcalteca o poblano-tlaxcalteca puesto que, cuando se encontró,

[*] "Teocipactli, un dios tlaxcalteca desconocido", *Ciencia y Desarrollo*, vol. XXIX,
núm. 172, México, Conacyt, sep.-oct. 2003: 4-11.

Figuras 1 y 2. Teocipactli, vista lateral y frontal,
respectivamente. Museo Regional de Tlaxcala, INAH.

probablemente a fines del siglo XIX, no pudo haber viajado muy
lejos. Un personaje así representado, en una escultura tan grande
y bien labrada, era seguramente una deidad importante.

La escultura representa una figura masculina de cuerpo completo
que mide 1.50 metros de altura, por lo cual sería casi de tamaño
natural, aunque en realidad la figura mide aproximadamente 1.20
metros y el tocado, que es una cabeza de saurio, se alza 30 centímetros sobre su cabeza. Su rostro tiene los ojos abiertos la mirada fija y
la boca cerrada con labios delgados. Su peinado está compuesto por
un tupé y melena corta. El orificio en la oreja aloja grandes orejeras
de barra con disco, de las que emergen dos flores de tres pétalos. Los
hombros del personaje se alzan de la posición natural para que sus
manos sostengan, a la altura del vientre, un disco grande orlado de

veinte formas que tal vez son pétalos o plumas. Los brazos son de otro material, lo cual sugiere que le fue practicada una restauración y las manos vuelven a ser de piedra. Cubre los hombros una capita y abajo se muestra el torso desnudo. La cintura ciñe el *máxtlatl* o taparrabo al frente, con sus dos puntas sobre los genitales y encima está el cinturón del que penden diez glóbulos alargados. Las piernas están un poco separadas y, posiblemente a causa de un golpe, en alguna ocasión los pies se desprendieron, aunque luego se volvieron a unir. Calza sandalias anudadas al frente y se aprecia que los dedos de los pies fueron labrados cuidadosamente. La escultura descansa sobre un bloque de base cuadrada.

EL TOCADO

El tocado o yelmo que ciñe la escultura es una cabeza de saurio sin la mandíbula inferior. Sus ojos son prominentes y están medio cerrados, una actitud habitual del saurio cuando está al acecho o dormita casi sumergido en el agua. Al frente, en el yelmo, el animal levanta su hocico y se aprecia su nariz, sus belfos, cuatro dientes y deja ver un paladar estriado.

La descripción anterior se apega a las características del saurio conocido como caimán (*Crocodylos moreleti* sp.), porque su hocico es redondeado y en la punta tiene una capa gruesa dura. Es el mismo animal que aparece como tocado de algunas otras deidades y como signo del día Cipactli o caimán en los códices del grupo Borgia y de los de Oaxaca. Esto sugiere que el calendario donde aparece este saurio como primer signo de los días se originó en territorios de Veracruz y Tabasco, que son las regiones donde habita.

EL CINTURÓN DE GUAJES

La deidad en la escultura de Tlaxcala lleva un cinturón con diez formas globulares un tanto alargadas. Podría tratarse de los guajes o bules que se colocaban a la cintura los individuos para nadar sin hundirse. Los indígenas de Cuetlaxochitla, en el estado de Guerrero, efectuaban un ritual peligroso para probar su valentía y merecer favores del dios caimán: eran los llamados Ayauhcalco *tlamaceuhque*, "penitentes de la casa de la niebla" o como dice el cronista, "penitentes del agua" (Ruiz de Alarcón, 1953: 41). Estos hombres iban río arriba por la orilla, con sus calabazos, hasta el remanso o remolino que se les señalaba. Lo mejor que podía ocurrirles era que se les apareciera el caimán llamado *acuetzpalchimalli nauhcampa tzontecome* o "lagarto rodela de cuatro cabezas". Al verlo, el penitente saltaba sobre su cuello y se asía firmemente al caimán que, después de dar algunas vueltas alrededor del remolino o remanso, se zambullía quedando sobre las aguas el penitente porque traía atados sus calabazos. Enseguida el penitente flotaba río abajo nadando lo más rápidamente posible hasta su pueblo o choza. "Nada se oponía al propósito de los penitentes, ni el peligro, la oscuridad de la noche, el frío del agua, aunque fuese muy larga según la estación que se le señalaba (para ir a buscar al caimán). Todo le parecía digno de sufrir por ser, a su entender, en penitencia y por alcanzar mercedes" (Ruiz de Alarcón, 1953: 41). El cinturón de guajes en la escultura significa, por lo tanto, la valentía, el perdón y la gratitud por los dones que el dios caimán otorgaba, o bien la solicitud de sus favores.

EL CAIMÁN EN MESOAMÉRICA

Tanto el tocado como los guajes identifican al personaje en la escultura de Tlaxcala como un dios caimán, animal muy importante en

Figura 3. Caimán en el agua. *Códice Laud*, 1964, vol. III: lám. II.

la religión mesoamericana y por lo tanto también en Tlaxcala. El caimán y sus relaciones amerita un estudio detallado; sin embargo, en el presente trabajo se estudian mayoritariamente las representaciones y datos sobre el caimán en el Altiplano y en los códices mixtecos, por tratarse de una escultura tlaxcalteca y por los datos visuales más frecuentes que en los códices se encuentran.

El caimán se llama *ain* en maya y *cipactli* en náhuatl; su simbolismo deriva de su especie, su hábitat y sus características. En los códices aparece representado de manera naturalista, por lo que es fácilmente reconocible con su hocico erizado de colmillos, las escamas de su dorso en pico y sus patas con garras. Como signo de los días o como glifo onomástico se dibuja generalmente sólo la cabeza, y menos frecuentemente por el cuerpo entero. Casi siempre aparece en su ambiente acuático (figura 1). En ocasiones se le representa en su instinto devorador, atacando a un hombre, lo que muestra el gran temor que el saurio infundía a los humanos (figura 4).

En el Altiplano se pensaba que la Tierra había tenido su origen en un caimán, o bien era él mismo, por ser éste un animal acuático que habita en esteros y ríos y cuyo lomo en ocasiones se cubre con

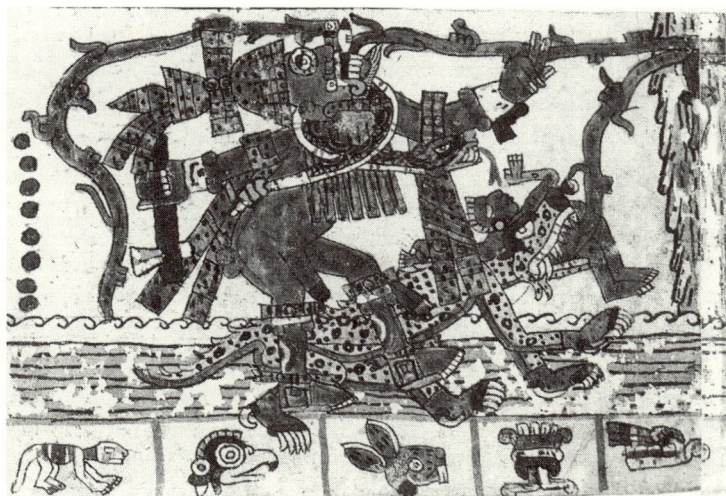

Figura 4. Caimán devorando a un hombre. *Códice Vaticano B*, 1902-3: 26.

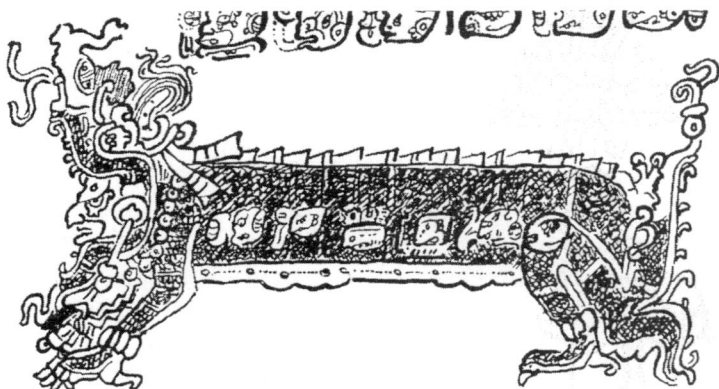

Figura 5. Itzamná como caimán. Seler, 1996, vol. V: 276 (677).

nenúfares u otro tipo de vegetación, por lo que en ocasiones las aves se posan allí porque encuentran alimento. En el área maya el caimán era una deidad celeste. En el *Códice Dresde* (1988: 4 [4] y 5 [5]) (figura 5) aparece Itzamná, el dios supremo del cielo, como un lagarto de cuerpo completo, pintado de azul, como si sus escamas fueran laminillas de turquesa. En sus fauces abiertas se ve el rostro de un anciano desdentado. Durante el mes de Mac, dedicado a Itzamná y a Chaak, dios del agua, se ofrecían corazones de este animal (Landa, 1982: 78), quizá para que las lluvias fueran constantes durante la estación y las cosechas abundantes y oportunas. Ya aquí se destaca que el caimán está asociado a tiempos muy antiguos.

En el Altiplano se sabía que los dioses Quetzalcóatl y Huitzilopochtli (cuyo antecesor fue Tezcatlipoca) fueron comisionados para poblar la tierra y así "criaron a un peje grande que se dice Cipactli, que es como caimán y de este peje hicieron la tierra" (*Historia de los mexicanos por sus pinturas*, 2002: 29). En el *Códice Borgia* (1980: 27) (figura 6), Tláloc, el dios del agua y la lluvia, aparece regando la Tierra, que es un caimán, en cuyo dorso crecen plantas de maíz granado. Por el contrario, en el *Códice Vaticano B* (1902: 26) (figura 8) el animal es un peje lagarto con escamas en su dorso y vientre, no tiene patas y su cola está bifurcada. El cronista de la *Historia de los mexicanos por sus pinturas*, citada arriba, usa tanto la palabra peje como caimán, lo

Figura 6. Caimán como tierra fértil. Seler, 1996, vol. V: 275 (673).

Figura 7. Caimán como peje lagarto. Seler, 1996, vol. V: 275 (674).

que denota el carácter mítico del animal en la mente popular, pero quizá aún más en la de los sacerdotes de la antigua religión.

EL YELMO DE CAIMÁN

En los códices del Grupo Borgia el caimán ya no aparece de cuerpo completo, sino que es el tocado o yelmo de varias deidades antiguas o primordiales relacionadas con el agua, la tierra, la fertilidad y la agricultura. Varias veces aparece Tláloc con el caimán, como ya se vio en la figura 4. En el *Tonalámatl de los pochtecas* o *Códice Fejérváry-Mayer*, Chalchiuhtlicue, la esposa de Tláloc, está criando una planta antropomorfa de maíz y el caimán es su yelmo (1985: 95). En el *Códice Vaticano B*, además de estos dioses aparece Xochiquetzal como gran señora sentada en un trono así como Macuilxóchitl, ambos con yelmo de caimán (1902: 33 y 67); todos son dioses muy antiguos, por lo que el yelmo del caimán indica que fue un animal representado y venerado desde tiempos muy antiguos, pues simboliza la tierra y el ser primordial y sagrado.

TEOCIPACTLI

El yelmo de cabeza de caimán no sólo es el glifo que indica que los portadores son dioses antiguos, sino también la existencia de dioses que actúan como hombres míticos primordiales, según la *Historia de los mexicanos por sus pinturas*. En los inicios de los tiempos, después de la creación del mundo, los dioses del cielo comisionaron a Quetzalcóatl y a Huitzilopochtli para crear a los hombres que deberían servirlos, y para esto dieron vida a una pareja. El hombre se llamó Cipactonal, y su mujer Oxomoco, quienes a su vez debían iniciar la generación humana. A él ordenaron que labrase la tierra y a ella que hilase y tejiese (2002: 27-28). La representación de este relato está plasmada en el *Códice Borbónico*, en donde ambos están representados como dos ancianos. Esta característica es otro signo, pues el yelmo de caimán indica no sólo la vejez, sino el ser primordial. Ella arroja granos de maíz al aire para que al caer pueda adivinar la fortuna y él tiene como glifo onomástico la cabeza de un caimán. Él y su esposa fueron los inventores del *tonalpohualli*, cuenta de los días o del destino En el *Códice Vaticano B* también se representa a la pareja primordial, sólo que ahora un caimán de cuerpo completo está bajo la pareja para enfatizar su relación con el origen (*Códice Florentino*, 1979, vol. I, lib. 4, f. 3v) (figura 7).

El jesuita Francisco Xavier Clavijero narra la historia del diluvio donde aparece otra pareja primordial: "En el principio de los tiempos todos los hombres perecieron por causa de un diluvio y sólo se salvó una pareja en una canoa. El hombre se llamaba Coxcox (a quien otros dan el nombre de Teocipactli) y la mujer se llamaba Xochiquetzal y habiendo tocado tierra al pie de una montaña llamada Culhuacan tuvieron muchos hijos" (1964: 428).

La pareja de Cipactonal y Oxomoco y la de Coxcox, "pava de monte", o Teocipactli, "caimán divino y antiguo", y Xochiquétzal,

Figura 8. Oxomoco y Cipactonal, la pareja primordial.
Códice Borbónico, 1980: 21.

Figura 9.
Pareja primordial.
Seler, 1996, vol.
V: 275 (674).

"Ramillete precioso", son la misma pareja primordial de dioses, ya que la parte masculina en ambas es el caimán, sea como Cipactonal, "Lagarto del destino", o como Teocipactli, y la femenina es Oxomoco o Xochiquétzal. Ambas parejas, en realidad una divina y otra llamada humana, son creadoras de la humanidad. Cipactli-Cipactonal, "el caimán de los días", y Teocipactli, "antiguo caimán", son el mismo como hombre y como dios. Clavijero, al hacer a Teocipactli y a Coxcox la misma deidad, sugiere que el primero es Quetzalcóatl ya que el segundo tiene como segundo nombre o como su nahual al *coxcox*, cojolite o pava de monte.

TEOCIPACTLI Y LOS HOMBRES PRIMORDIALES

También los hombres que originan dinastías y linajes nobles portan yelmo de caimán. En la Lámina 2 del *Códice Selden* (1964) aparece un árbol con dos ramas y un ojo en el tronco. En él se enredan dos serpientes, una de nubes (lluvia y día) y otra de estrellas (la noche); Alfonso Caso dice que son, respectivamente, las serpientes del norte y del sur (*Códice Selden*, 1964: 27). Del horcón del árbol nace el señor Dos Hierba con tocado, no del caimán completo sino que éste es ya sólo un cráneo de caimán. Al respecto Caso cita a fray Antonio de los Reyes: "Vulgar opinión fue entre los naturales mixtecas, que el origen y principios de sus falsos dioses y señores había sido en Apuala, pueblo desta Mixteca, que en su lengua llaman Yuta toho, que es Río, donde salieron los señores porque decían haber sido desgajados de unos árboles que salían de aquel río" (*Códice Selden*, 1964: 28).

El caimán, además de ser un dios, era también uno de los animales anuales (advocaciones o disfraces) en que se convertían los hombres brujos. Ruiz de Alarcón cuenta que una vez un hombre se quejaba de que le mataban en el río y yendo allá otros, hallaron en él a un caimán muerto y luego al indio muerto de la misma manera (Ruiz de Alarcón, 1953: 25).

El personaje en la escultura tlaxcalteca, al llevar el yelmo de caimán, es no sólo el dios llamado Cipactli, sino Teocipactli, "Divino caimán", dios primordial y advocación de Quetzalcóatl. Las flores de tres pétalos, como orejeras se podrían referir a las flores asociadas a la deidad Xochipilli, "Noble de las flores", o a que, como dios, es un personaje noble. El disco que sostiene sobre su torso, circundado por veinte ondas, podría significar las veinte trecenas del *tonalpohualli*. Por el contrario, el cinturón de guajes tiene el significado detallado anteriormente; sin embargo, todavía es necesario estudiar más este saurio tan importante para los antiguos mexicanos, en todas sus representaciones escultóricas, pictográficas y, de manera exhaustiva, en las fuentes escritas para interpretar más cabalmente la hermosa escultura en el Museo de Antropología de Tlaxcala.

EL *TONALÁMATL DE AUBIN**

Los antiguos tlaxcaltecas, como otros hombres mesoamericanos, desde hace milenios plasmaron sus ideas del universo, de su entorno y de ellos mismos en gran cantidad de documentos, pinturas rupestres, murales, escultura, cerámica y hasta en los libros pintados o códices, tanto prehispánicos como coloniales. Éstos, por su frágil soporte, la exposición a los elementos, la incuria y la Conquista que trataba de implantar el cristianismo y desterrar la religión antigua, fueron destruidos poco a poco. Sólo se conservan unos cuantos códices de la época prehispánica y un número mayor de la época colonial. Los de contenido religioso calendárico, por su temática, fueron los más destruidos por los españoles. Sin embargo, aunque muchos indígenas aparentemente se convirtieron a la nueva religión, algunos sacerdotes continuaron leyendo sus libros y practicando su religión en la clandestinidad.

Éste parece ser el caso del *Tonalámatl de Aubin,* un códice pintado en la primera mitad del siglo XVI, poco después de la Conquista. Es una tira de papel indígena doblada en forma de biombo en dieciocho hojas de 24 por 27 centímetros pintadas por un solo lado más una hoja adicional con el título de *Calendario Ydolatrico en 16 f. No. 23-Inv. 6,* en el cual hay obviamente un error pues el número de hojas de un *tonalámatl* es de veinte trecenas, una en cada hoja, que se leen de derecha a izquierda, pero ahora el códice empieza en

* "El *Tonalámatl de Aubin*", fragmento revisado de *Códices de Tlaxcala. De la palabra a lo escrito,* México, Colegio de Historia de Tlaxcala/Gobierno del Estado de Tlaxcala, 2004: 222-225.

la hoja 3, pues se perdieron la 1 y 2 como suele suceder con libros que se usan frecuentemente. En este artículo sólo se muestra una página completa del *Tonalámatl de Aubin*, se señala su composición y se describen los cuadretes de las trecenas 3, 5 y 18, con base en la edición de 1981. Su objeto es destacar la importancia de las descripciones lo más detalladamente posible en la primera parte de un estudio iconográfico a fin de identificar y conocer mejor cada elemento para definir su significado particular y luego el del conjunto en su totalidad.

Cada hoja o página de este documento contiene una trecena (figura 1) que se puede dividir en cuatro partes. El cuadrete arriba a la izquierda presenta al dios o dioses patrones y objetos relacionados con su culto. Las otras tres partes están cubiertas por 52 cuadretes que contienen cuatro series de deidades, signos y números que van en columnas quebradas que se leen de los bordes a la parte interior. La primera columna aloja trece de los veinte signos de los días. Los primeros cuatro cuadretes están en el borde derecho de la página, se leen de arriba hacia abajo y los nueve en el borde inferior de derecha a izquierda. La segunda columna contiene la serie de los llamados nueve señores que en un tiempo se llamaron "de la noche", pero de lo cual se duda ahora (Köhler, 2000: 507). Los cuatro primeros se leen de manera vertical enseguida de la columna de los días, y los siguientes nueve de manera horizontal, arriba de los nueve signos de los días. Como son trece los cuadretes y trece los señores, en cada una de las veinte páginas del *Tonalámatl*, la serie de señores se repite 28 veces y sobran nueve cuadretes. A fin de acomodar veintinueve series completas, en el cuadrete 260 en la página veinte se colocaron dos señores, uno encima de otro. La tercera columna aloja a los trece señores de los días, por lo que éstos se repiten en la misma posición en cada página. Cuatro están de manera vertical junto a los cuatro señores de la noche y nueve encima de los señores de los días. La cuarta columna bordea al cuadrete grande y contiene trece volátiles de cuyo pico emerge el rostro de un dios. Los cuatro primeros con su volátil bordean el recuadro grande por su lado vertical y los nueve restantes van del borde derecho al izquierdo y en un tramo del recuadro en su parte inferior. Al ser trece los volátiles, éstos se repiten, como los señores del día en la misma posición en cada hoja del *Tonalámatl*.

En el *Tonalámatl de Aubin* ésta es la primera hoja y contiene la tercera trecena (figura 1). En el recuadro superior izquierdo aparecen
los dos patrones de esta trecena, Tezcatlipoca y Quetzalcóatl, según
se ve en el *Códice Borbónico* (1979: 3). Ambas son deidades primordiales importantes que a veces obran de común acuerdo y a veces
de manera opuesta. Tezcatlipoca, a la derecha, está representado
por un jaguar obeso de cola corta y visto de perfil. Tiene una cabeza grande en relación al cuerpo, su piel es rojiza y las manchas en
su piel son pinceladas cortas y anchas que han perdido la forma de
flor en los códices prehispánicos. Su hocico abierto muestra la
lengua roja vista de frente. Ambas orejas están vistas de frente en
la cabeza de perfil, y se muestran el revés. Atrás cuelgan cuatro plumas cortas blancas de las que salen tres plumas largas verdes de

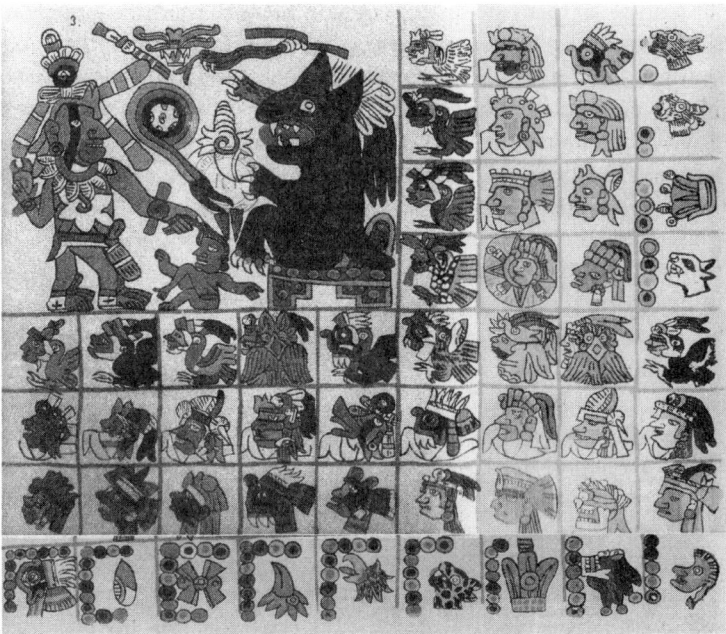

Figura 1. Quetzalcóatl y Tezcatlipoca. *Códice Tonalámatl de Aubin*, 1981: 03.

quetzal, que es la versión aquí del *aztaxelli*, "bifurcado de garza", de sólo dos plumas. El animal extiende sus garras en alto en actitud amenazante: la mano derecha es más pequeña y de color más claro. El jaguar está sentado en un banco rojo de respaldo de madera, con el borde y los chapetones amarillos pensados como de oro y las patas almenadas tienen la forma de merlón invertido.

A la izquierda de Tezcatlipoca está Quetzalcóatl, "Serpiente emplumada", señor del planeta Venus. Su tocado es un moño blanco del que cuelgan tres tiras ocre terminadas en curva y separadas en secciones por bandas blancas y encima remata en un ojo estelar unido a un símbolo de preciosidad y la unión se oculta con cuatro plumillas blancas. El rostro del dios está de perfil; su pelo es ígneo o amarillo, con dos mechones al frente, lo que indica que es un ser astral, de su ojo sale una franja negra, su boca y barbilla son rojos. Su oreja también roja indica que está vivo y su lóbulo lleva una orejera de disco azul.

Su cuerpo negro lo identifica como sacerdote, su torso de frente lleva un collar formado de una cinta de cuero rojo de la que cuelgan siete caracolillos blancos y abajo pende su pectoral particular llamado *ehecacózcatl* o "collar del viento", que es una sección de *strombus* blanco atado al cuello con una cinta roja. Su brazo izquierdo está doblado y sostiene una forma amarilla que según Seler es excremento y significa penitencia (1980, vol. 1: 151) y con la mano derecha sostiene por los cabellos a un individuo. En ambas muñecas lleva pulseras ricas con un disco azul de turquesa, viste un *máxtlatl* o taparrabos azul y blanco con el nudo rojo al frente y de éste pende la punta frontal también ocre y redondeada. Sus sandalias blancas atadas con cintas rojas tienen talonera blanca con cruces, que aluden al carácter sacerdotal del dios.

Entre las dos deidades hay varias ofrendas y símbolos. Arriba un incensario encendido, con llama al centro y volutas de humo a cada lado, indica que se hacen ceremonias. A su derecha, una *xiuhcóatl* o "serpiente azul de turquesa o de fuego" con una cinta doble atada a sus crótalos, está relacionada con una constelación y, a la izquierda, una flecha sin punta indica un encuentro no de combate sino de un castigo. Del lado de Tezcatlipoca se pintó un caracol marino blanco grande (*strombus* sp.), que señala a los patronos como dioses primordiales.

El individuo de talla pequeña sujetado por Quetzalcóatl tiene un cuerpecillo rojo, está desnudo tirado al suelo con los brazos extendidos y las piernas dobladas en una posición que ya intenta un naturalismo occidental incipiente y cuyo rostro ya denota terror, rasgo antes no representado. Es un individuo a merced de su cautivador y listo a ser castigado porque no cumplió con su signo, que en esta trecena es Ácatl. El texto en el *Códice Florentino* dice que el noble que en este día nacía y seguía su signo sería rico y próspero y si era gente común sería un buen guerrero (1979, vol. I, lib. 4, ff. 7v y 8r). Sin embargo, si un hombre no cumplía con su signo haciendo penitencia y servicio a los dioses y era pusilánime, timorato o miedoso tendría una muerte por rayo o golpe de sol (*Códice Florentino*, 1979, vol. I, lib. 4, f. 8r). El hombrecillo aparentemente no hizo penitencias punzándose con púas de maguey, la cuales se ven sobre su cabeza, y encima se levanta el objeto astral que posiblemente lo matará. Éste es una especie de cometa que asciende y consta de una cola que termina en dos plumas, sube y se enrosca en un aro rojo y amarillo en cuyo interior está un disco negro con seis pegujones.

TRECENA 5

La deidad regente de esta trecena es Chalchiuhtlicue, "Su falda de jade", la diosa mayor del agua y esposa de Tláloc, dios de la lluvia, (figura 2). El dibujo de este cuadrete es más fino y cuidadoso, la línea es más delgada y segura, por lo que sugiere que fue pintado por un tlacuilo diferente al de la trecena 3. El rostro de la diosa Chalchiuhtlicue está visto de perfil, está pintado de rojo incluyendo su oreja, cuya orejera de disco azul turquesa apenas toca el lóbulo. Su pelo negro, lacio, cae en dos mechones largos sobre su pecho y otro corto sobre las sienes y sobre su frente cae el tupé de nobles. Su tocado es un casquete alto, con bandas blancas y azules; la final de ellas es más ancha y amarilla, y de ella salen largas plumas verdes de quetzal. En el borde inferior hay una hilera de cuentas blancas quizá de concha y hay cinco más sobre la franja blanca más alta. En el casquete está hincada una flecha cuya asta era hecha de una caña para indicar que la trecena empieza con el día Uno Caña y sobre la frente de la diosa se erige una pluma verde de fertilidad que ella,

Figura 2. Chalchiuhtlicue, "La de la falda de jade". *Códice Tonalámatl de Aubin*, 1981: 05.

como diosa del agua, proporciona. Atrás de la cabeza se ve su atavío nucal azul con borde rojo de tela tiesa plegada, pues termina con el borde blanco de la trama.

Su torso está visto de perfil, cubierto con un *huipilli* o vestido que le llega arriba de las rodillas y termina en un borde rojo y azul. Alrededor de su cuello y visto de frente sobre el *huipilli*, dibujado de perfil, tiene un collar de turquesa blanca y abajo pende el *teocuitlacomalli*, "disco de oro", con cinco formas alargadas alrededor, que podrían ser cascabelillos del mismo material. Sus manos y piernas son amarillas y las manos tienen las uñas pintadas de azul. La mano izquierda lleva una pulsera roja de cuero con turquesas. Sus sandalias son blancas, cuya talonera con cruz indica el carácter sacerdotal de la diosa. En la pierna izquierda lleva una ajorca de piel blanca de venado. La mano derecha parece sostener la cabeza de la diosa Tlazoltéotl que emerge de una banda blanca entre sus piernas como si la hubiera dado a luz. Tlazoltéotl se identifica por su banda frontal y colgajos blancos con unas formas en "U", que indican el algodón flojo u *ichcaxóchitl*, "flor de algodón", atributo particular de esta diosa. Al parecer se le entregan ricos presentes que se encuentran adelante: un incensario con flama y humo que parece van a quemar, una tira de algodón flojo y dos envoltorios preciosos, como lo dan a entender los objetos que emergen de ellos. Los dos más cercanos a la diosa, uno sobre otro, guardan respectivamente, el más grande las bandas frontales de Tlazoltéotl y collares de cuentas azules y el más pequeño abajo, lo mismo que el de adelante, plumas de quetzal.

Chalchiuhtlicue se sienta sobre el sitial o trono rojo de respaldo con borde amarillo y discos amarillos de oro usual en este códice, y de su asiento emerge una gran corriente de agua azul, con caracolillos y cuentas blancas en las ondas. En el agua nadan dos personajes, una mujer y un hombre, y entre ellos aparece un collar de cuentas de jade y cascabelillos de oro. La mujer que nada adelante se reconoce como tal por su cuerpo amarillo y porque viste dos prendas blancas. Busca o recoge caracoles preciosos, pues en su mano izquierda sostiene una especie de punzón de mango de madera y en la derecha un objeto blanco que es quizá la concha que acaba de desprender. El personaje atrás es masculino, pues sólo viste *máxtlatl*, del que sólo se ve la cinta. Según los códices paralelos *Telleriano-Remensis* (1964, vol. I, lám. VIII, 2ª parte) y *Vaticano-Ríos* (1964, vol. III, lám. XXIII), los hombres en el agua también podrían indicar que los hijos de las mujeres que parían en esta trecena, unos serían ricos, otros morirían en la guerra y otros más serían hechos esclavos, pero todos serían llevados por las aguas, porque el destino común es perecer. Aunque el signo Ce Ácatl de Quetzalcóatl era malo, como la trecena la presidía Chalchiuhtlicue, la diosa del agua y la fertilidad, la veintena en general era buena. Desafortunadamente, frente a la diosa se puso el sello de uno de los antiguos poseedores de *Tonalámatl*.

TRECENA 18

La regente de la décimo octava trecena es Cihuacóatl, "Mujer serpiente", la diosa más importante del panteón mexica (figura 3). Ésta aparece representada en los códices coloniales *Telleriano-Remensis* (1964, vol. I, lám. XXVIII, 2ª parte) y *Vaticano-Ríos* (1964, vol. III, lám. XLIX), donde las glosas la identifican como Chantico,

Figura 3. Cihuacóatl. *Códice Tonalámatl de Aubin*, 1981: 18.

la diosa del fuego del hogar o fogón, es decir del fuego terrestre. Seler (1980, I: 51) propone a Chantico y Cihuacóatl, aunque en general esta duda no ha sido seguida. Y la patrona de esta trecena es Cihuacóatl. (Aguilera, 1978). En la llamada Piedra de Tízoc, que se encuentra en la Sala Mexica del Museo Nacional de Antropología, de indudable manufactura prehispánica, están representadas las dos diosas: Chantico, patrona de Xochimilco, y Cihuacóatl, patrona de Culhuacán. Sus atavíos son similares, excepto por el tocado, que es frecuentemente el atavío diagnóstico: la primera, por ser la patrona de los orfebres, lleva una banda frontal geométrica como hecha de algún metal, posiblemente de oro, y la segunda lleva el *cuauhpilolli*, "colgajo de águila", que consiste en dos plumas grandes oscuras de águila. La única deidad masculina que lleva este atavío es Mixcóatl, "Serpiente de Nube", que lo identifica como el aspecto masculino de la Vía Láctea, y Cihuacóatl su esposa también lo lleva, como el aspecto femenino del mismo cuerpo astral.

La representación de Cihuacóatl en los códices mencionados porta el *cuauhpilolli* de plumas oscuras; en consecuencia, la patrona de esta trecena en el *Tonalámatl de Aubin* es también esta deidad. El glosista del *Códice Telleriano-Remensis*, al que copia el del *Códice Vaticano-Ríos*, indudablemente conocía de manera general los atavíos de los dioses, pero confunde a estas dos diosas, porque los atavíos de Chantico y Cihuacóatl son muy parecidos.

El tocado de Cihuacóatl consiste en un tapalito rojo con flecos que la identifican como una diosa otomí (Aguilera, 2000c) y en la coronilla, en esta pintura, la diosa lleva el *aztaxelli* de los guerreros formado por dos plumas blancas que alude a su nombre Yaocíhuatl, "Mujer guerrera", uno de los nombres que ella misma dice tener (Torquemada, 1975, vol. I: 117) y no el *cuauhpilolli*. El pelo de la diosa es amarillo con tupé, lo que indica que ella es una diosa astral y su rostro rojo está pintado encima de su tez amarilla de mujer. Su orejera amarilla es de oro con centro rojo, y lleva como atavío nucal el *atl-tlachinolli*, "agua y fuego", que la identifica también como Yaocíhuatl. Su torso está cubierto por un *huipilli* o camisa roja con borde blanco, cuadriculado, que es el diseño que usa el pintor de este códice cuando tiene que reconstruir algo deteriorado o que quizá no entiende. Su collar es azul turquesa, con borde rojo de cuero curtido y la orilla blanca, quizá de piezas de concha con tres cascabelillos de oro. Su pectoral es también muy rico, por ser para diosa tan importante, consiste en un disco de oro grande circundado por una cinta roja de cuero de la que penden diez cascabelillos de oro. Atrás, en la parte lumbar, la diosa porta un atavío de espalda que consiste en un cráneo con un colgajo de un trapecio con franjas en diagonal y cuatro plumas largas a las que se atan otras pequeñas de diversos colores. Arriba de sus piernas se ve la punta de su ceñidor blanco que indica que ella es una mujer "esforzada y varonil" y una Tzitzimicíhuatl, "Mujer infernal" (Torquemada, 1975, vol. I: 117).

Sus manos extendidas al frente son, aunque esquemáticas, elegantes y sus muñecas están ceñidas por pulseras de piel de venado atadas con tiras amarillas y rojo en la mano izquierda y blanca en la mano derecha. Sus brazos y piernas son amarillos. En su tobillo derecho, el único que se ve, lleva ajorcas de piel de venado con colgante y calza *itzcactli* o sandalias de obsidiana de los guerreros. Sobre la cabeza de la diosa hay un caracol que indica que está relacionada con la creación y la reproducción. La diosa está sentada en un sitial o trono rojo como otros en este códice, y abajo emerge una serpiente que quizá aluda a su nombre de Cihuacóatl, "Mujer serpiente".

Frente a Cihuacóatl, dentro de una casa vista en planta, un rasgo occidental, está Quetzalcóatl quien tenía aposentos muy ricos, entre ellos una casa de oro (*Florentine Codex*, 1952, vol. II, lib. 3, f. 9r), que es la que se representa, con el vano al frente. Está rodeada de ocho joyas formadas por una forma alargada, amarilla, de oro, y unida a una cuenta de jade por una cinta de cuero rojo y en la pared trasera, entre dos joyas se colocó un ramito de plumas verdes. El pelo de Quetzalcóatl es rubio o ígneo, de dios astral, pues él es el dios del planeta Venus. Lleva una orejera blanca de barra, pulseras de turquesa y ciñe *máxtlatl* o taparrabos. El color de su piel es rojizo de indio; pero tiene encima pintura roja, como se pintaban los otomíes. Con su mano izquierda alza una antorcha flameante y en la derecha blande un cuchillo ensangrentado de sacrificio. Lleva pulseras de cuero enjoyadas con cuentas, una de jade y otra de concha. Entre las dos deidades hay varios objetos: un incensario del que emergen fuego y volutas de humo y abajo una vasija con tres círculos que quizá representen un borde con esférulas y abajo un *zacatopayolli* o bola de zacate, que en este caso es más bien un montecillo en el que se hincaron dos púas de maguey teñidas con la sangre del autosacrificio con flores rojas en su parte más ancha.

El signo Uno Viento de Quetzalcóatl inicia la trecena que por esto era mal afortunada; si alguien enfermaba de dolor de costado o fístula, moriría. Si era noble el niño que nacía, de adulto sería *nahualli* o hechicero de los malos y tendría el poder de transformarse en diferentes animales. Si era hombre común sería también hechicero pero de una categoría menor, un *tlacatecólotl* u hombre búho. Allanaría viviendas con el poder que le daba el llevar al frente un brazo de una mujer muerta de parto que había hurtado, se llevaba los bienes y molestaba a las mujeres. Las mujeres que nacían en este signo también serían hechiceras (*Códice Florentino*, 1979, vol. I, lib. 4, 58r), aguardaban un día favorable para convertirse en algún animal y hacer el mal. Vivían de los encargos que les hacían y cuando alguien les quería causar daño les cortaba un mechón de pelo de la coronilla y con eso acababa su poder.

La somera descripción de las figuras, atavíos y objetos en los recuadros de las tres láminas del *Tonalámatl de Aubin* es un primer paso para empezar a distinguir y aislar, conocer y nombrar cada uno de los elementos. Apenas se conocen los nombres de las deidades patronas, se aislaron e identificaron algunos de los atavíos y objetos y se conocieron algunos de sus nombres, pero este análisis inicial debe continuarse hasta llegar a constituir una base lo más segura posible para posteriores estudios de cada una de las páginas del documento e incluirlas en un estudio integral.

DISCO DE CONCHA CON IMAGEN DE MIXCÓATL*

UN HALLAZGO AFORTUNADO

Un día a finales de los ochenta, las maestras Dolores Ruiz Rivera y Marcelina Petra Chávez, que promovían donaciones para la creación del Museo Comunitario en el ex convento agustino de San Andrés Epazoyucan, en el estado de Hidalgo, recibieron como donación del niño Renato Mercado un disco de concha grabado con un personaje. Al preguntársele dónde lo había conseguido les dijo que se lo había cambiado a otro niño por algunas chucherías. Al informarse con este segundo niño, éste sólo dijo que lo había encontrado en un sitio arqueológico.

A fin de recabar información para hacer la cédula museográfica correspondiente, el objeto fue llevado al arqueólgo Carlos Hernández, quien examinó el disco y constató su manufactura prehispánica e hizo la ficha. Al conocerse la importancia del hallazgo "se le hizo tal fiesta" que la mamá de Renato, la señora María Islas Espinosa lo recogió, lo custodia y permitió que se fotografiara para este artículo.

EL DISCO DE CONCHA

El disco mide 102 por 99 mm. Fue grabado en su parte más larga con un personaje en el sentido más largo. La concha fue limpiada

---

* Carmen Aguilera y Carlos Hernández, "La presencia de Mixcóatl en el área tolteca-otomí. Un disco de concha", *Arqueología Mexicana*, vol. 13, núm. 73, Edi-

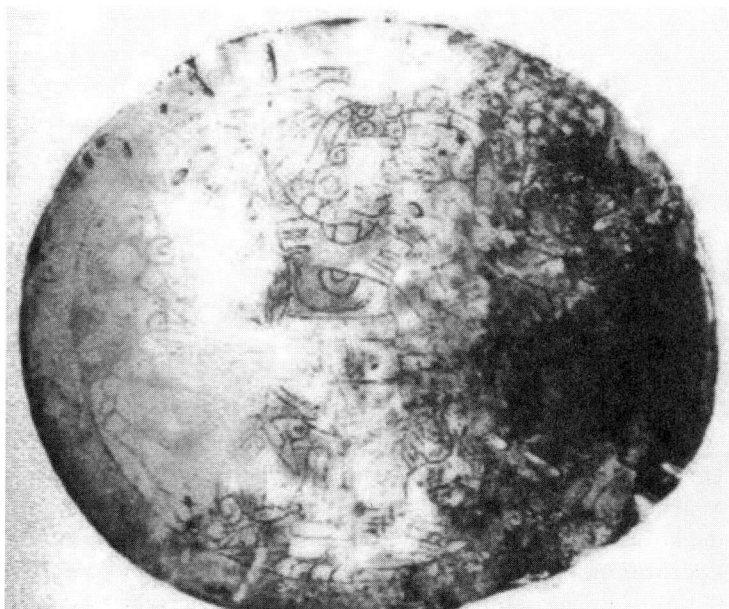

Figura 1. Disco de concha encontrado en San Andrés Epazoyucan, Hidalgo.

y pulida para destacar su color nacarado aunque, por la intemperización, el disco está erosionado y oxidado en el lado derecho, por lo que las figuras no se distinguen bien. La doctora Lourdes Suárez señala que la figura está esgrafiada en una valva, posiblemente de un pine de Mazatlán, es decir, de la costa del Pacífico.

DESCRIPCIÓN DE LA FIGURA

CABEZA

El personaje cubre su cabellera con una tela, como la llevaban ciertas deidades, con nueve espirales esgrafiadas encima, que es la

torial Raíces/Conaculta/inah, México, 2005: 30-31. Agradecemos al arqueólogo Oswaldo Sterpone del Centro inah de Pachuca los datos estadísticos y poblacionales de la región de Epazoyucan, región que ha estudiado durante años.

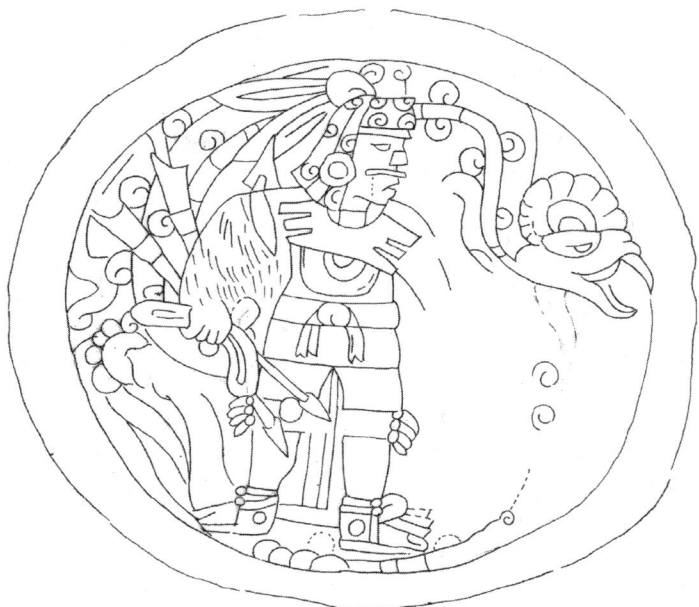

Figura 2. Disco de concha. Dibujo de Ana Iturbe.

convención para representar las nubes o *mixtli*. Sobre la coronilla se fijó un plumón *tlachcayotl*, del que emergen colgando dos grandes plumas de águila juntas. Es el *cuauhpilolli*, "colgajo de plumas de águila". Abajo asoma el tupé o *ixcuatecpilli*, "colgajo señorial sobre la frente". La nariz lleva la *yacamitl*, "nariguera de flecha", que consiste en una plaquita sobre la nariz y un medio arillo, mientras que el *septum* está atravesado por dos flechas. La orejera, *nacochtli*, es de disco y podía haber sido labrada en concha o jade.

TORSO
Del cuello cuelga hasta poco debajo de su cintura un pectoral formado por dos tiras posiblemente de cuero con el atavío asociado al fuego, que se ha dicho de "mariposa". Ciñe sus caderas con el *tlalpilli*, "algo atado", especie de faldilla anudada frente cuyas puntas terminan en cola de golondrina. Y entre las piernas cuelga la punta del *máxtlatl* o taparrabos.

303

BRAZOS

Los brazos no se ven en su totalidad. El de la derecha está casi borrado por la erosión, y su mano probablemente sostenía un arco, *tlahuitolli*, y quizá también la *chitlatli* o cestilla para guardar el producto de la caza y la recolección. El de la izquierda lleva atado arriba lo que posiblemente es un *técpatl* o navajón y el resto, excepto la mano, está oculto por una piel de venado o *ehuayomazatl*, que serviría como protección contra la macana enemiga. La mano sostiene dos flechas *mitl* y un arma curva, roma por un lado, por el otro en punta con una línea incisa al centro, cuyo nombre se desconoce, pero que también portan, entre otras figuras, los llamados atlantes de Tula y algunos guerreros en Chichén Itzá, algunos de los cuales la blanden en actitud ofensiva.

PIERNAS

Lleva ajorcas de cuero o *cotzehuatl*, atadas con cuatro amarres laterales y los pies están vistos en su parte interna, calzan *cactli* o sandalias que eran de cuero y las taloneras muestran un disco.

SERPIENTE

Detrás del personaje se esgrafió una gran serpiente de cascabel, cuya cola termina en tres crótalos y un remate de cinco plumillas más tres plumas largas de quetzal. Su cuerpo es liso pero la faja ventral muestra segmentos. Arriba y abajo del cuerpo se esgrafiaron las espirales que denotan nubes. La serpiente emerge a la izquierda atrás del personaje a la altura de su mano, baja, pasa por detrás de sus pies y emerge al lado derecho. Da vuelta por detrás de su cadera y sale a la izquierda, sube y pasa de nuevo a la derecha por encima de la cabeza del personaje donde aparece su cabeza coronada por un penacho de seis plumas. El ofidio tiene el ojo y las fauces abiertas con sus colmillos. Una forma doble enroscada que cuelga de su hocico lo sugiere, aunque remotamente. La lengua bífida y tres o cuatro líneas parecen una barba.

CONCLUSIÓN

El personaje se identifica como Mixcóatl por el *cuauhpilolli*, "colgajo de águila", que hasta ahora es el único dios que lo porta y por la gran serpiente, *cóatl*, detrás cubierta de nubes, *mixtli* que forman su nombre, "Serpiente de nubes". Otros rasgos y atavíos confirman la identificación y el carácter guerrero de este dios. El pectoral que se ha dicho de mariposa indica fuego. Mixcóatl lo lleva porque fue él quien en el principio de los tiempos inventó hacer el fuego y la guerra en el cielo. El venado, significado por su piel, lo lleva como protección y porque era el animal protector de Mixcóatl. El tupé, *ixcuatecpilli*, indica que el personaje es un dios noble. La nariguera o *yacamiuh*, "Nariguera de flecha", lo mismo que el navajón o *técpatl* y los dardos lo señalan como el guerrero cazador de las estepas. En cuanto a la técnica del esgrafiado, no es tan acabada, y la línea no es tan uniforme y segura como otras obras antiguas, y hay enmiendas y líneas que parecen no tener función. Sin embargo, es la obra de un artista que representó a Mixcóatl con sus atavíos característicos, y la escena está bien adaptada a la superficie circular del disco. El artista copiaba un modelo conocido en una escena muy similar al Mixcóatl que aparece en la vasija naranja hallado en el Templo Mayor, aunque por haber sido encontrado en una zona tolteca otomí parece ser más antigua. El área de Epazoyucan todavía en el siglo XVI era mayoritariamente de población otomí.

Xochipilli, dios solar[*]

INTRODUCCIÓN

El presente estudio es un esbozo iconográfico del dios Tlazopilli, "Preciado señor", en su imagen en el *Códice Magliabecchiano* (1983: 23r) (figura 1), ya que algunos de sus atavíos no se han reconocido, lo cual oscurece el verdadero carácter e importancia del dios dentro del panteón mesoamericano.

Tlazopilli es un epíteto del dios Xochipilli, "Noble de la flor" porque el mismo dios con yelmo de ave en el *Códice Tudela* es identificado con ese nombre en una glosa escrita en alfabeto latino (1980: 17r), y según el *Códice Florentino* (1979, vol. I, lib. 1, f. 12r) este dios es el mismo que Macuilxóchitl "Cinco flor o flores", aunque a veces cada uno tiene atavíos diferentes.

LA ESCENA CON EL DIOS XOCHIPILLI

El dios Xochipilli o su imagen preside la veintena de Tecuilhuitontli en el *Códice Magliabecchiano* (1983: 23r). Aparece sobre un palanquín construido sobre dos maderos largos cuya parte central seguramente tiene travesaños ya que sostiene el asiento bajo en el que se sienta. Está recubierto con hojas, espigas y elotes dorados ya granados con

* "Xochipilli, dios solar", *Estudios de Cultura Náhuatl*, núm. 35, México, unam-iih, 2004: 69-74.

Figura 1. Xochipilli, "Noble de la flor", *Códice Magliabecchiano*, 1983: 23r.

sus cabellos rojizos, lo que indica que la fiesta tenía lugar cuando ya el maíz tenía su fruto maduro. El palanquín es llevado por dos guerreros nobles, como todos sus atavíos indican. En su cabeza están atadas dos plumas o *aztaxelli*, su peinado es de copete hacia arriba y sus orejeras de disco son azules porque probablemente estaban recubiertas con mosaico de turquesa o estaban pintadas de ese color. Se cubren con una manta de red con orilla de discos de ojo, *tensillo*, y en sus pies desnudos destaca la ajorca de pezuña de venado que los describe como gente veloz.

El músico que preside lleva un atavío de papel plegado en la coronilla y sus lóbulos distendidos están traspasados por orejeras de barra. Viste una manta de atados de una yerba verde no identificada y en su espalda carga un atavío de papel manchado de hule y calza sandalias blancas. Toca un enorme caracol gris de la especie *strombus*, de sonido grave, como lo atestiguan las vírgulas oscuras que emite.

LOS ATAVÍOS DE XOCHIPILLI

El rostro del dios emerge de un yelmo de un ave de color que debió ser rojo al pintarse pero que ahora con el tiempo se ha decolorado. El pico del ave es amarillo y lleva en su coronilla, atado por dos cintas, una blanca y una roja, un cono de plumas ricas. El rostro y el cuerpo del dios se ve ahora rosado pero originalmente fue rojo y presenta puntos negros.

El dios Xochipilli lleva los atavíos y joyas preciosas adecuadas a un señor noble, según lo dice su nombre, "Noble de las flores". Su tocado es un cono que consiste en dos bandas de plumillas, una azul y otra amarilla, sobre las que se hincaron plumas verdes, posiblemente de quetzal, y tres navajones que se dejaron sin colorear, lo cual se aclara porque en otra imagen del dios (*Códice Magliabecchiano*, 1983: 35) son navajas de pedernal ensangrentadas, las cuales indican que el dios demanda sangre de sacrificios.

Lleva al cuello un collar ancho que en las reproducciones es azul o verde, con borde rojo y orla de plumillas blancas, del que cuelgan cuatro cuentas blancas de concha y abajo sobresale el *teocuitlacomalli*, "disco de oro". Viste una camisa blanca que ya está occidentalizada pues se destacó la manga, elemento que no existía en el México precortesiano. Cubre sus hombros con una capita roja y sus caderas con una prenda blanca con rayas rojas. Lleva ajorcas azules con una franja de caracolillos blancos y abajo otra de cascabelillos de oro y calza sandalias blancas. En su única mano que es la izquierda sostiene el *yolotopilli* o bastón de corazón, que como los pedernales ensangrentados del tocado indica que el dios demanda corazones de sacrificados. Los atavíos de Xochipillli Macuilxóchitl son los de un señor noble, pero dos son sus atavíos diagósticos, es decir, los que definen su verdadero carácter.

EL YELMO DE AVE

El dios con el yelmo de ave aparece en los códices *Magliabecchiano* y *Tudela*, en las láminas antes mencionadas, y cuya glosa lo identifican como el dios Xochipilll Macuilxóchitl. En los *Primeros Memoriales*, el dios lleva tocados diferentes (1993: ff. 265v y 266r, véase esta última lámina). El de Xochipilli es de plumas de *tlauhquechol* o pájaro cuchara (*ajaja, ajaja*) y el de Macuilxóchitl de plumas verdes, posiblemente de quetzal. Sin embargo, el ave del dios en el *Códice Magliabecchiano* ha sido mal identificada. Recientemente Graulich (1999: 392), en su nota 28, cita a Jacqueline de Durand Forest quien piensa que el yelmo de ave del dios Xochipilli es un halcón. Seler, seguido por Krickeberg, dicen que el ave es un hocofaisán o un *hoco pauxi*. Graulich añade: "Sin embargo el plumaje de este animal es negro y si hay una hembra, llevaría también un casco [¿carúncula?], sobre el pico, la cual no tiene el pájaro representado en el códice". Cabe aclarar que el halcón o las diferentes especies de halcones son oscuros, lo mismo que el hocofaisán (*Crax rubra* sp.) y que éste es el que lleva la carúncula amarilla y en su hembra es dorada y no lleva la carúncula. Graulich termina diciendo que acepta la identificación del autor del *Códice Magliabecchiano* de que el ave es un papagayo. Éste es el término genérico que aparece en el códice y que los españoles daban a varias aves, sin determinar la especie (Graulich, 1999: 392, n. 28).

En dos breves párrafos, en un trabajo anterior (Aguilera, 1983a y 1998a), identifiqué al ave como guacamaya roja o *alo* en náhuatl (*ara macao*) porque además de su color el ave tiene el pico amarillo grande y curvo. Si fuera un *tlauquechol,* como dice el texto de los *Primeros Memoriales* (1993, ff. 265v y 266v), el pico sería aplastado y como cuchara, además, hay pocas noticias de la guacamaya en el área del centro de México. A este respecto el *Códice Florentino* en su texto en español proporciona más noticias sobre esta ave, contrario a la mayoría de las veces en que el texto en náhuatl se mostraba más revelador. El texto en náhuatl nos proporciona su nombre "*alo*", aunque en el texto en español lo llama papagayo, nombre genérico que los españoles daban a ciertas aves. Este apartado describe al ave y da el significado de las plumas de la cola que se llaman *cuezalin*, pero no proporciona el simbolismo del ave.

Hay otra manera de papagayos que llaman *alo*, críanse en la provincia que llaman Cuextlan. Vive en lo alto de los montes y riscos, crían en las espesas arboledas; son domesticables; tienen el pico amarillo y corvo como halcón; tienen el pecho amarillo, y también la barriga, las espaldas moradas, las plumas de la cola y de las alas las tienen bermejas, casi coloradas llámanse estas plumas *cuezalin*, que quiere decir llama de fuego. La cobertura de las alas, que cubre las extremidades de las plumas grandes, y también las que cubren las extremidades de la cola, son azules, con unos arreboles de colorado (1979, vol. III, lib. 11, f. 23r).

Sin embargo, la identificación del ave del yelmo de Xochipilli como guacamaya no es suficiente para conocer su significado. Son en su mayoría las fuentes del área maya las que proporcionan datos para conocer su simbolismo. Esta ave, según un mito, descendía cada mediodía al juego de pelota de Chichén Itzá, con sus alas extendidas y sus largas plumas de la cola brillando como llamas. El *Popol Vuh*, manuscrito del siglo XVI sobre los maya quiché, cita a *Vucub Caquix*, "Siete rojo", el nombre esotérico de la guacamaya, diciendo: "Aquí estoy. Yo soy el sol". (*Popol Vuh*, 1985: 89), lo cual descubre su simbolismo. Se dice que en realidad *Vucub Caquix* no es el sol sino que aspiraba a serlo, por su asociación con el juego de pelota en Chichén Itzá, Copán, etc... Este juego solar afirma su identificación. La guacamaya es el sol y esto explica que los grandes señores gobernantes que la llevaban en su sombrero se identificaban con el sol. Ahora bien, ¿es válido saltar de un simbolismo en el área maya al Altiplano? En este caso, como en otros, los simbolismos en ambas áreas coinciden, pero en esta ocasión las fuentes del Altiplano lo reiteran.

Xochipilli era el dios patrón de dos veintenas, Tecuilhuitontli y Hueytecuilhuitl, que celebraba el 2° paso cenital, lo cual denota su importancia. Si Xochipilli porta el yelmo de guacamaya, esto indica que está convertido en el ave, él es el señor guacamaya, él es el sol.

LA TEXTURA Y COLOR DE LA PIEL DE XOCHIPILLI

El segundo elemento diagnóstico de Xochipilli para identificarlo más allá de su nombre es la piel roja con puntitos. Este detalle aparece sólo en el *Códice Magliabecchiano* y confirma que el personaje que muestra esta característica es el sol. La piel con puntitos se refiere a que está desollado y esta condición lleva aparejado un gran ardor y dolor, como las quemaduras por los rayos del sol, que arden de manera insoportable. Esta condición también se aprecia en el dios Nanahuatzin, el hombrecillo lleno de pústulas que al arrojarse a la hoguera se convirtió en sol. En el *Códice de Huamantla* (1984: 6) su cuerpo está cubierto con manchitas rojas porque está desollado, ya que él es la imagen ardiente del sol. Por su parte, el *Códice Florentino* concuerda con la pintura del dios en el *Códice Magliabecchiano*, pues dice que el rostro de Macuilxóchitl-Xochipilli era rojo, muy rojo, y se enrojecía (1979, vol. I, lib. 1, f. 13v).

EL *TONALO*

Un elemento que no se encuentra en la figura que se examina pero que refuerza la identificación de Macuilxóchitl-Xochipillii con el sol es el *tonalo*, "lleno de sol". Este elemento consiste en cuatro cuentas juntas que lleva el dios en la bandera en su atavío de espalda, en su escudo, según se ve en su imagen y en sus sandalias en la descripción de sus atavíos (*Códice Florentino*, 1979, vol. I, lib. 1, f. 11v y *Primeros Memoriales*, 1993: ff. 265v y 266r).

CONCLUSIÓN

El dios Xochipilli o Macuilxóchitl es un dios cuya importancia se conoce parcialmente. Se ha dicho que es el dios de las flores, de la música y la alegría, pero el simbolismo de su nahual, la guacamaya, lo relaciona con el juego de pelota y el sol, y esto abre otras posibilidades para su estudio. Ocupa su lugar como patrón de las veintenas de Tecuilhuitontli y Hueytecuilhuitl y en conjunción con el trabajo sobre los dioses patronos solares, se añaden a éstos otros tres dioses igualmente solares en veintenas con movimientos solares: Xipe, patrón de Tlacaxipehualiztli; Tezcatlipoca, patrón de Tóxcatl; Macuilxóchitl-Xochipilli, de Hueytecuilhuitl y Tezcatlipoca y después de él, Huitzilopochtli en Panquetzaliztli, para fundamentar la hipótesis de que si cuatro de las seis veintenas donde suceden movimientos solares estaban dedicadas a un dios solar, el calendario estaba ajustado. Esto demuestra que los antiguos sabios lo inventaron y siguió funcionando acorde con los movimientos astrales y climáticos hasta la llegada de los españoles, ya que todos los datos precedentes están tomados de fuentes coloniales.

EL *CÓDICE DE HUAMANTLA*[*]

El *Códice de Huamantla* es de contenido cartográfico-histórico y consta de nueve fragmentos. Siete de ellos se conservan en la bóveda de códices de la Biblioteca Nacional de Antropología e Historia en la ciudad de México, y dos en la Biblioteca Estatal de Berlín en Alemania. Fue pintado en el siglo XVI y es notable por su soporte, una tira de papel amate compuesta de varias tiras unidas, así como por su gran tamaño, por haber sido hecho por otomíes y por la abundancia de información que contiene. Originalmente el códice era un rectángulo de papel amate que medía un poco más de ocho varas de largo por dos y cuarta varas de ancho (Boturini, 1974: 127), es decir aproximadamente 8.50 m de largo por 1.90 m de ancho, un total de 12.50 m cuadrados, una extensión considerable, en papel amate grueso.

En general, los códices cartográfico-históricos, como el que nos ocupa y de los que se hicieron muchos en México durante la Colonia temprana, se pintaron en lienzos de algodón, material que se dobla con mayor facilidad, ocupa menos espacio y resiste mejor el paso del tiempo, pero por alguna razón los autores de este códice no pudieron conseguir tela de algodón y decidieron pintar su historia en papel amate.

[*] "El *Códice de Huamantla*", conferencia en el Primer Ciclo de Códices de la bnah y cd, México, inah, 2006.

EL INICIO DE LA PEREGRINACIÓN

El *Códice de Huamantla* trata de la larga peregrinación que emprendió un grupo de otomíes desde Chiapan, en el estado de México, pasando por la parte norte y este del actual estado de Tlaxcala, hasta llegar a su lugar definitivo de asentamiento en Huamantla, al oriente, para expandirse después a otros lugares, algunos de los cuales forman actualmente parte del estado de Puebla (figura 1).

La historia se inicia en una cueva pintada todavía a la manera antigua: un arco verde con rombos que tienen al centro discos negros, que recuerdan las cuevas más antiguas. Está inspirada en la escamosa piel verde del caimán, símbolo de la tierra. A la entrada y para iniciar la partida, un sacerdote hace fuego rotando un palo sobre un madero horizontal hasta obtener la flama. Al centro aparecen los padres de los otomíes, la diosa Xochiquétzal, "Ramilletes de plumas [de quetzal]", con su tocado de quetzales y traje rojo, el color de los otomíes. Como diosa guerrera blande un escudo también rojo, de borde azul con fleco de tiras rojas y amarillas. Su consorte es Otontecuhtli [Señor de los otomíes] y señor del fuego, identificado por su pintura facial a bandas negras. Sostiene con su única mano un dardo de punta negra de obsidiana hacia abajo,

Figura 1. Los otomíes inician su peregrinación en la Cueva de Chiapan. Dibujo de Silvia Limón.

que termina arriba en una pluma y una *xiloxóchitl* o clavellina, su flor emblemática. El dios tiene el rostro amarillo y su cuerpo es amarillo claro, mientras que su *máxtlatl* o taparrabos y estola son rojas. Todos abandonan su lugar de origen, acompañados por un abanderado que irá al frente, el cual viste *máxtlatl* y sostiene una bandera angosta de franjas rojas y amarillas atada a un asta que remata en plumas de quetzal. Las huellas de pie marcan el inicio y la dirección oriental hacia donde se encaminan. En la escena aparecen glosas escritas en náhuatl y en alfabeto latino, escritas con tinta europea, no son muy claras, pero Luis Reyes pudo leerlas y traducirlas. Las glosas en esta escena se encuentran arriba de Otontecuhtli, y abajo, junto a los personajes a izquierda y derecha están los nombres de los señores principales que los guiaron:

Nicah toquizyahn oztoc
Auh....pilhuan
Chicuey ytzcuintli Xochiltonal
Nica mocenhuique
(Aquí está la cueva que es nuestro lugar de salida.
Y [los que salieron fueron] los principales, [llamados]
8 Perro y Día flor
Aquí descansaron) (Reyes, 1993: 219).

LA ESTANCIA EN TEOTIHUACAN

Después de un tiempo indeterminado y varias etapas y estancias, los otomíes llegan a Teotihuacan (figura 2). Se establecen allí por un tiempo y luego continúan su peregrinar, como indican las huellas del camino que van primero a este lugar y luego salen, de este al oriente. El señor principal, siempre con la flor de *xiloxóchitl* o clavellina en su única mano, por simplificación de medios, está sentado en un banquillo señorial azul, de espaldas a su palacio, una casa con techumbre de zacate en forma de reloj de arena, que es la típica casa otomí, fresca y confortable en climas cálidos. Abajo se pintó a Teotihuacan y el mito del nacimiento del sol. El primero se identifica por las pirámides del sol y de la luna cubiertas de verdor, lo que indica que cuando llegan los otomíes a Teotihuacan, el lugar ya no estaba habitado y las pirámides estaban cubiertas de vegetación. Abajo, y arriba de las pirámides, que son el glifo de lugar, se ilustra el mito del nacimiento del sol. Abajo en un cuadrete enmarcado en amarillo, que posiblemente indique que es de madera y con fondo rojo, aparece Nanahuatzin, "el Bubosillo", que se convirtió en sol. Su rostro es pálido debido a que murió al arrojarse a la hoguera, pero su ojo abierto quizá indique que sin embargo vive. Su cuerpo desnudo está cubierto de manchas rojas, la convención para decir que está desollado e indicar el ardor que le produjo el fuego. De la bases del marco cuelgan las ofrendas que, según otros mitos, dicen que Nanahuatzin, en su pobreza, no podía ofrendar, pero que ahora tiene las plumas ricas de quetzal y las púas sangrantes del sacrificio.

Arriba y después del sacrificio emerge el magnífico sol en que se convierte Nanahuatzin. Es un disco de fuego con cuatro rayos y cuatro púas preciosas hincadas en el disco central, donde está el rostro rojo de Nanahuatzin con la vírgula del habla para significar que el sol habla, es decir, que continúa vivo después de su sacrificio. Los otomíes continúan su peregrinación, saben que al sur está Tenochtitlan y lo evitan, pasándolo por arriba, para no tener un conflicto con los aguerridos mexicas, pero señalan su posición con su glifo (figura 2). Éste es un círculo de agua azul, abierto hacia el norte, con sus remolinos y gotitas de cuentas blancas y caracolillos que representan los lagos que rodeaban a la ciudad. Al centro, sentado en su banquillo señorial de turquesa, está su dios tutelar, que puede ser Huitzilopochtli pero que sostiene en su mano el *tlachialoni* o mirador de Tezcatlipoca, con que miraba a todos los hombres. Atrás del dios, en medio de la laguna y para que no quede duda en cuanto a dónde está, aparece el glifo de Tenochtitlan, formado dos piedras, *tetl*, debajo de las que nace el nopal florido o *nochtli*, "Fruto del nopal". Abajo, sólo dibujado, de mano diferente y de época posterior, está una casa náhuatl con techumbre ya no de zacate, sino de terrado o techo plano con un español al frente con su única mano extendida, que indica mando. Viste un jubón largo, sombrero y botas negras. Estas dos prendas causaron gran impresión entre los indígenas, pues no las conocían. A lo lejos se divisan las montañas nevadas, el Popocatépetl, "Cerro que humea", y el Iztacíhuatl o "Mujer blanca".

Figura 2.Tenochtitlan. Estilo 1. Español
estilo 3. Dibujo de Silvia Limón.

LA BATALLA EN ATLANCATEPEC

Al llegar cerca del poblado de Atlancatepec, "Cerca del agua del
cerro", junto a Tliltepec, "Cerro negro", estos otomíes son deteni-
dos por los que defendían la frontera occidental de Tlaxcala (figura 3). En el Postclásico los pueblos de habla náhuatl ganaron pre-
ponderancia, replegando a los otomíes a las montañas donde, al
ser excelentes guerreros, tenían el cargo de defender las fronteras
y una muy buena guarnición estaba precisamente al oriente, para
defender Tlaxcala de las invasiones de gente extraña. Los otomíes
podían así asegurar sus tierras a cambio de servir de guardianes
del territorio que defendían. La batalla por el paso fue muy encar-
nizada. A la izquierda están tres guerreros otomíes que atacan el
señorío de Tlaxcala y a la derecha los defensores, también otomíes,
que les impiden el paso. Los atacantes están invertidos, con la cabeza abajo, mientras que los defensores están en posición normal para

Figura 3. Nacimiento del sol en Teotihuacan. Dibujo de Silvia Limón.

dar la impresión del movimiento circular de los guerreros al iniciar la lucha.

Entre ambos se pintó el *atl-tlachinolli*, "agua y algo quemado", el símbolo de la guerra, pero de gran tamaño. Como indica su nombre, el glifo está compuesto por dos corrientes: una de agua, entrelazada con otra de parcelas quemadas. Esta franja termina abajo, en una forma amarilla que es una mariposa estilizada, aleteando como la flama de fuego. Los guerreros de macana y escudo peinan *temillotl*, o sea un mechón de la coronilla hacia arriba, como una columna, que era un signo de rango. El flechador peina un copete alto y melena, también signo de rango. Todos tienen la pintura la roja a cuadros, como su dios patrón Otontecuhtli, "Señor de los otomíes", y sólo visten *máxtlatl* o taparrabo rojo. Para indicar el poder de los agresores recién llegados, sus atavíos son más ricos que los de los vencidos. El flechador tiene un carcaj forrado de piel de jaguar y los escudos de los atacantes muestran la greca escalonada, una amarilla como hecha de oro y la otra azul como labrada en mosaico de turquesa y ambos tienen un fleco de plumas finas en rojo y amarillo;

que esto fuera verdad o ficción, no se sabe. Los tres defensores en el lado izquierdo sostienen el mismo escudo cruciforme de color al parecer amarillo, que podría indicar que fueron pensados en oro o quizá también hechos en cuero de piel de venado. Las flechas vuelan en ambos sentidos. Aparentemente los flechadores iniciaban la batalla y luego seguía el combate cuerpo a cuerpo con macana, que en todos los casos es azul.

LA VICTORIA EN TLILTEPEC

Los aguerridos otomíes de Chiapan vencen y celebran la victoria, (figura 4). Arriba aparece el Tliltepec, "Cerro negro", que hoy llaman Tiltepec, es el glifo de la localidad. La forma campaniforme del monte es verde, para indicar que está cubierto de vegetación y su cima es negra, como dice su topónimo. A la derecha está su patrona Cihuacóatl, representada como una mujer serpiente, tan hermosa como la veían o imaginaban sus adoradores. Su rostro muestra dos

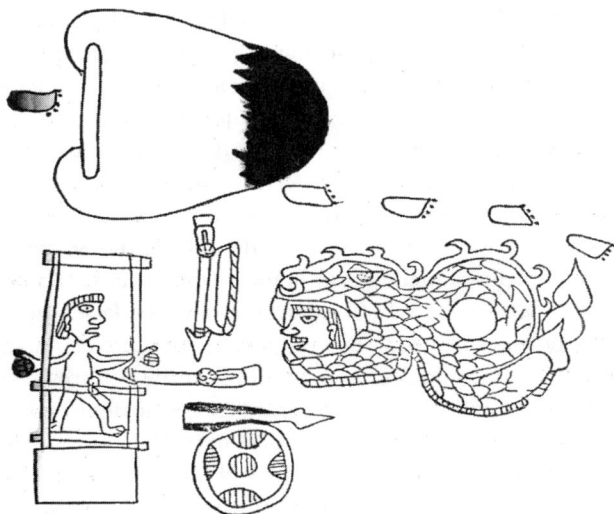

Figura 4. Ritual de victoria a Cihuacóatl en Tliltepec. Dibujo de Silvia Limón.

319

rectangulitos en su mejilla, que indican la sílaba *hua*, "la que es", para indicar que ella es mujer. Emerge de una serpiente de cascabel de escamas verdes brillantes y en el dorso nubes, para indicar que ella es Cihuacóatl, la diosa de la Vía Láctea. Preside el sacrificio. Frente a ella se han depositado el escudo y macana de los vencidos y el arco y la flecha de los vencedores. A la izquierda se levanta el marco de madera sobre una base blanca, quizá de cal y canto, en donde está atado un hombre de rostro blanco de miedo y casi muerto, una flecha lo ha atravesado y su herida sangra abundantemente, pero no está muerto, pues su ojo todavía está abierto. Las huellas de pies, que entraron por Tliltepec, avanzan hasta atravesar el río Zahuapan. Poco queda de la glosa de buena letra que lee:

Nican Atlantepech. Auh cen
(Aquí es Atlancatepec... Y mucho [o todo]...)

AL FIN HUAMANTLA

Después de la victoria, los otomíes avanzan al oriente por otros lugares (figura 5). Van ganando en fuerza y aliados y al fin se establecen en Cuauhmantla, "donde se extiende el bosque", hoy Huamantla, un lugar boscoso al pie de la Malinche, y allí deciden o su dios les aconseja quedarse, probablemente por las condiciones favorables del lugar, abundancia de caza, de los materiales vegetales que necesitaban para la construcción y tierras para labrar. La escena del asentamiento está dividida en dos partes, a la izquierda Huamantla y a la derecha una escena de la Colonia. Se examina ahora sólo la primera, para seguir la narración cronológicamente y después de la escena de la Conquista se describe la segunda. Al centro de la primera escena y de gran tamaño se pintó el gran glifo de Huamantla, indicado por un gran monte verde con tres árboles arriba que posiblemente son pinos, entre los que se debió contar el *teocotl* u "ocote divino", pino colorado, el ayacahuite, pino blanco o alvar, como dice Molina (1970, f. 3v) y el pino real o pino Moctezuma. Encima del monte se pintaron un venado, posiblemente un cola blanca (*Odoicoleus virginianus*), además de una serpiente de cascabel, ya que tiene crótalos (*Crotalus* sp.), pero cuyas manchas

Figura 5. Cortés y sus capitanes reciben tributo en Tecoac. Dibujo de Silvia Limón.

grandes indican que son escamas, como se puede ver en el mismo ofidio pintado abajo a la derecha. El pintor quiso representar la piel escamada en la cabeza por medio de rombos, pero su dibujo al parecer no le complacía, por lo que optó por indicar la piel escamosa por medio de manchas, pero el intento en la cabeza hizo que se pudiera identificar la piel manchada como escamosa. Lo que sí se hizo destacar fueron los enormes colmillos para indicar su carácter de arma mortal, con la que la serpiente inyectaba su veneno. También se pintaron dos magueyes, que se dejaron en blanco para que destacaran sobre el fondo verde.

Alrededor del glifo de lugar aparece la misma flora variada como palmas, cuyas hojas tenían múltiples usos, así como fauna y cuatro casas. Éstas representan no unidades sino los diferentes barrios o parcialidades, con su jefe al frente sosteniendo su respectiva flor emblema y sentados en banquillos de madera. Todos peinan el *ixcuatecpilli* o fleco de nobles. Además de dos señores con la *xiloxóchitl* (flor [como cabellos de jilote], aparecen otros dos sosteniendo la *yolloxóchitl*, "flor de corazón" o magnolia. Esta hermosa flor no está abierta todavía sino que es un botón que representa, como lo dice su nombre y por su forma, con su base roja y sus pétalos sin abrir blancos, un corazón con la grasa que lo cubre parcialmente.

321

Los tres señores son respectivamente y de arriba abajo, Caltzin o "Señor casa", los glifos del segundo y tercero han desaparecido y el cuarto y quinto son dos cabezas de ave vistas de perfil, que nombran respectivamente a Cozcacuauhtli, "Señor buitre real" y a Huexolotzin, "Señor pavo". El cuarto glifo se identificó fácilmente: es un pavo porque tiene su carúncula o "moco" arriba del pico. El quinto glifo pintado de manera similar a primera vista podía ser un pavo al que al pintor olvidó pintar su excrecencia. Su pico y su cuello ayudaron a identificarlo. El pico curvo indica a un ave, esta vez carroñera, que debe arrancar de los animales trozos de carne. Su cuello bien dibujado es un collar, lo cual inequívocamente indica un buitre de collar. Extraña que se ponga el nombre de un carroñero a un noble otomí, pero este animal tenía relaciones con Quetzalcóatl, el planeta Venus. Por el contrario, el pavo tiene un pico casi recto, ya que él picotea para atrapar su alimento del suelo y era también importante por ser un alimento codiciado, con relaciones con Tezcatlipoca y el fuego.

En las casas que representan los barrios o parcialidades se empieza a notar la influencia de los grupos de habla náhuatl. Mientras cuatro casas son las otomíes de techo de zacate, la del señor Cozcacuauhtli es ya la casa náhuatl de terrado o techo plano, en este caso con sillares alternados, un rasgo español. Debajo del gran glifo de Huamantla, un hombre trabaja en su parcela con su *huictli* o palo de sembrar. La parcela ya tiene surcos, lo que es un rasgo colonial. El señor también es noble, porque peina *ixcuatecpilli*. Su nombre o glifo onomástico es la cabeza de un mamífero que podría ser un venado, pero no tiene cornamenta. Esto sugiere que es una venada, pues éstas no la tienen, pero es difícil que un señor noble se llamara "Señor venada", por lo que se nombró a este señor Océlotl, "jaguar", porque además la cabeza del animal lo sugiere, aunque su piel no presente las manchas características del jaguar. La escena a la derecha se describe adelante para seguir un orden cronológico en la narración.

La peregrinación de los otomíes de Chiapan termina en Huamantla, pero ellos continúan extendiéndose al oriente y fundando localidades hasta en el hoy estado de Puebla. A veces son agredidos o ellos son los agresores y así los combates continúan en la parte derecha del códice.

LA CONQUISTA

La mayoría de las escenas en el códice fueron pintadas en el siglo XVI, pero los otomíes registraron, además de su vida anterior, la llegada de los españoles (figura 6). A veces los códices cartográficos, y éste entre ellos, son documentos que narran, además de accidentes geográficos, sucesos históricos a medida que ocurrían en el tiempo, por lo que se llaman histórico-cartográficos. En 1519 llegan los españoles y los otomíes toman nota de este importante y nunca visto acontecimiento. Para registrar la Conquista, los pintores tuvieron que encontrar un espacio vacío en la superficie del códice, sin figuras, y eligieron uno arriba, después de la batalla del cerro de Tliltepec. Debido a lo reducido del espacio la escena debió pintarse en una escala menor, que pintó otro artista, pues su estilo es diferente al del anterior.

La escena en realidad son dos simultáneas; la primera es un arco exterior que narra la batalla de Tecoac, el sitio al oriente de Tlaxcala por donde penetran los españoles a territorio tlaxcalteca, y la segunda, al interior de la primera, muestra a los otomíes otorgando mantenimientos y regalos a los españoles y sus caballos.

En el arco exterior, arriba a izquierda y derecha aparecen dos caballeros. A la izquierda en un caballo negro está Pedro de Alvarado, que se identifica por su pelo rojo, pues él era rubio y por eso los indígenas lo apodaron Tonatiuh, "Sol". Tiene barba oscura y lleva un sombrero negro de ala corta. Se cubre con una amplia capa roja,

Figura 6. Huamantla, final de la peregrinación e inicio de la evangelización. Dibujos de Silvia Limón.

de la que asoma un cuello blanco, y abajo sobresale una bota roja, por encima de la manta del caballo. Lleva la brida en una mano y con la otra degüella con su larga lanza a un otomí de cierto rango, pues peina *temillotl,* que suelta su escudo con el diseño cruciforme. El otomí sangra copiosamente, está blanco, es decir, muerto porque tiene el ojo cerrado, mientras que el caballo en plena batalla bebe agua de una copa vista en sección para que se vea lo que contiene y hay arriba tres bultos verdes que son el pienso para el caballo. Alvarado ya ha matado de la misma manera a otros tres otomíes que yacen abajo y hacia la derecha del primero.

En el lado derecho, sobre un caballo blanco, está un caballero medio borrado, por lo que no se puede identificar, pero que posiblemente es uno de los capitanes cercanos a Cortés. Podría tratarse de Gonzalo de Sandoval, amigo muy cercano de Hernán Cortés, de quien recibió en varias ocasiones comisiones importantes (Ramón Romo, comunicación personal). Viste una amplia capa azul y abajo asoma una bota roja. También degüella a tres otomíes, de cuyos cuerpos mana abundante sangre. En todos los casos los guerreros sólo visten *máxtlatl* rojo, su rostro y cuerpo ya son blancos y tienen los ojos cerrados para indicar que han muerto.

En la parte interior del arco que forma la primera escena, los señores otomíes, después de la derrota regalan y alimentan a los españoles y sus caballos. Arriba cerrando el arco y muy cerca de la orilla superior comienzan las ofrendas, o más bien tributos. Son cuatro canastos vistos en sección para que se vean los huevos que contienen, con un guajolote desplumado encima, y un atado de bultos con pienso a la izquierda de Cortés entre los dos canastos. Debajo de estos canastos, a la derecha, un señor otomí presenta un collar de cuentas azules de turquesa al conquistador. Está arrodillado a la manera occidental y ofrece una copa de agua vista en sección. Éste es un principal, y abajo está otro ofreciendo también una copa de agua. Ambos son nobles pues visten camisa roja a rombos, lo que indica que el diseño fue hecho trabajando la tela en telar de cintura. Sus rostros son más claros y no parecen mostrar la pintura de huacal, pero sus piernas son todavía rojas y no calzan sandalias. Del lado derecho, otros dos señores con su vestido rico, también hincados, sólo presentan agua al conquistador. Atrás de los nobles vienen los macehuales, los cargadores con más ofrendas. A la izquierda de Cortés, el de arriba presenta un collar de cuentas azules y los otros dos pavos desplumados y quizá ya cocinados y cargan en sus espaldas sendas cargas de pienso. A la derecha, otros dos macehuales ofrecen también pavos desplumados. Tanto el primer macehual a la izquierda como el segundo a la derecha tienen sobre su cabeza un disco blanco con secciones negras, parecido a un *tlachialoni* o aparato mirador que no puedo identificar ni saber por qué lo llevan estos macehuales.

Del lado derecho, otros dos principales ofrecen agua y dos macehuales de mayor categoría que los del lado izquierdo (pues no cargan pienso) ofrecen pavos. Un rasgo de aculturación notable es que los macehuales todavía llevan el rostro y parte del torso pintados de rojo y sólo visten *máxctlatl* también rojo, mientras que los principales tienen el rostro blanco, han abandonado su ancestral costumbre, quizá para parecerse a los recién llegados.

Abajo del monte se inscribieron veinte discos en dos hileras, que posiblemente indiquen los días que estuvieron en el lugar los españoles. Debajo de las escenas hay una leyenda que dice:

Nican hualacico in cap yepohual xihuitl ipan
Matlactli ypan yei xihuitl
[Aquí llegó el capitán (Hernán Cortés) hace
Setenta y tres años]

LA EVANGELIZACIÓN

Del lado derecho se representó el asentamiento de Huamantla, (figura 6). En otro estilo diferente y casi sin color se dibujó la escena que ocurrió más avanzado el siglo XVI, cuando los frailes evangelizaban a los otomíes de Huamantla. El franciscano fray Pedro Meléndez, que tanto ayudó a los otomíes, está al centro. Viste el hábito gris de su orden, ceñido con el cordón de san Francisco, y sus manos son enormes para denotar su grandeza de alma y de obras. El *Códice de Huamantla* quizá fue pintado a instancias del benefactor de los otomíes, el franciscano fray Pedro Meléndez. Luego de llegar al lugar emprendió la construcción del convento y de la iglesia. Este edificio, a la izquierda, se conoce por la cruz en el vano de la entrada y encima lo que sería el campanario. El convento de dos pisos está a la derecha y también tiene dos pisos con arco y ventanas arriba. Estas construcciones todavía existen y son magníficos edificios todavía en funciones. Después de la Conquista los misioneros trataron de concentrar a los otomíes que vivían en las montañas en pequeños asentamientos, en pueblos más abajo, donde pudieran controlarlos y cristianizarlos. Por último, el guerrero que lleva por los cabellos a un prisionero, que aparece a la derecha, no pertenece a esta escena; es un guerrero capturado en una escena de guerra en el primer estilo, o sea en el que se pintaron la mayoría de las figuras, que no se ilustra.

COMENTARIO FINAL

En el *Códice de Huamantla* los otomíes registraron de manera sintética y clara los episodios notables de su historia. Desde que abandonaron su asiento antiguo en Chiapan, por los movimientos de poblaciones al terminarse el poderío de Tula, se asentaron en diferentes lugares de donde salieron por voluntad propia o porque fueron expulsados hasta su entrada victoriosa en el territorio de Tlaxcala y se establecieron en el oriente del estado, de donde pudieron extenderse más hasta llegar a poblaciones que hoy pertenecen al estado de Puebla.

Con la Conquista los otomíes fueron cristianizados, pero el lugar de su asentamiento principal, Huamantla, todavía existe, aunque los frondosos y antiguos bosques de entonces hoy han casi desaparecido.

Algunos *XANTILES* CON YELMO DE AVE[*]

INTRODUCCIÓN

La presente ponencia trata de identificar a la deidad con yelmo de ave y a la especie de ave representada en algunas de las esculturas llamadas *xantiles*. Estas esculturas se encuentran frecuentemente en sitios arqueológicos de la zona popoloca y mazateca del sur de Puebla y norte de Oaxaca.

Por algún tiempo los popolocas convivieron con los mixtecos y ambos fueron subyugados por los mexicas en el siglo XV d.C. (Paddock, 1966: 228). Los *xantiles*, conocidos también como "santitos" o "muñecos", empiezan a aparecer a partir del Epiclásico, de 800 a 900 d.C. y, puesto que se han encontrado enterrados en las esquinas de habitaciones domésticas debieron ser, en su mayoría, protectores o guardianes del hogar. Cuando se abandona la casa, por causa de un ataque enemigo, por ejemplo, los *xantiles* se enterraban siempre en el rincón de un cuarto y luego se cubrían. Con menos frecuencia, los *xantiles* aparecen también en tumbas, tal es el caso del que encontró el arqueólogo Eduardo Merlo en Tepejí El Viejo, Puebla (comunicación personal).

[*] "Algunos *xantiles* con yelmo de ave", *Memoria de la XXVI Mesa Redonda de la sma*, Zacatecas, México/unam/iia, 2006, pp. 237-242.

CARACTERÍSTICAS FORMALES

Los *xantiles* son esculturas pequeñas de 50 cm o poco más de alto, que comparten las mismas características formales. Las cabezas están hechas en una arcilla fina que permite un buen acabado, son de molde, aplastadas, huecas y grandes en relación al cuerpo (dos o tres veces a uno). Los cuerpos se modelaron en una arcilla más gruesa que tiende a exfoliarse, y la pintura, aplicada a veces en grandes áreas, en ocasiones con dibujos hechos en una línea muy delgada, se pierde, lo que dificulta su estudio.

Las cabezas grandes indican que sus autores les conferían mayor importancia que al cuerpo. Su nariz es afilada, tienen ojos abiertos con iris y los párpados señalados, lo que sugiere que sus autores retrataban su tipo físico, aunque la representación llega a ser un modelo recurrente. Llevan tocados, orejeras, collares, ajorcas y otros atavíos que fueron modelados y luego adheridos y pintados en el lugar apropiado según la deidad que representan.

Los cuerpos también fueron modelados siguiendo un patrón. Son cilindros huecos que se abren un poco abajo, por lo que se

Figura 1. *Xantil* de Tehuacán, Puebla. Foto de Noemí Castillo.

Figura 2. *Xantil* de Tehuacán, Puebla. Foto de Noemí Castillo.

han llamado de "botella de leche" y sobre éstos se adhiere la cabeza. Al cuerpo se añaden brazos y piernas delgados y cortos, sus manos llevan brazaletes y sus pies sandalias. En uno de los cantiles, sin embargo, ya se logra un cuerpo más apegado a la realidad anatómica. Las piernas son poco más largas y robustas y están dobladas, porque las figuras siempre aparecen sentadas.

Las esculturas muestran el torso desnudo, a veces se abulta el vientre y los hombres ciñen taparrabos. Algunos son femeninos, ya que aparecen los senos. En otros, las anteojeras y los grandes colmillos delatan al Tláloc popoloca y/o mazateco. John Paddock menciona que fueron hechos para sentarse sobre braceros, de modo que el humo aromático del copal saliera de sus bocas (Paddock, 1966: 229), pero si esto fuera así, quizá las esculturas mostrarían rastros de negro de humo en algunas partes, ya que el calor del fuego destruiría las pinturas y dibujos finos en rostro y cuerpo y éste no es el caso.

EL NOMBRE

Joaquín Galarza (1980: 65) sugiere que *xantil*, que parecería de procedencia náhuatl, deriva de la palabra española "santo", que se volvió *xant/o/il*. La etnóloga Teresa Sepúlveda (comunicación personal) encontró que en la localidad de Huautla, en Oaxaca, se arrojaban al río del mismo nombre, afluente del Papaloapan, unas imágenes no de arcilla sino de piedra, a las que llamaban también *xantiles*.

EL *XANTIL* CON YELMO DE AVE

El que una deidad se disfrace de determinado animal o lleve sólo su yelmo indica que se convierte en ese animal, que es su doble o anual, y si un sacerdote o un cautivo se disfraza o es disfrazado de un determinado dios, él mismo se convierte en ese dios.

Las representaciones de *xantiles* que portan yelmo de ave son recurrentes. La arqueóloga Noemí Castillo, quien dirige el proyecto Tehuacán, ha encontrado varios (figuras 1 y 2). Eduard Seler, en su artículo "Las ruinas de Mitla" (1993, IV: 260), XX (figura 4), ilustra un *xantil* con yelmo de ave que compró a principios del siglo XX en Teotitlán del Camino en Oaxaca, estuvo en su colección y ahora se encuentra en el Museo Real de Etnología de Berlín. Otro *xantil* en el mismo lugar, que también perteneció a Seler, se ilustra en el Catálogo *Glanz un Untergang des Alten México* [*Resplandor y decadencia del México antiguo*] (1986, figura 75) (figura 4). Otros dos, que se hallan en la vitrina de la Sala de Oaxaca, del Museo Nacional de Antropología, según dice la cédula, proceden de La Cañada Quiotepec, aunque sólo uno de éstos se ilustra aquí (figura 4). Seler identifica al *xantil* de Teotitlán con Xochipilli, "Noble de la flor", joven dios de la generación y la vida, "mirando desde el pico abierto de un *quetzalcoxcoxtli*" (1993, IV: 260), con base en el yelmo de ave que porta y la cresta de plumas que se aprecia mejor al ser vista la escultura de perfil, pero no se ha encontrado que Xochipilli lleve yelmo de una pava de monte sino que, su yelmo, según he identificado en otro trabajo, es de guacamaya (Aguilera, 1998a).

Los investigadores subsecuentes han seguido a Seler tanto en el texto de los *xantiles* en el libro citado como en las cédulas de los *xantiles* en la Sala de Oaxaca, pero ninguno identifica al ave en el yelmo de este dios. En los siguientes párrafos se tratará de aclarar que Quetzalcóatl se disfraza de cojolite o pava de monte, *coxcox (tli)* o *coxoli (tl)* (*Penélope purpurascens* sp.), en maya *cox*, que corresponde

Figura 3. *Xantil* de Teotitlán del Camino, Oaxaca. Tomado de *Resplandor y decadencia del México antiguo*, 1978, figura 74.

Figura 4. *Xantil*, Sala de Oaxaca, MNA.

a la pava de monte, y que Macuilxóchitl-Xochipilli se disfraza de *alo* o guacamaya roja (*Ara macao* sp.) (Aguilera, 1983a, 1998a). A fin de aclarar esto se describe una imagen de cada *xantil* que se complementa con otros datos externos que corroboran la correspondencia de estas deidades con sus respectivas aves.

QUETZALCÓATL COMO QUETZALCOXCOX

En su artículo sobre los animales, el mismo Seler identifica al dios disfrazado de ave negra en la página 23 del *Códice Borgia* (1980) (figura 5) como *quetzalcoxcox*, "Pava de monte preciosa", o "cojolite precioso", pero se equivoca al decir que el yelmo de Xochipilli es de esta ave. El dios disfrazado de pava de monte es Quetzalcóatl. Se reconoce por ceñir su gorro de cono truncado y la banda frontal con la cabeza de un animalillo verde o azul que no es ave porque no tiene pico sino belfos. El pico de Quetzalcóatl como *cox* es blanco con plumillas negras alrededor y su pelo es amarillo. Viste un ajustado traje amarillo hasta sus muñecas y tobillos y sus manos y pies desnudos son de color rojo indio, aunque sus pies ahora están decolorados. El atavío nucal del dios es un abanico compuesto de plumas negras del que sobresalen tres plumas rojas y todo remata en un manojo de cuatro plumas de quetzal; lleva alas negras enjoyadas atadas a sus brazos, atadas a los brazos lleva sendas alas de plumas

Figura 5. *Xantil* de Teotitlán del Camino. Padock, 1966, figura 291.

Figura 6.
Quetzalcoxcoxtli.
Códice Borgia,
1980: 23.

negras que rematan en cuatro elementos; cada uno de ellos está formado de dos discos verdes y uno blanco, que son signos de la preciosidad. Su cola tiene también plumas negras y remata en otro signo de la preciosidad. Sus orejeras son de disco, concebidas como de turquesa y de su cuello pende un collar también azul con cascabelillos amarillos, es decir de oro. Lleva en su pecho el *teocuitlacomalli,* "Disco de oro", sostenido por cintas azules con borde de turquesa y sus ajorcas son cintas anchas de cuero que todavía muestran rastros del color rojo original y de las que penden caracolillos de oro. Cubre sus caderas con un faldellín de turquesa con fleco blanco y un taparrabos con puntas en franjas de colores que terminan en un fleco de plumas negras manchadas con blanco, que quizá son de guajolote. Bajo su brazo sostiene una forma rectangular larga roja con borde de plumillas blancas que podría ser un carcaj, pues él era quien flechaba al sol para que brillara al amanecer.

El texto en náhuatl del *Códice Florentino* señala que las plumas oscuras con que se viste son de cojolite, pues nombra a la figura *quetzalcoxolamamale* (1979, vol. I, lib. 1, f. 2v), "el que carga o es cojolite precioso". Quetzalcóatl, por tanto, está disfrazado de cojolite. Las plumillas alrededor de su pico, así como todo el plumaje del ave, es negro e indica la oscuridad de la noche, y el pelo ígneo indica que es un ser astral. Las tres plumas rojas que sobresalen de las negras

del atavío nucal son de guacamaya y se llaman *cuezalin,* que quiere
decir "flama" y simbolizan los rayos de luz que empiezan a aparecer
y las plumas verdes, ahora amarillentas, de quetzal, dan la palabra
"precioso" para completar *quetzalcoxcox(tli).* Los signos de preciosidad
en alas y cola refuerzan su nombre "cojolite precioso". Su pectoral
es el *teocuitlachimalli,* "Disco de oro". De las orejeras, collar, pectoral
y ajorcas sólo se puede decir que eran apropiadas a la alta jerarquía
del dios. El objeto rojo que sostiene el dios bajo su brazo es el carcaj
donde el dios lleva sus flechas. Por pertenecer este objeto a un dios
es precioso, está forrado en cuero rojo y tiene plumillas blancas en
su base. Hay un disco amarillo abajo del carcaj que no se ha podido
identificar. Es conocida la importancia de Quetzalcóatl, el planeta
Venus, en toda Mesoamérica. Fue el patrón de las artes, la arquitectura y la agricultura, entre otras muchas atribuciones.

XOCHIPILLI COMO *ALO*

En el *Códice Magliabecchiano* aparece el dios Xochipilli, "Noble de la
flor", o Macuilxóchitl, "Cinco flor", con el nombre sagrado de Tlazopilli, "Preciado señor". El dios es llevado en un palanquín forrado
con plantas de maíz pleno de mazorcas, por dos guerreros que portan el *aztaxelli,* visten mantas de red y en su tobillo llevan ajorcas de
pata de venado, para indicar que son veloces, mientras adelante un
músico toca el caracol. Viste una manta verde con fleco de plumas
amarillas y emblemas blancos (*Códice Magliabecchiano,* 1983: 23) (figura 7).

El rostro de Tlazopilli emerge del pico blanco de un ave roja,
con cresta de plumas verdes y pedernales. Viste una capita roja,
sus orejeras de disco son de turquesa, de su cuello pende un collar
verde, posiblemente de jade, con fleco de discos de concha, y su
pectoral es también el *teocuitlacomalli.* Su rostro y extremidades son
rojas y están cubiertas por puntitos negros. Lleva unas ajorcas ricas
con cascabelillos de oro, calza sandalias blancas y en su única mano
sostiene su bastón de corazón o *yollotopilli.*

Xochipilli, al portar el yelmo de un ave roja, está disfrazado de *alo,*
que es la guacamaya roja (*Ara macao* sp.), un ave solar. La guacamaya
no tiene cresta aunque usualmente el yelmo del dios Xochipilli sí

Figura 7. Macuilxóchitl-Xochipilli como Tlazopilli. *Códice Magliabecchiano*, 1983: 23.

lleva una cresta de plumas rojas de *tlauhquechol*, el pájaro pico de cuchara que se llama *cuachichiquil* (*Primeros Memoriales*, 1993: f. 266r). En la imagen del códice, la cresta de pedernales ensangrentados indica su carácter guerrero. El dios viste sólo una capilla roja y no el traje completo de guacamaya, porque su cuerpo debe mostrar otra característica vital, hasta ahora no notada: su piel no es de color rojo indio sino rojo encendido y al estar cubierta de puntitos, excepto por manos y pies, indica que el dios está desollado y su piel arde como arden y queman los rayos del sol, porque él es el sol (Nanahuatzin, también desollado aparece en el *Códice de Huamantla*, 1984: 6).

Es significativo que los *xantiles* tengan áreas extensas de su cuerpo pintadas de *tlahuitl*, rojo (*motlauiticac*), tal como dice el texto citado antes que enlista sus atavíos. Xochipilli porta su *yollotopilli*, "bastón de corazón", lo que sugiere que es un dios a quien deben ofrecerse corazones humanos. Las rayas rojas en su atavío de caderas señalan que se trata de un ser astral, en este caso el sol. Por último, el carácter solar de Xochipilli se ve en su imagen en los *Pri-*

meros Memoriales. Aquí exhibe en su *tonalochimal*, "escudo de sol", y en sus sandalias, el *tonallo*, signo solar (*Primeros Memoriales*, 1993: f. 266r). En resumen, la lectura de los atavíos de Xochipilli declaran que él es el sol, responsable de la maduración del maíz en particular y de los mantenimientos en general, que demanda sacrificios humanos. Él es guerrero y patrón de los guerreros que obtendrán ligeros como el venado, cuya carne era su mantenimiento. Como sol, Xochipilli, es el dios del calor, el día, la vegetación, la abundancia, la música, el baile y la alegría, es decir, de todos los bienes que proporciona el sol.

CONCLUSIÓN

El análisis de los atavíos de Quetzalcóatl disfrazado de *quetzalcoxcoxtli* de plumaje negro muestra que el dios personifica al planeta Venus y que Xochipilli, disfrazado de guacamaya roja, es un dios solar. Por lo tanto, el dios representado en los *xantiles* con yelmo de ave no puede ser ambos. Se sabe que el primero, es decir Venus, conminaba al segundo para que saliera a alumbrar el mundo lanzándole sus flechas. Un dato adicional es que el *xantil* de la Sala de Oaxaca presenta un atavío diagnóstico en el tocado. Es una flor y el nombre del dios guacamaya, sea como Macuilxóchitl, "Cinco flor", o como Xochipilli, "Príncipe o noble de las flores", tiene la palabra "flor" en su nombre. Por otra parte, los *xantiles* con yelmo de ave que se estudian no muestran rastros de pintura negra, que es muy estable y persiste a través del tiempo, y en cambio sí muestran extensas áreas del cuerpo teñido de rojo que es el color de Xochipilli, el dios solar. El *xantil* de Teotitlán ilustrado en el catálogo *Esplendor y decadencia del México antiguo* todavía muestra el pico totalmente pintado de rojo.

Iconografía de Iztac Mixcóatl, atavíos de Mixcóatl*

El *Códice Telleriano-Remensis*, que se conserva en la Biblioteca Nacional de París, es un hermoso manuscrito, cuyas ilustraciones fueron hechas por pintores indígenas bajo los auspicios del fraile dominicano fray Pedro de los Ríos entre 1550 y 1553, cuando este dominico estuvo en las ciudades de México y Puebla (Quiñones Weber, 1995: 127-128). El códice consta de dos partes: la primera contiene ilustraciones del *xihuitl* o año solar y del *tonalámatl* o libro del destino o los augurios, y la segunda de los sucesos de la historia mexica. En la primera parte aparece una figura de Mixcóatl a colores, de la que se estudian aquí sus atavíos, por ser el dios mayor otomí. Se estudia esta imagen de la cultura náhuatl porque no se conocen imágenes de esta deidad de la cultura otomí, y se sabe que la cultura náhuatl tomó mucho de la cultura otomí.

Aunque la imagen ya es de la época colonial, está bastante apegada a la iconografía antigua y cada atavío debió tener su nombre en otomí. Las imágenes fueron copiadas de un documento prehispánico, pues el códice *Telleriano-Remensis* ya es un libro pintado sobre hojas de papel europeo.

Mixcóatl aparece ataviado como un príncipe y un guerrero, sus rasgos y atavíos se analizan de arriba abajo. Los atavíos tienen un significado, algunos de los cuales se pudieron conocer. Sin embargo, el análisis de cada uno de ellos descubre datos del carácter y oficios

* "Iconografía de Iztac Mixcóatl, atavíos de Mixcóatl", *Estudios de Cultura Otopame*, núm. 5, México, iia-unam, 2006.

Iztac Mixcóatl.

de este dios. El autor, al parecer, era un indígena que trabajó sobre un dibujo antiguo. Trabajó ya no con un pincel, que produce una línea negra uniforme, sino con la pluma española, que es más delgada y que produce líneas de diferente grosor, y luego aplicó el color con pincel que en ocasiones no llena toda la forma, lo que no resta atractivo al conjunto.

TOCADO

El tocado es todo lo que el dios sostiene sobre su cabeza. Consta de un casquete hecho con una franja de papel o cartón grueso con plumillas blancas pegadas encima. De cada lado del tocado cuelgan dos tiras, al parecer cubiertas de plumilla blanca, una a cada lado del rostro. La de la derecha remata en dos plumillas cafés y el de la izquierda en un fleco blanco. Arriba de la banda blanca del tocado se ve lo que sería una corona de plumas cortas cafés de águila, uno de los animales asociados a Mixcóatl, y remata en seis plumas largas verdes de quetzal.

CUAUHPILOLLI

De su coronilla cuelga el *cuauhpilolli*, "colgajo [de plumas] de águila" que está compuesto de dos plumas cafés grandes juntas, bordea-

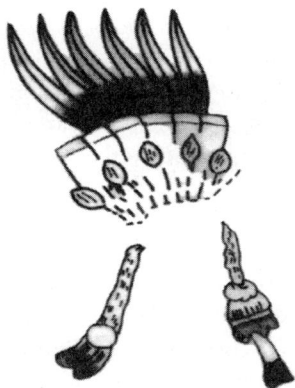

Tocado.

Cuauhpilolli.

das de plumones. Las plumas están atadas por una cinta roja cuyas puntas a su vez se atan a un mechón de pelo de la coronilla y la unión se cubre con un plumón. Entre las dos plumas de águila emergen dos plumas largas de quetzal, que ahora por la oxidación del pigmento son oscuras. El *cuauhpilolli,* aunque fijado a la coronilla, siempre cae hacia la espalda, pero en esta imagen fue dibujado más abajo y parece flotar atrás de la cabeza. El *cuauhpilolli* fue aislado por Beyer (1965, vol. X: 313) y es el atavío diagnóstico de Mixcóatl, ya que es el único dios masculino que lo porta, aunque también lo llevan Itzpapálotl y su esposa Ilancueitl.

Los antiguos mexicanos se inspiraron para elaborar este atavío en la *mixcoacuauhtli,* una aguililla pescadora que según Martín del Campo es, "sin temor a errar", la especie, *Urubitinga anthracina, anthracina* (1941: 401). El *cuauhpilolli* está relacionado con el águila, por ser ésta un ave de rapiña que con gran rapidez y sin errar se lanza y atrapa a sus víctimas, como este dios lo hacía en sus incursiones guerreras.

BANDA FRONTAL

Bajo el tocado, Mixcóatl ciñe como banda frontal el *tzoncuetlach*, "cuero de cabeza", de color rojo, atado atrás de la cabeza. La llevaban los cazadores y guerreros para sostener el pelo y detener el sudor. Es otro de los atavíos particulares de este dios, que incluso aparece de manera aislada varias veces en la fiesta de Quecholli en el *Códice Borbónico* (1979:18).

PEINADO

El pelo de Mixcóatl es negro, lacio y con arreglo masculino. Cuelga más abajo de los hombros para indicar que es un *tequihua* o capitán, y abajo se recoge en una cuenta o botón blanco. Sobre la frente, del mismo pelo sobresalen dos cuernillos que al parecer están relacionados con el fuego.

MANTA

En general, los indígenas cubrían sus espaldas con una prenda rectangular tejida de hilo de henequén o algodón, de mayor o menor tamaño y riqueza. En el caso de Mixcóatl, se nota que la manta o *tilmatl* era muy rica. Está formada de tres tiras unidas, quizá recubiertas de piel de venado. Como son blancas, podrían ser de un venado maravilloso que raramente se aparecía (*Códice Florentino*,1979, vol. III, lib. 11, f. 16 v), según se deduce de las líneas de textura que cubren cada una de las bandas. La manta remata arriba en cuatro franjas de color amarillo, rojo, verde y amarillo de nuevo y abajo en una bordura rojo y amarillo, de la que asoma un flequillo con cuatro plumas cafés que podrían ser de águila. El pintor indígena, ya aculturado, terminó la manta arriba con una curva, para dar la idea de que se trataba de una capa, en un intento de equipararla a la española y quizá para dar más categoría al portador.

ROSTRO

El rostro de Mixcóatl está visto de perfil, es rojizo, tiene el ojo abierto y muestra los dientes para indicar fiereza, y pintura roja alrededor de la boca porque está sediento y hambriento de sangre y corazones humanos, recuerdo de tiempos pasados en que los hombres sedientos del desierto bebían la sangre de la caza que obtenían.

OJERAS NEGRAS

El dios cubre la mitad superior del rostro con *tlilli* o tizne oscuro de las cenizas de la diosa Itzpapálotl, a la que Mixcóatl y sus hermanos mataron y quemaron. Las ojeras, llamadas *tlilcomitl*, "redondeles negros", protegían los ojos de los cazadores y guerreros de los ardientes rayos del sol.

NARIGUERA Y OREJERA

El *septum* de la nariz fue perforado y lo traspasa la nariguera especial de Mixcóatl, que era de berilo, una piedra transparente o blanca. El

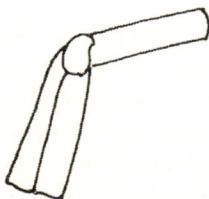

Banda frontal.

Peinado.

Manta.

Rostro.

Ojeras negras.

Nariguera y orejera.

lóbulo de la oreja izquierda está cubierto por una orejera blanca, *nacochtli,* que quizá fue labrada de concha.

CAMISA

El torso está visto de frente, convención indígena para presentar los atavíos de esta parte del cuerpo por su lado más característico. Está cubierto por una camisa blanca corta de algodón, al parecer sin mangas, y terminada en bastilla y fleco. Los indígenas, en general, no usaban camisa; aunque a veces vestían una túnica un poco más larga u otra acolchada de algodón. Quizá el pintor, ya aculturado y cristiano, no quiso mostrar a este dios con el torso desnudo y lo cubrió para equipararlo a los caballeros occidentales.

COLLAR

El collar, *cozcatl,* cubre el cuello y la parte superior del torso, es de color blanco y está formado de tres hileras sin marcar cada segmento, por lo que no se sabe si cada hilera estaba formada de cuentas esféricas o placas posiblemente de turquesa blanca. En cualquier caso, abajo penden cinco cascabelillos globulares que se dejaron sin pintar. Al ser globulares seguramente eran de oro, como los que aparecen coloreados de amarillo en pulseras y ajorcas.

PECTORAL ESCALONADO

Bajo el collar y sobre el pecho cuelga el pectoral azul escalonado, sostenido por una cinta roja de cuero atada al frente, según lo indican los dos orificios rojos que tiene el pectoral al frente y cuyo nombre se desconoce. Es el pectoral que porta también Xiuhtecuhtli, que se ha dicho es de mariposa, aunque parece más bien un banquillo señorial. Estaba trabajado con mosaico de turquesa azul y está relacionado con el fuego. Mixcóatl lo porta para recordar que él fue el inventor del fuego.

ESPEJO DE ESPALDA

Mixcóatl lleva atrás en su cintura el *tezcacuitlapilli,* "espejo de espalda", que llevaban los chichimecas cuando viajaban en línea india como se en los llamados atlantes de Tula. El atavío consiste en un pequeño disco azul con un colgajo de cuatro plumas verdes de quetzal, atadas al disco por medio de una cinta roja de cuero con la unión oculta por unas plumillas amarillas. Este atavío no siempre debía tener un espejo, y a veces éste era muy pequeño y estaba rodeado de otros materiales finos.

FALDILLA

La cadera de Mixcóatl está vista de perfil y se cubre con una faldilla blanca recta que termina en fleco y baja hasta las rodillas. Extraña que este dios lleve una faldilla tan sencilla cuando los indígenas principales, nobles y dioses, cubrían sus caderas con las *tlalpilli*, "algo que se ata", o paño de caderas que, a veces, como las mantas, eran muy ricas, tejidas con una red de nudos engarzados con turquesa, o tejidas a colores en brocado, pero que generalmente no eran rectas y se ataban a la espalda en diagonal. Quizá el pintor no

Camisa.

Collar.

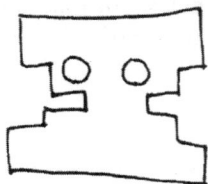

Pectoral escalonado.

Espejo de espalda.

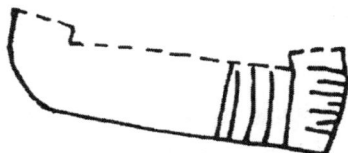

Faldilla.

quiso o no pudo detenerse a hacer los detalles si es que existían en el original que copiaba.

MÁXTLATL O TAPARRABOS

Entre las piernas cuelga el *máxtlatl* o taparrabos, la prenda masculina por excelencia. Es simplemente la usual tira blanca tejida en el telar de cintura con hilo de algodón, con la punta al frente vista de frente.

BRAZOS Y MANOS

Los brazos de Mixcóatl están vistos de perfil. Ambos sobresalen del lado izquierdo del torso, son de color rojizo, quizá un poco más claro que el del rostro. Del brazo izquierdo apenas se ve el antebrazo y la mano en puño está pintada de blanco y rayada de rojo. El brazo derecho, poco más abajo, muestra el dorso de la mano que sostiene tres dardos y está pintado de blanco con rayas rojas. La mano está vista, correctamente, por su parte dorsal y sostiene tres dardos o flechas juntos de manera vertical y una canastilla o *chitatli*.

PULSERAS

En la muñeca izquierda, Mixcóatl lleva una pulsera blanca sin color de la que cuelgan, apenas visibles, las tiras del amarre sólo dibujadas. La pulsera de la mano derecha se ve en su totalidad. Es una cinta de cuero a la que se fijó una tira de piel con pelaje y de ésta cuelgan dos cascabellillos de oro. Abajo cuelgan dos tiras largas sólo dibujadas, pero que podrían ser rojas.

PIERNAS

Las piernas de Mixcóatl están de perfil y en posición de marcha. La izquierda flexionada descansa su pie sobre el imaginario piso y la derecha se levanta, tocando flexionada la faldilla. Al igual que los brazos, las piernas tienen el color rojizo natural de la piel que después de la rodilla fue pintada de blanco y luego rayada de rojo.

AJORCAS

Las ajorcas son muy similares a las pulseras, excepto porque constan de dos tiras de cuero en vez de una. Son de piel con pelaje, una sobre la otra y de la superior sobresale lo que parece ser la cola de un venado de cola blanca. Abajo penden dos cascabelillos globulares de oro.

SANDALIAS

Las sandalias constan de suela y talonera blancas, con amarre de cuero rojo al frente. Las suelas posiblemente se hacían de cuero grueso, y la talonera de cuero menos grueso, aunque ambas partes

Máxtlatl o taparrabos.

Brazos y manos.

Pulseras.

Piernas.

Ajorcas.

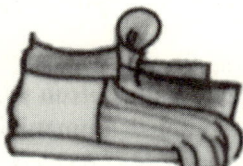

Sandalias.

también podrían ser de tejido de *ichtli* o henequén, el hilo de la penca de maguey. Los dedos de ambos pies se desbordan de la suela en oposición a la convención prehispánica más naturalista, donde los dedos del pie más cercano al observador se desbordan, mientras que los del pie más lejano muestran el dedo del pie gordo de perfil. Quizá el pintor copió los pies tal como estaban en el documento del cual copiaba, lo que podría indicar que éste era ya colonial.

XIUHATLATL O LANZADARDOS DE TURQUESA

La mano izquierda sostiene un aparato curvo que posiblemente fue recubierto con placas de turquesa blanca porque muestra las secciones con un punto al centro, que es la convención para denotar las téseras de este material. La glosa a un lado de la figura lo llama *xiuatlatl*, "Lanzadardos de turquesa", lo cual parecería discordante, pero hay que recordar que también había turquesa blanca. En su parte exterior, el lanzadardos muestra plumillas verdes que sólo indican que es precioso. Bajo la mano, en lo que sería el mango, que se dejó sin colorear, aparece una forma curvada que podría ser un *técpatl* o cuchillo de pedernal, el signo de Mixcóatl. El dios lleva el *atlatl* quizá para indicar que es un *atlacachichimeca*; es decir, un chichimeca que cazaba en los lagos con este instrumento.

DARDOS

Los dardos o flechas, *mitl*, fueron hechos como usualmente se hacían, de caña, pues se ven los nudos del tallo de la planta. No se colorearon excepto en sus partes inferior y terminal, que se pintaron de rojo. A las primeras se ataron los proyectiles, en este caso pedernales filosos ensangrentados, mientras que las terminales recibieron las plumas estabilizadoras. Con estas flechas los otomíes llegaron a ser excelentes cazadores y guerreros. El número tres de dardos es simbólico de las hazañas de Mixcóatl. En una ocasión tiró tres flechas al sol y necesitó tres flechas para someter a Chimalma.

CANASTILLA O CHITATLI

Mixcóatl sostiene, además de las flechas, la esportilla o canastilla habitual que cargaban los otomíes para poner en ella la caza y los productos de la recolección. También se utilizaba como cuna. Está formada por dos varas curvadas y ensambladas en óvalo, y a la vez unidas a una redecilla de *ichtli*. Al pertenecer a un dios, esta canastilla es especial, remata abajo en dos borlas de un material desconocido, vegetal o animal, unidos a la tira de cuero. La unión se oculta, como en otros casos, por medio de un plumón grande. Otros cuatro plumoncillos alrededor lo decoran o enriquecen y se unen a la canastilla por un elegante moño de cuero.

RAYAMIENTO
Como se dijo arriba, parte de los brazos y piernas se pintaron de blanco con rayas rojas encima, lo que hizo pensar a Alfonso Caso que eran sólo una pintura, como anotó Jiménez Moreno (1974: 23), lo cual podría ser así, pero el mismo autor adelantó que "podría ser que les sajasen la piel [a los hombres que serían sacrificados] y de

Xiuhatlatl o lanzadardos de turquesa.

Dardos.

Canastilla o chitatli.

las sajaduras brotase sangre y cuenta que, en las celebraciones de la veintena de Tlacaxipehualliztli, se rayaba a los cautivos". Como en muchas otras de sus aseveraciones, este autor está en lo correcto. En la *Leyenda de los Soles* (2002: 193) se asienta que cuando Mixcóatl apresó a sus odiados tíos, asesinos de su padre, Apanecatl, Zolton y Cuilton, "los cubrieron de chile, les hicieron pequeños cortes en el cuerpo y después de atormentarlos, les abrieron el pecho".

CONCLUSIÓN

La pintura de Mixcóatl en el *Códice Telleriano-Remensis* es notable por su inmediato atractivo visual, logrado por su línea ya hecha con pluma de ave en la posición occidental y no con el pincel indígena tomado con el puño cerrado y los pelos hacia abajo, lo que producía una línea más gruesa y estable y los colores aplicados y todavía vivos. La glosa dice claramente que el personaje es Mixcóatl en su fiesta de Quecholli; pero la frecuencia de iconos blancos en su atuendo: *atlatl*, nariguera, orejera, broche de pelo, collar, manta, camisa, faldilla, taparrabos y sandalias, sugieren que en esta imagen se representó al antiguo Iztac Mixcóatl, el anciano padre de los otomíes y de las generaciones de Mesoamérica (Mendieta, 1945, 1: 159).

En cuanto al pintor anónimo, aunque copiaba un códice antiguo, introdujo rasgos y líneas occidentales en su dibujo: no sólo copió sino que hizo alteraciones conducentes a que se comprendiera mejor el original que copiaba. Además convirtió la angosta manta indígena (por medio de un detalle sutil, una curva encima de ella para aclarar que era una capa para cubrir el torso del dios) en una camisa, para hacerlo más cristiano u occidental.

Bibliografía

AGUILERA, Carmen. "Una deidad de tipo negroide en el panteón azteca", *Estudios de Cultura Náhuatl*, núm. 9. México, IIH-UNAM, 1971, pp. 47-56.

————, "Observación acerca del monumento 64 de La Venta", *Boletín del INAH*, núm. 3. México, SEP/INAH, 1972, p. 43.

————, "The Styles in the Ilustrations of Book IX of the *Florentine Codex*", *Proceedings of the LX International Congress of Americanistes*, vol. III. Roma, 1973, pp. 185-193.

————, "Algunas influencias medievales en las ilustraciones del *Códice Florentino*", *XIII Mesa Redonda de la SMA*. Xalapa, México, 1975, pp. 311, 319, 1975.

————, *El arte oficial tenochca. Su significación social*, Cuadernos de Historia del Arte, núm. 5, [1ª ed., 1977]. México, IIE-UNAM, 1985.

————, "Coyolxauhqui. Ensayo iconográfico", *Cuadernos de la Biblioteca*, Serie Investigación, 2. México, INAH/BNAH, 1978.

————, "Significado de los rasgos y atavíos de Coyolxauhqui", *Boletín del INAH*, núm. 24. México, SEP/INAH, 1978, pp. 80-92.

————, "Fechamiento del monolito de Coyolxauhqui", *Notas*, 1. México, INAH/BNAH/SEP, 1980.

————, "Algunos datos sobre el chapopote en las fuentes documentales del siglo XVI", *Estudios de Cultura Náhuatl*, núm. 14. México, IIH-UNAM, 1980 pp. 335-343.

————, "Coxcoxtli, el ave del amanecer", *Notas*, 3. México, INAH/BNAH/SEP, 1980.

————, "Simbolismo mexica del quetzal", *Notas*, 5. México, INAH/BNAH/SEP, 1981b.

—————, "La función social del arte oficial mexica", *Multidisciplina*, núm. 6. México, ENEP Acatlán, 1982, pp. 57-64.

—————, "Xopan y Tonalco. Una hipótesis acerca de la correlación astronómica de los calendarios mexicas y cristianos", *Estudios de Cultura Náhuatl*, núm. 15. México, IIH-UNAM, 1982, pp.185-207.

—————, "El *coxcoxtli* y los crácidos mexicanos", *Memorias del 44avo. Congreso Internacional de Americanistas*, Inglaterra, BAR International Series, 171, Jeanette Peterson (ed.). Manchester, 1983a, pp. 67-78.

—————, "Identificación de Topiltzin-Quetzalcóatl de Tula", *Estudios de Cultura Náhuatl*, núm. 16. México, IIH-UNAM, 1983b, pp. 165-181.

—————, *Códice de Huamantla*. Estudio iconográfico, cartográfico e histórico de Carmen Aguilera, Códices y Manuscritos de Tlaxcala, núm. 2. Tlaxcala, México, Gobierno del Estado de Tlaxcala/ITC, 1984a.

—————, "Reconstrucción de la policromía de Coyolxauhqui", *Homenaje a Jorge Gurría Lacroix*. México, IIH-UNAM, 1985, pp. 45.

—————, "El mueble prehispánico", *El mueble mexicano. Historia, evolución e influencias*. México, Fomento Cultural Banamex, 1985, pp. 14-24.

—————, "Epoca prehispánica", *Siempre niños. Sus imágenes en la historia de México*, catálogo de la exposición del mismo nombre. México, Museo Nacional de Historia/INAH, 1985, pp. 7-14.

—————, *Flora y fauna mexicana. Mitología y tradiciones*. México-España, Everest Mexicana, S. A. (Raíces Mexicanas), 1985b.

—————, *Lienzos y códice de Tepeticpac* (ed. facsimilar y estudio). Estudio iconográfico e histórico de Carmen Aguilera. México, ITC, 1986a.

—————, "Los topónimos en el *Códice de Huamantla*", *Memorias del 1er Simposio Internacional de Investigaciones socio-históricas sobre Tlaxcala*. México, Gobierno del Estado de Tlaxcala, 1986, pp. 57-64.

—————, "Iztac Mixcóatl en la vasija naranja del Templo Mayor", *Primer Coloquio de Historia de las Religiones en Mesoamérica y Áreas Afines*. Barbo Dahlgren (ed.). México, IIA-UNAM, 1987, pp. 69-82.

————, "Los volátiles en el *Tonalámatl de Aubin*", *Revista Mexicana de Estudios Antropológicos*, tomo XXXIV, núm. 1, Doris Heyden (ed.). México, SMA, 1988, pp. 141-146.

————, *Códice Cospi. Calendario mexicano 4093*. Biblioteca Universitaria *de Bolonia*, estudio de Carmen Aguilera. México, Gobierno del Estado de Puebla, Centro Regional de Puebla/INAH /SEP, 1988.

————, "The Mexica Leap Year Once Again", *World Archaeoastronomy, Selected Papers from the Second Oxford International Conference on Archeoastronomy*, Mérida, Yucatán, México, 13-17 de enero de 1966, Anthony Aveni (ed.), Cambridge University Press, New York, 1989, pp. 227-231.

————, "Quetzalapanecáyotl, símbolo del poderío tolteca", *México, Mesoamérica y el Norte de México. S. IX-XII*, Federica Sodi Miranda (coord.). México, INAH, 1990, pp. 135-142.

————, "A new Approach to the *Codex Cospi*", *Lail Speaks!*, Selected Papers from the VII International Symposium on Latin American Indian Literatures, Mary H. Preuss (ed.). Lancaster, Labyrinthos, 1990, pp. 51-56.

————, "Glifos toponímicos en el *Mapa de MéxicoTenochtitlan y sus contornos ca. 1550*", *Estudios de Cultura Náhuatl*, núm. 20. México, IIH-UNAM, 1990, pp. 163-172.

————, "The Templo Mayor as a Dual Symbol of the Passing of Time", *Mesoamerican Dualism, Memorias del 46avo Congreso Internacional de Americanistas*. Amsterdam 1988, Van Zantwijk/De Ridder/ Braakhuis Editores, RUU/ISOR, Utrecht, 1990, pp. 74-93.

————, "Estratificación social en el Lienzo de Tepetícpac", *Historia y sociedad en Tlaxcala, Memorias del IV Simposio Internacional de Investigaciones Sociohistóricas sobre Tlaxcala*. Tlaxcala, Gobierno del Estado de Tlaxcala, 1991, pp. 78-82,

————, "Registro de eclipses en códices del Altiplano", en coautoría con Jesús Galindo, *Eclipses en México*. México, SEP/INAH/INAOE, 1991, pp. 60-67.

————, "Los otomíes defensores de fronteras", *Notas Mesoamericanas*, núm. 13, Selecciones del Segundo Simposio de Cholula. México, Puebla, Universidad de las Américas, Cholula, 1991-1992, pp. 103-110.

————, "Cartografía indígena", *Cartografía histórica del encuentro de dos mundos*. España y México, Instituto Geográfico Nacional e

Instituto Nacional de Estadística, Geografía e Informática, 1992, capítulo tres, pp. 99-134.

————, "The New Fire Ceremony. Its Meaning and Calendarics", *Memorias del Simposio Internacional Time and Astronomy at the Meeting of Two Worlds*. Abril 27 a mayo 2 de 1992, Frombork y Varsovia, Estudios y Memorias 10, Departamento de Antropología Histórica, Instituto de Arqueología de la Universidad de Varsovia, Polonia, 1994, pp. 15-24.

————, "A Case of Mistaken Identity: Cihuacoatl, not Chantico", *Messages and Meanings, Memorias del XII Simposio Anual de Latin American Indian Literatures*. México, IIA-UNAM, Mary Preuss (ed.), Labyrinthos, Lancaster, California, 1997a, pp. 77-83.

————, "Aculturación en el *Códice Cospi*", *Estudios de Cultura Náhuatl*, núm. 27. México, IIH-UNAM, 1997, pp. 227-246.

————, "Of Royal Mantles and Blue Turquoise", *Latin American Antiquity*, vol. 8, núm. 1. Arizona, Society for American Archaeology, 1997b, pp. 3-19.

————, "Sacred Song to Xochipilli", *Latin American Indian Literaturas Journal*, vol. 14, núm. 1. Pennsylvania, The Pennsylvania State University, 1998a, pp. 54-72.

————, "The *Matrícula de Huexotzinco*. A Pictorial Census from New Spain", Huntington Library Quarterly, vol. 59, núm. 4. San Marino, California, 1998, pp. 529-542.

————, *Lienzos de Tepetícpac*, facsimilar y estudio, estudio iconográfico e histórico de Carmen Aguilera. México, Gobierno del Estado de Tlaxcala, 1998b.

————, "Figura pintada sobre un piso de un edificio en La Ventilla en Teotihuacán", en coautoría con Rubén Cabrera, *Arqueología*, 22, 2a. época. México, Coordinación Nacional de Arqueología del INAH, 1999, pp. 3-15.

————, "Deidades prehispánicas en el Tepeyac", *Tepeyac. Estudios Históricos*. México, Universidad Tepeyac, 2000b, pp. 31- 42.

————, "La fecha de inauguración del Templo Mayor", *Arqueología Mexicana*, núm. 41. México, Conaculta/INAH/Editorial Raíces, 2000, pp. 30-31.

————, "The Mexica (Aztec) Milky Way", *Astronomy, Cosmology and Landscape, Proceedings of the SEAC Meeting*. Dublín, Irlanda, septiembre de 1998, Societé Européenne pour l'Astronomie dans la Culture/Clive Ruggles Frank Prendergast and Tom Ray eds., Ocarina Books Bognor Regis, Sussex, Inglaterra, 2000, pp. 127-132.

————, "Cihuacóatl diosa otomí", *Estudios de Cultura Oto-Pame*, núm. 2. México, IIA-UNAM, 2000c, pp.29-43.

————, "Algunos aspectos de la cultura del Lago de Zumpango", *Expresión Antropológica*. México, Colegio Mexiquense de Cultura, 2000, pp. 71-83.

————, "Coyolxauhqui. The Mexica Milky Way", *Astronomy, Cosmology and Landscape. Procedings of the SEAC 98 Meeting*, ed., by Clive Rugles, Frank Prendergast and Tony Ray. Sussex, Inglaterra, Ocarina Books, 2001a, pp. 127-132.

————, "El simbolismo mexica del quetzal", *Animales y plantas en la cosmovisión mesoamericana*, Yólotl González (coord.). México, Conaculta/INAH/Plaza y Valdés, 2001c, pp. 221- 240.

————, "Escultura teotihuacana de la diosa Toci en la Sala Mexica del Museo Nacional de Antropología", *Arqueología*, núm. 25, nueva época. México, INAH, 2001, pp. 63-70.

————, "Turquoise", *Oxford Encyclopedia of Mesoamerican Cultures, The Civilizations of Mexico and Central America*. Nueva York, Oxford University Press, 2001, vol. 3, pp. 276- 277.

————, *Códices de México*. México, Conacyt, 2001.

————, "Los quetzales de Teotihuacán", *Ideología y política a través de materiales, imágenes y símbolos, Memoria de la Primera Mesa Redonda de Teotihuacan*, María Elena Ruiz Gallut (ed.). México, Conaculta/INAH/IIA-UNAM-IIE, 2002, pp. 399-398.

————, "Topónimos de los Doce Pueblos de Milpa Alta México, D.F", *Expresión Antropológica*, nueva época, núm. 4. México, Instituto Mexiquense de Cultura, Toluca, 2002, pp. 58-65.

————, "Descubriendo a un niño sol", *Arqueología Mexicana*, vol. 10, núm. 55. México, Editorial Raíces, 2002, pp. 58-63.

————, "Cihuacóatl Celestial or terrestrial", *Latin American Indian Literatures Journal*, Penn State McKeesport, vol. 19, núm. 1. McKeesport Pennsylvania, 2003, pp. 92-108.

————, "El penacho de Motecuhzoma", *Arqueología Mexicana*, vol. XI, núm. 64. México, INAH/Editorial Raíces, 2003, pp. 76-79.

————, "Teocipactli, un dios tlaxcalteca desconocido", *Ciencia y Desarrollo*, vol. XXX, núm. 172. México, Conacyt, 2003, pp. 4 -11.

—————, "La bella diosa del Tepeyac", *Dimensión Antropológica,* nueva época, núm. 21-22. México, Gobierno del Estado de México, Toluca, 2004, pp. 46-51.

—————, "El *Tonalámatl de Aubin*", *Códices en Tlaxcala. De la palabra a lo escrito.* Tlaxcala, Colegio de Historia de Tlaxcala/Gobierno del Estado de Tlaxcala, México, 2004, pp. 222-232.

—————, "Xochipilli dios solar", *Estudios de Cultura Náhuatl,* núm. 35. México, IIH-UNAM, 2004, pp. 69-74.

—————, "Algunos *xantiles* con yelmo de ave", XXVI Mesa Redonda de la SMA. México, Zacatecas, 2004, en *Migración, población, territorio y cultura,* México 2006 SMA, pp. 237-242.

—————, "Disco de concha otomí", *Arqueología Mexicana.* México, INAH/Editorial Raíces, 2005.

—————, "El *Código de Huamantla*", *Primer Ciclo de Códices de la BNAH* y CD "*Código Huamantla*". México, INAH, 2006.

—————, "El quetzal antes y después de Cacaxtla", *Memorias del Primer Coloquio Internacional Cacaxtla a sus 30 años de Investigación.* Tlaxcala, Conaculta, 2007, pp. 544-557 (CD).

—————, "Los enredos del enredo de Cihuacóatl, diosa otomí", *Expresión Antropológica,* nueva época, núm. 30. México, mayo-agosto, 2007, pp. 6-15.

—————, "Ensayo preiconográfico sobre Tlaltecuhtli, diosa de la Tierra", *Arqueología,* segunda época, núm. 38. México, INAH, mayo-agosto, 2008, 112-124.

—————, "La lápida de Itzpapálotl. Obra de arte matlatzinca", *Arqueología Mexicana,* vol. XVI, núm. 93. México, Editorial Raíces, septiembre-octubre, 2008, pp.16-17.

AGUIRRE BELTRÁN, Gonzalo, *Medicina y magia. El proceso de aculturación en la estructura colonial.* México, INI (Serie Antropología Social, núm. 1), 1963.

ALTAMIRANO, Sara. "Informe de la comisión del día 5 de abril de 1985 a Tlaxcala, pueblo de Tepeticpac" (ms.). México, INAH, Dirección de Restauración del Patrimonio Cultural, 1985.

ALVARADO GUINCHARD, Manuel, *El códice de Huichapan. Relato otomí del México prehispánico y colonial.* México, INAH, Departamento de Lingüística, 1978.

ALVARADO TEZOZÓMOC, Hernando, *Crónica Mexicana.* México, Porrúa, 1980.

ÁLVAREZ DEL TORO, Manuel, *Las aves de Chiapas*. México, Universidad Autónoma de Chiapas, 1971.

"Anales de los katchiqueles", en *Memorial de Sololá*. México, Fondo de Cultura Económica, 1980.

ANAWALT, P., "The Emperor's Cloak: Aztec Pomp. Toltec Circumstances", *American Antiquity*, núm. 55. Arizona, Society for American Archaeology, 1990, pp. 291-307.

————, "Riddle of the Emperor's Cloak", *Archaeology*, núm. 46(6), 1993, pp. 30-36.

ANDERSON, J. O. Arthur, "Materiales colorantes prehispánicos", *Estudios de Cultura Náhuatl*, vol. VI. México, IIH-UNAM, 1963, pp. 73-83.

"Anales de Cuauhtitlán", *Códice Chimalpopoca*. *Anales de Cuauhtitlán y Leyenda de los Soles*, traducción de Primo Feliciano Velásquez. México, UNAM, 1992, pp. 3-118.

ANGLERÍA, PEDRO Mártir de, *Décadas del Nuevo Mundo*. México, Porrúa, 1964.

ANGUIANO, Marina y Chapa, Matilde, "Estratificación social en Tlaxcala durante el siglo XVI", en *Estratificación social en la Mesoamérica prehispánica*. México, INAH/SEP, 1976, pp. 122-156.

ANGULO, Jorge, "Identificación de una constelación en la pintura teotihuacana", en *Arqueoastronomía y etnoastronomía en Mesoamérica*, Johanna Broda y Stanislav Ivaniszewski (eds.). México, IIH-UNAM, 1991. pp. 309-327.

ANTOCHIW, Michel, *Historia cartográfica de la Península de Yucatán*. México, Cinvestav, Ed. Tribasa, 1994.

APENES, Ola, "The Pond in our Back Yard", *Mexican Life*, vol. 3. México, 1943, pp.15-18.

Artes de México, núm. 64-65, año XII, 1965, p. 134.

AUSTIN, Oliver L., *Birds of the world*, Paul Hamlyn. Londres, 1961.

BAQUEDANO Elizabeth, "Aspects of Death Symbolism in Aztec Tlaltecuhtli", *46th International Congress of Americanists*. Amsterdam, 1988, Estudios Americanistas, Bonn, 1993.

BAQUEDANO Elizabeth y Clive Orton, "Similarities between Sculptures Using Jaccard's Coefficient in the Study of Aztec Tlaltecuhtli", *Papers from the Institute of Archaeology*. Londres, University College, 1990.

BARLOW, Robert, "Algunos apuntes sobre el *Códice de Huamantla*", conferencia mecanuscrita, Primer Congreso Mexicano de Historia de Tlaxcala, 1949.

Batres, Leopoldo, "Teotihuacan: Memoria que presenta Leopoldo Batres, inspector general y conservador de los monumentos arqueológicos de la República Mexicana, al *XV Congreso Internacional de Americanistas* que deberá reunirse en 1906". México, 1906.

Benavente, Toribio de (Motolinía), *Memoriales o Libro de las Cosas de la Nueva España y de los Naturales de ella.* México, IIH-UNAM, 1971.

Berdan, F. F., "The Economics of Aztec Luxury Trade and Tribute", *The Aztec Templo Mayor,* E. H. Boone (ed.). Washington, D. C., Dumbarton Oaks, 1987, pp. 161-183.

Bernal, Ignacio, *El mundo olmeca.* México, Porrúa, 1968.

Beyer, Hermann, "El *cuahpilolli,* La borla de pluma del dios Mixcóatl", *El México antiguo,* vol. X. México, Sociedad Alemana Mexicanista, 1965, pp. 313-329.

Bishop, M., *The Horizon Book of the Middle Ages.* Londres, Cassell, 1968 (Influencias Medievales).

Bonifaz Nuño, Rubén y Fernando Robles, *El arte en el Templo Mayor.* México, INAH, 1981.

Borboa, Martín, *Itzcóatl. Emperador mexica.* México, Plaza y Valdés, 1995.

Boturini, Lorenzo, "Catálogo del Museo Histórico Indiano", *Idea de una nueva historia de la América Septentrional.* México, Porrúa, Colección "Sepan Cuántos...", núm. 278, 1974.

Broda, Johanna, "Ciclos agrícolas en el culto: un problema de la correlación del Calendario Mexica", *Calendars in Mesoamerica and Perú: Native American Computantions of time,* Anthony F. Aveni y G. Brotherston (eds.). Manchester, BAR Internacional Series, núm. 174, 1983, pp. 145-165.

Bruce, Robert, *Textos y dibujos lacandones de Naja.* México, INAH, Colección Científica Lingüística, núm. 45, 1976.

Cabrera, Rubén, "A Survey of Recently Excavated Murals at Teotihuacan", *Art, Ideology and the City of Teotihuacan.* Washington, D. C., Dumbarton Oaks Research Library and Collections, 1992, pp. 113-128.

————, "Figurillas glíficas de La Ventilla, Teotihuacan", *Arqueología,* 2a. época, núm. 15. México, INAH/Coordinación Nacional de Arqueología, 1996, pp. 27-40.

CARRASCO PIZANA, Pedro, "Los linajes nobles del México antiguo", *Estratificación social en la Mesoamérica prehispánica*. México, SEP/INAH, 1976.

CASO, Alfonso, *El pueblo del sol*. México, FCE, 1953.

————, *Los calendarios prehispánicos*. México, IIH-UNAM, 1967.

————, "Un códice en otomí", *Proceedings of the XXIII International Congress of Americanists*. Nueva York, 1928, pp. 130-135.

CASO, Alfonso y Federico Gómez de Orozco, "El *Códice de Huamantla*", *Trabajos inéditos, del doctor Alfonso Caso y del profesor Federico Gómez de Orozco*, Cuadernos de la Biblioteca Nacional de Antropología e Historia, Serie Códices, núm. 7. México, BNAH, 1979, pp. 6-16.

CASTILLO FARRERAS, Víctor, "El bisiesto náhuatl", *Estudios de Cultura Náhuatl*, núm. 9. México, IIH-UNAM, 1971, pp. 9, 75-104.

CIUDAD REAL, Antonio, *Tratado curioso y docto de las grandezas de la Nueva España*, estudio, apéndices, glosarios, mapas e índices por Josefina García Quintana y Víctor M. Castillo F. México, IIH-UNAM, 1976, 2 vols.

CLAVIJERO, Francisco Javier, *Historia antigua de México*. México, Porrúa, 1964.

CLELOW, C. W. y Christopher, R. Corson, "New Stone Monuments from La Venta" (Apéndice II), *Contributions, 5*. Berkeley, University of California, Archaeological Research Facility, 1968, pp. 171-82 y 201.

Codex Aubin de 1576. Histoire de la Nation Mexicaine depuis le depart d'Aztlan jusqu 'a l 'arrivé des conquerants espagnols (et au dela 1607). Manuscrit figuratif accompagné de texte au langue Nahuatl ou Mexicaine suivi d'une traduction en français par monsieur J. M. A. Aubin. París, Emest Leroux, 1893.

Codex Azcatitlan [*ca*. 1550-1600]", *Journal de la Société des Américanistes*, facsimilar y comentario de Robert Barlow. París, Nueva Serie, núm. 38, 1949, pp. 101-135.

Codex lxtlilxochitl, Bibliothèque Nationale Paris (MS. Mes. 65-71) [1582?], Akademische Drucknd Verlagsanstalt, Durand Forest y J. Austria (eds.), Graz, 1976.

Codex Magliabecchiano and the Lost Prototype of the Magliabechiano Group, Notes and commentary by Elizabeth Hill Boone. Berkeley, University of California Press, 1983. Facsimilar y estudio.

Codex Nuttall, Introducción de Arthur Miller, Nueva York, Dover Publications, 1975.

Codex Vaticanus B. An Old Mexican Pictorial Manuscript in the Viena Library, Published at the expense of his excellency the Duke of Loubat, comentario de Eduard Seler, traducción de Alfonso Caso. Berlín-Londres, 1902-1903, 2 vols.

Códice Borbónico, facsimilar y comentario de Francisco del Paso y Troncoso. México, Siglo XXI, 1979.

Códice Borgia, facsimilar y comentarios de Eduardo Seler. México, FCE, 1980, 3 vols.

Códice Chimalpopoca. Anales de Cuauhtitlán y Leyenda de los Soles, traducción de Primo Feliciano Velázquez. México, IIH-UNAM, 1992, pp. 3-28.

Códice de Dresde, facsimilar y volumen, comentado por J. Eric Thompson. México, FCE, 1988.

Códice Fejérváry-Mayer, véase *Códice Tonalámatl de los pochtecas.*

Códice Florentino, manuscrito 218-20 de la colección palatina de la Biblioteca Medicea Laurenziana. México, Gobierno de la República, AGN, 1979, 3 vols.

Códice de Huamantla, facsimilar y estudio iconográfico, cartográfico e histórico de Carmen Aguilera. Tlaxcala, México, ITC, 1984.

Códice de Huichapan, comentado por Alfonso Caso. México, Telecomunicaciones de México, 1992.

Códice de Huichapan, paleografía y traducción de Lawrence Ecker. Doris Bartholomew y Yolanda Lastra (eds.). México, UNAM, IIA, 2001.

Códice Ixtlilxochitl, Akademische Druck und Verfagsanstalt, FCE, Austria. México, facsimilar y comentario de Gert Bastiaan van Doesburg y colaboración de Florencio Cabrera González, México, 1986.

"Códice Laud ", *Antigüedades de México,* paleografía y notas de José Corona Núñez, vol. 1. México, SHCP, 1964, pp. 318-408.

Códice Lienzo de Tlaxcala, México, Cartón y Papel de México, 1983.

Códice Magliabecchiano, 1983, facsimilar (vol. I). Estudio de Elizabeth Hill Boone (vol. 2).

Codice Matritense. Códice de Madrid, Museo de América, Madrid, España, Akademische Druck und Verlagsanstalt Austria y Fondo de Cultura Económica. México, 1967.

Códice Mendocino, facsimilar. México, Ediciones San Ángel, 1979.

Códice Quinatzin. Mapas de Culhuacan con los Mapas de Tlatelolco, Quinatzin y Tepechpan iluminados a la vista de los originales e historia de la colección de M. Aubin, cotejados en París por el doctor Antonio Peñafiel, 1888.

"Códice Selden", *Antiquities of Mexico*, estudio interpretación de José Corona Núñez. Secretaría de Hacienda y Crédito público, 1964, vol. 2. México, pp. 78-113.

"Códice Telleriano-Remensis", *Antigüedades de México*, paleografía y notas de José Corona Nuñez, vol. 1. México, Secretaría de Hacienda y Crédito Público, 1964, pp. 151-337.

Códice Teotenantzin, siglo XVIII, original en la Bóveda de Códices de la BNAH, México.

Códice Tira de la Peregrinación, 2a. mitad del siglo XVI, original en la Bóveda de Códices de la BNAH, México.

Códice Tira de Tepechpan, edición y comentario de Xavier Noguez. México, Biblioteca Enciclopédica del Estado de México, 1978, 2 vols.

Códice Tonalámatl de Aubin: antiguo manuscrito en la Biblioteca Nacional de París (Manuscrit mexicains 18-19), facsimilar y estudio introductorio de Carmen Aguilera. México, Gobierno del Estado de Tlaxcala, Instituto Tlaxcalteca de Cultura, 1981.

Códice Tonalámatl de los pochtecas, (*Códice Mesoamericano Fejérváry-Mayer*), facsimilar y volumen, edición, estudio introductorio y comentario de Miguel León-Portilla. México, Celanese Mexicana, 1985.

"Códice Tro-Cortesiano o Códice Madrid", *Los códices mayas*. Tuxtla Gutiérrez, Chiapas, Universidad Autónoma de Chiapas, 1985, pp. 79-140.

Códice Tudela, facsimilar y comentarios de José Tudela de la Orden y otros. Madrid, Ediciones de Cultura Hispánica del Instituto de Cooperación Iberoamericana, 1980.

"Códice Vaticano-Ríos", *Antigüedades de México*, paleografía y notas de José Corona Núñez, vol. III. México, Secretaría de Hacienda y Crédito Público, 1964, pp. 7-314.

Códice Veytia, transcripción y notas de José Alcina Franch, Colección Fábula Americana 4. Madrid, Testimonio Compañía Editorial y Patrimonio Nacional.

COE, Michael, *America's First Civilization American*. Nueva York, Heritage Publishing Co, 1968.

COHODAS, M. Albin, *The Great Ball Court cu Chichen Itzá*. Nueva York, Garland, 1978.

COMAS, Juan. "¿Hubo negros en América?", *Revista de la Universidad de México*, vol. X, núm. 4. México, UNAM, 1955.

CORTÉS, Hernán, *Cartas de relación*. México, Porrúa, 1963. (Colección "Sepan Cuántos...").

COVARRUBIAS, Miguel, *Indian Art of Mexico and Central America*. Nueva York, Alfred A. Knopf, 1957.

Chilam Balam de Chumayel. México, FCE, 1979.

Chimalpahin, Domingo, *Las ocho relaciones y el memorial de Colhuacan*, paleografía y traducción al español de Rafael Tena, vol. I. México, Conaculta, 1998, pp. 179-306 (col. Cien de México).

DAVIES, Nigel C., *The Toltecs until the Fall of Tula*. Norman, Oklahoma, University of Oklahoma Press, 1987.

DÍAZ DEL CASTILLO, Bernal, *Historia de la conquista de la Nueva España*, pról. de Joaquín Ramírez Cabañas. México, Porrúa, 1967.

Diccionario Maya Cordemex. México, Yucatán, Ediciones Cordemex, 1980.

Diccionario de Motul Maya-Español atribuido a Fray Antonio de Cuidad Real y Arte de Lengua Maya por Fray Juan Coronel. México, Talleres de la Compañía Tipográfica Yucateca, Mérida, 1929.

DIDRON, A. N., *Christian Iconography. The History of Christian Art in the Middle Ages*. Nueva York, Frederik Ugar, 1968.

DURÁN, Diego, *Historia de las Indias de Nueva España e islas de Tierra Firme*, paleografía, introducción y notas de Ángel María Garibay, 1a. ed., 1967. México, Porrúa, 1984, 2 vols.

DUVERGER Christian [Recensión], "*El Códice Cospi* de Laura Laurencich Minelli", *Journal de la Societé des Americanistes*, núm. 79. París, 1993, pp. 270-282.

EVANS, J. (ed.), *The Flowering of the Middle Ages*. Londres, Thames and Hudson, 1966.

Florentine Codex. General History of the Things of New Spain, translated into the English by J. O. Anderson and Charles E. Dibble, Santa Fe, New Mexico, The School of American Research and The University of Utah, 1950-1970, 13 vols.

FLORESCANO, Enrique, "Tula-Teotihuacan, Quetzalcóatl y la Toltecáyotl", *Historia Mexicana*, núm. 2, vol. XIII. México, Colmex, 1963, pp. 193-234.

FUENTES Y GUZMÁN, Francisco Antonio (1932-1933 [1695]), *Recordación florida: Discurso historial y demostración natural, material, militar y política del Reyno de Guatemala.* J. A. Villacorta, R. A. Salazar, y S. Aguilar (eds.), Biblioteca "Goathemala" (vols. 1-3). Guatemala, Sociedad de Geografía e Historia.

GALARZA, Joaquín, *Estudios de escritura indígena tradicional aztecanáhuatl.* México, AGN/CIESAS,1980.

GARCÍA GRANADOS, Rafael, "Antigüedades mejicanas en Europa", *Memorias de la Academia Mexicana de la Historia*, vol. 1, núm. 2. México, Academia Mexicana de la Historia,1942, pp. 143-165.

GARCÍA ICAZBALCETA, J., *Bibliografía mexicana del siglo XVI.* México, nueva ed. A. Millares Carlo, 1954.

————, "Carta acerca del origen de la imagen de Nuestra Señora de Guadalupe", *Testimonios históricos guadalupanos*, Ernesto de la Torre y Ramiro Navarro de Anda (eds.). México, FCE, 1982.

GARIBAY, Ángel María, *Historia de la literatura náhuatl.* México, IIH-UNAM, 1953, vol. I.

————, "Vocabulario de las palabras y frases en lengua náhuatl que usa Sahagún en su obra", *Historia General de las Cosas de la Nueva España*, vol. IV, 1956, pp. 317-373, [véase Sahagún, Bernardino de].

————, *Veinte himnos sacros de los nahuas*, México, IIH-UNAM.

————, Seminario de Cultura Náhuatl, 1958 (Fuentes Indígenas de la Cultura Náhuatl, Informantes de Sahagún 2).

————, *Poesía náhuatl.* México, IIH-UNAM, 1964.

————, "Supervivencia religiosa", *Sabiduría del Anáhuac.* México, Gobierno del Estado de México, 1986, pp. 201-216.

————, "Introducción", *Teogonía e historia de los mexicanos (Tres opúsculos del siglo XV).* México, Porrúa, 1992, pp. 7-19.

GARZA, Mercedes de la, *Aves sagradas de los mayas.* México, IIF-UNAM, Centro de Estudios Mayas, 1995.

GIBSON, Charles, *Tlaxcala in the Sixteenth Century.* New Haven, Connecticut, Yale University Press, 1966.

GLASS, John B., *Catálogo de la colección de Códices.* México, INAH/MNA, 1964.

GÓMEZ, Sergio, "Unidades de producción artesanal y de residencia en

Teotihuacan. Primeros resultados de las exploraciones del frente 3 del Proyecto La Ventilla 92-94", *Revista Mexicana de Estudios Antropológicos*, tomo XLII. México, SMA, 1996, pp. 31-37 y 201-227.

GRAULICH, Michel, "La structure du calendrier agricole des anciens Mexicains", *Lateinamerika Studien*, vol. 6. Munich, Wilhelm Fink Verlag, 1980, pp. 99-113.

————, *Las fiestas de las veintenas*. México, INI. 1999 (Serie Fiestas de los Pueblos Indígenas. Ritos Aztecas).

GUZMÁN, Eulalia, "El arte cartográfico entre los antiguos mexicanos". *Revista Mexicana de Geografía*. México, IG-UNAM, 1939, pp. 80-94.

HANNS, J. Prem, *Matrícula de Huexotzingo*, MS Mex 387. París, Bibliothèque Nationale (Graz, Austria) 1974.

HARTIG, Helga-María, "Las aves de Yucatán", *Cuadernos*, núm. 4. México, Yucatán, Fondo Editorial, 1979.

HERNÁNDEZ, Francisco y Francisco Ximénez, *Plantas, animales y minerales de Nueva España usados en la medicina*. México, Morelia, Tipografía y Litografía en la Escuela de Artes a cargo de José R. Bravo. 1888.

HERNÁNDEZ, Francisco, *Historia Natural de Nueva España*, Obras Completas, 3 vols. México, UNAM, 1959.

"Historia de los mexicanos por sus pinturas", *Mitos e historias de los antiguos nahuas*, paleografía y traducciones de Rafael Tena. México, Conaculta, 2002, pp. 15-114.

Historia tolteca-chichimeca, pról. de Paul Kirchhoff, transcripción paleográfica, traducción y notas de Lina Odena y Luis Reyes. México, INAH/SEP, 1976.

HUERTA, Alejandro, "Estudio de la policromía de la 'Piedra de la Luna'" (Coyolxauhqui), *Boletín Churubusco*. México, INAH/SEP, 1977.

"Historia de México", en Teogonía e historia de los mexicanos, México, Porrúa, 1979, pp. 23-66, (Anonymous, XVI century).

"Hystoire du Mexique", *Mitos e historias de los antiguos nahuas*, paleografía y traducciones de Rafael Tena. México, Conaculta, 2002, pp. 115-168.

ICHON, Alain, *La religion des totonaques de la sierra*. París, Centre National de la Recherche Scientifique, 1969.

IXTLILXÓCHITL, Fernando de Alva, *Obras históricas*. México, IIH-UNAM, 1975, 2 vols.

JIMÉNEZ MORENO, Wigberto, "Fray Bernardino de Sahagún y su obra", prólogo de *Historia de las cosas de Nueva España*. México, Robredo, 1938, 5 vols.

JIMÉNEZ MORENO, Wigberto, María Teresa Fernández y José Miranda, *Historia de México*. México, Porrúa, 1963.

KEEN, Benjamín, *The Aztec Image in Western Thought*. New Brunswick, N. J., 1971.

KIRCHHOFF, Paul, [véase *Historia Tolteca-Chichimeca*, 1976].

KÖHLER, Ultich, "Los llamados señores de la noche, según las fuentes originales", *Códices y documentos sobre México. Tercer Simposio Internacional*, Constanza Vega Sosa (coord.). México, INAH, 2000. pp. 507-522 (Colección Científica, Serie Historia).

LANDA, Diego, *Relación de las cosas de Yucatán*, introducción de Ángel María Garibay. México, Porrúa, 1982.

————, "Relación de las cosas de Yucatán", *Papers of the Peabody Museum of American Archaeology and Ethnology*, vol. XVIII. Cambridge, Mass., Harvard University, 1941.

LASTRA, Yolanda, "*Códice de Huichapan*", *Códices del Estado de Hidalgo*, María Elena Sotelo Sánchez (ed.). Pachuca, México, Universidad Autónoma del Estado de Hidalgo, pp. 42-47.

LAURENCICH MINELLI, Laura, "El *Códice Cospi*", *México y el mundo en las colecciones de arte*. México, Editorial CUAL/Azabache (Mesoamérica, 2), 1992.

LEÓN Y GAMA, Antonio, *Descripción histórica y cronológica de las dos piedras que con ocasión del empedrado que se está formando en la plaza principal de México*. México, INAH, 1990.

LEÓN PORTILLA, Miguel, *Ritos, sacerdotes y atavíos de los dioses*. México, IIH-UNAM, 1958 (Fuentes Indígenas de la Cultura Náhuatl, I.)

————, *La filosofía náhuatl*. México, UNAM, IIH, 1966.

————, "Estudio Preliminar", *Idea de una nueva historia general de la América septentrional*. México, Porrúa, 1974 (Colección "Sepan Cuántos...", núm. 278).

————, "The Ethnohistorical Record for the Huey Teocalli of Tenochtitlan", *The Aztec Templo Mayor*, edited by E. H. Boone. Washington, D. C., Dumbarton Oaks, 1987, pp. 71-96.

————y Carmen Aguilera, *Mapa de México-Tenochtitlan y sus contornos ca. 1550*. México, Celanese Mexicana, 1986.

"Leyenda de los Soles", *Mitos e historias de los antiguos nahuas*, paleografía y traducciones de Rafael Tena. México, Conaculta, 2002, pp. 173-206.

Lienzos de Tepeticpac, facsimilares y estudio iconográfico e histórico de Carmen Aguilera. México, Gobierno del Estado de Tlaxcala, 1998.

LINÉE, Sigwald, *El mapa más antiguo del valle de México. Memoria del XXVII Congreso Internacional de Americanistas*, vol. I. México, INAH/SEP, 1939, pp. 492-500.

—————, *El valle y la ciudad de México en 1558. Relación histórica fundada sobre un mapa geográfico que se conserva en la Biblioteca de la Universidad de Upsala, Suecia*. Estocolmo, Museo Etnográfico de Suecia, 1948.

LOMBARDO DE RUIZ, Sonia *et al.*

—————, *Cacaxtla. Lugar donde muere la lluvia en la tierra*. Tlaxcala, México, Instituto Tlaxcalteca de Cultura, 1986.

MAC GREGOR, Raul, "La representation des insectes dans l'ancient Mexicue", *L'entomoligiste*. París, Francia, núms. 1-2, vol. XXV, 1969, pp. 2-8.

Manuscrito Mexicano número 40, traducción y estudio de W. Lehman, G. Krutscher y G. Vollmer. Berlín, Gerb. Mann Verlang, 1981.

Manuscrito Mexicano número 217, traducción y estudio de W. Lehman, G. Krutscher y G. Vollmer. Berlín, Gerb. Mann Verlang, 1981.

MARTÍN DEL CAMPO, Rafael, "Ensayo de interpretación del libro undécimo de la *Historia General de las Cosas de la Nueva España*, de fray Bernardino de Sahagún", *Anales del Instituto de Biología*, vol. XII, núm. 1. México, UNAM, 1941, pp. 385-408.

MARTÍNEZ BARACS, Rodrigo, "Las apariciones de Cihuacóatl", *Historia*. México, CEH/INAH, 1990, pp. 55-65.

MARTÍNEZ MARÍN, C., "La cultura de los mexicas durante la migración. Nuevas ideas", *Actas y Memorias del XXXV Congreso Internacional de Americanistas*, vol. 2. México, 1974, pp. 113-124.

MARTÍNEZ, Maximino, *Catálogo de nombres vulgares y científicos de plantas mexicanas*. México, FCE, 1979.

MATOS, Eduardo, "Tlaltecuhtli. Señor de la tierra", *Estudios de Cultura Náhuatl*, núm. 27. México, IIH-UNAM, 1997, pp. 15-40.

Memorial de Solola y Anales de los Cakchiqueles. Título de los señores de Totonicapán, Adrián Recinos (ed.). México/Buenos Aires, FCE, 1958, pp. 15-202.

MENDIETA, Jerónimo de, *Historia Eclesiástica Indiana*. México, Editorial Salvador Chávez Hayhoe, 1945, 4 tomos.

MERINO CARRIÓN, Leonor, *El Complejo Tlaxco*. México, INAH, Serie Arqueología, 1989.

MILLER, Arthur, *Mural Painting of Teotihuacan*. Washington, Dumbarton Oaks Research Library and Collections, 1973.

MILLER, Mary y Karl Taube, *The Gods and Symbols of Ancient Mexico and the Maya*. Londres, Thames and Hudson, 1993.

MILLON, Clara *et al., Feathered Serpents and Flowering Tress*. San Francisco, Fine Arts Museum of San Francisco, 1988.

MIRANDA, José, *El tributo indígena en la Nueva España durante el siglo XVI*, México, El Colegio de México, 1952.

MOLINA, Alonso de, *Vocabulario de la lengua castellana y mexicana y mexicana y castellana*, estudio preliminar de Miguel León Portilla. México, Porrúa, 1970.

MUNBY, A. N. L., *The Formation of the Phillipps Library from 1841 to 1872*. Cambridge, Cambridge University Press, 1956.

MUÑOZ CAMARGO, Diego, *Historia de Tlaxcala*, Edmundo Aviña Levy (ed.). México, Oficina Tipográfica de la Secretaría de Fomento, 1966.

————, *Relaciones geográficas del siglo XVI: Tlaxcala*, René Acuña (ed.). México, UNAM, 1974.

NAVARIJO, Lourdes, "La presencia de las aves en la pintura mural teotihuacana", *La pintura mural prehispánica en México*, vol. I. México, IIE-UNAM, 1997, pp. 325-341.

NICHOLSON, H. B., "The Iconography of Aztec Period Representations of the Earth Monster", *Religión en Mesoamérica, XII*. México, SMA, 1972.

————, "Religion in Pre-hispanic Central Mexico", *Handbook of Middle American Indians, Archaelogy of Northern Mesoamerica*. Edit by Robert Wauchope, Gordon F. Ekholm and Iganacio Bernal. Austin, University of Texas Press, 1975, pp. 395-446.

NOGUEZ, Xavier, *Documentos guadalupanos. Un estudio sobre las fuentes de información tempranas en torno a las mariofanías en el Tepeyac*. México, FCE, 1993.

NUTTALL, Zelia, "Sur le quetzal-apanecayotl. Ou coiffure mexicaine en plumes. Conservée à Vienne", *VIII Congrès International des Americanistes*. París, Emest Leroux, 1892, pp. 453-446.

———— "Mexican Standard of Headdress", *Papers of the Peabody Museum of American Archaeology and Ethnology*, vol. 1. Cambridge, Mass., Harvard University, 1904, pp. 3-52.

OROZCO Y BERRA, Manuel, *Historia antigua y de la conquista de México*. México, Porrúa, 1960, 3 vols.

PADDOCK, John, "Oaxaca in Ancient Mesoamerica", *Ancient Oaxaca*. Standford, California, Standford University Press, 1966. pp. 86-242.

PALERM, Ángel, "Etnografía antigua totonaca en México", *Huastecos, totonacos y sus vecinos*, México, Sociedad Mexicana de Antropología, 1952, pp. 163-173.

PASO Y TRONCOSO, Francisco [véase *Códice Matritense*. Madrid, Hauser y Menet, 1906, vol. VII].

PHELAN, J. L., *El reino milenario de los franciscanos en el Nuevo Mundo*. México, IIH-UNAM, Historia Novohispana, núm. 22, 1972.

PEÑAFIEL, Antonio, *La ciudad virreinal de Tlaxcala*. México, Editorial Cosmos, 1978.

POMAR, Juan Bautista de, "Relaciones de Tezcoco", en Pomar y Zurita, *Relaciones de Tezcoco y de la Nueva España*, México, Salvador Chávez Hayhoe, 1941, pp. 3-205.

POGUE, J. E., "Turquoise, Geology, Ethnology, Archaeology, Mythology, Folklore and Technology", *Memoirs of the National Academy of Sciences*, vol. 12, núm. 2. Glorieta, New Mexico, Rio Grande Press, 1974.

Popol Vuh: The Definitive Edition of the Mayan Book of the Dawn of Life and the Glories of Gods and Kings, translated and edited by Dennis Tedlock. Nueva York, Simon and Shuster, 1985.

POWELL, Philip W., *La guerra chichimeca (1550–1600)*. México, FCE, 1975.

PRIETO, Alejandro, *Historia, geografía y estadística del Estado de Tamaulipas*. México, Tipografía Escalerillas, 1873.

Primeros Memoriales de fray Bernardino de Sahagún, traducción y anotaciones de W. Jiménez Moreno. México, INANH/SEP, 1974.

Primeros Memoriales de fray Bernardino de Sahagún. Norman, Oklahoma, University Press, 1993.

Primeros Memoriales, translated by Thelma Sullivan, revised by H. B. Nicholson, Arthur J. O. Anderson, Charles E. Dibble, Eloise Quiñones, and Wayne Rwet. Norman, University of Oklahoma

Press, The Civilization of the American Indian, Series 200, part 2, 1997.

"Relación de Querétaro", *Colección de documentos para la historia de San Luis Potosí*. México, Imprenta del Editor, 1897, t. I, pp. 1-49.

REYES GARCÍA, Luis, *La escritura pictográfica en Tlaxcala*. México, Universidad Autónoma de Tlaxcala/CIESAS, 1993.

ROBERTSON, D., *Mexican Manuscript Painting of the Early Colonial Period*. New Haven, The Metropolitan Schools, Yale University Press, History of Art, 12, 1959.

RUIZ DE ALARCÓN, Hernando, *Tratado de las idolatrías, supersticiones, hechicerías de los mexicanos y otras costumbres gentílicas de las razas aborígenes de México*. México, Ediciones Fuente Cultural, 1953.

RUZ L'HUILLIER, Alberto, "Estudio de la cripta del Templo de las Inscripciones en Palenque", *Tlatoani*, vol. I, núms. 5 y 6. México, INAH, 1955, pp. 2-28.

SANTAMARÍA, Francisco Javier, *Diccionario de Mexicanismos*. México, Editorial Porrúa, 1959.

SANTAMARÍA NOVILLO, Carlos, "La muerte de Chimalpopoca. Evidencias a favor de la tesis golpista", *Estudios de Cultura Náhuatl*, núm. 28. México, IIH-UNAM, 1998, pp. 277-316.

SCHELE, Linda y David Freidel, *A Forest of Kings*. Nueva York, William Morrow and Co., 1990.

————y Mary Ellen Miller, *The Blood of Kings: Dynasty and Ritual in Maya Art*, Nueva York, George Brazillerand and Kimbell Art Museum, Fort Worth, 1986.

SCHOENHALS, Louise C., *A Spanish-English Glossary of Mexican Flora and Fauna*, México. Summer Institute of Lingüistics, 1988.

SEJOURNÉ, Laurette, *Un palacio en la Ciudad de los Dioses. Exploraciones en Teotihuacan, 1955-1958*. México, INAH, 1959.

SELER, Eduard, "Uitzilopochtli, dieu de la guerre des aztèques", *Congrès International des Americanistes*. París, Emest Leroux, 1892, pp. 387-406.

————, The Tonalámatl of the Aubin Collection. An Old Mexican Picture Manuscript in the Paris National Library (Manuscrits Mexicains No. 18-19). Comentario de Eduard Seler. Berlín-Londres, published at the Expense of his Excellency the Duke of Loubat, 1900-1901.

————, "Der altemexikanische Federschmuck des Wiener Hoffmu-seums", *Gesammelte Abhandlungen zur Amerikanischen Sprach und Altertumskund*, vol. II. Graz, Austria, Akademische Druck,Verlag-sanstalt, 1960, pp. 397-419.

————, "Comentarios al *Códice Borgia*", tomos I y II. México, Fondo de Cultura Económica, 1980.

————, "A Chapter in the Aztec Language from the Unprinted History of Bernardino de Sahagún", *Collected Works in Mesoameri-can Linguistics and Archaeology*, edited by Frank Comparato, vol. II. Culver City, Labyrinthos, 1991a, pp. 220-269.

————, "The Religious Songs of the Ancient Mexicans", *Collected Works in Mesoamerican Linguistics and Archaeology*, edited by Frank Comparato, vol. III. Lancaster, California, Labyrinthos, 1992, pp. 229-301.

————, "The Ruins of Mitla", *Collected Works in Mesoamerica. Lingüis-tics and Archaeology*, edited by Frank Comparato Lancaster, vol. IV. California, Labyrinthos, 1993, pp. 248-265.

————, "The Animals Pictures in the Mexican and Maya Manus-cripts", *Collected Works in Mesoamerica. Lingüistics and Archaeology*, edited by Frank Comparato, vol. 5. Lancaster, California, Laby-rinthos, 1996, pp. 167-340.

SEWALL, J. I., *A History of Western Art*. Nueva York, Holt, Rinehart and Winston, 1961.

SIMEON, Remi, *Diccionario de la Lengua Náhuatl o Mexicana*. México, Siglo XXI, 1977.

TAPIA, Andrés de, "Relación hecha por... sobre la conquista de Mé-xico", *Colección de documentos para la historia de México*. México, edición de Joaquín García Icazbalceta, 1866.

TENA, Rafael (traducción), *Mitos e historias de los antiguos nahuas*. México, Conaculta, 2002.

"The Tovar Calendar", *Memoirs of the Connecticut Academy of Arts and Sciences*, vol. X, comentario de George Kubler y Charles Gibson. New Haven, Connecticut, 1951.

THOMPSON J., Eric S., *Historia y religión de los mayas*, traducción de Fé-lix Blanco. México, Siglo XXI, colección América Nuestra, 1970.

TICHY, Franz, "Ordnung und Zuordnung von Raum und Zeit im Weltbild Illtamerikas. Mythos oder Witklichkeit?", *Ibero-Amerika-nisches Archiv*, N.F., 2. Berlín, 1976, pp. 113-154.

————, "El calendario solar como principio de organización del espacio para poblaciones y lugares sagrados", *Comunicaciones*, núm. 15, Proyecto Puebla-Tlaxcala. Puebla, 1978, pp. 153-163.

————, "Der Festkalender Sahagún's. Ein echter Sonnenkalender?", *Lateinamerika-Studien 6.* München, 1980, pp. 115-137.

————, "Order and Relationship of Space and Time in Mesoamerica: Myth or Reality?", *Dumbartcn Oaks Conference on Mesoamerican Sites and World, Sites and World-Views.* Washington, D. C., Trustees for Harvard University, 1981, pp. 217-244.

TORO, Alfonso, "Importancia etnográfica y lingüística de las obras del padre Fray Bernardino de Sahagún", *Anales del XX Congreso Internacional de Americanistas*, vol. 11, 2a. parte. Río de Janeiro, Imprenta Nacional, 1928.

TORQUEMADA, Juan, *Monarquía Indiana. Los veintiún libros rituales*, vol. I y vol. III. México, IIH-UNAM, 1975, 7 vols.

TOZZER, Alfred M. y M. Allen Glover, "Animal Figures in the Maya Codices", *Papers of the Peabody Museum of American Archaeology and Ethnology*, vol. IV, núm. 3. Cambridge, Mass., Harvard University, 1910, pp. 274-372.

TOZZER, Alfred M. (ed.), *Landa's Relación de las cosas de Yucatán*, reprint edition. Millwood, N. Y., Kraus Reprint Co., 1975.

"Tratado de los dioses y ritos de la gentilidad", *Teogonía e historia de los mexicanos. Tres opúsculos del siglo XVI.* México, Porrúa, (Colección "Sepan Cuántos...", núm. 37), 1979, pp. 121-152.

UMBERGER, Emily, *Aztec Sculptures, Hieroglyphs, and History*, unpublished Ph. D. dissertation. Nueva York, Columbia University, Department of Art History and Archaeology, 1981.

————, *Antiques. Revivals, and References to the Past in Aztec Art*, Res 13. 1987a, pp. 62-105.

————, "Events Commemorated by Date Plaques at the Templo Mayor: Further Thoughts on the Solar Metaphor", *The Aztec Templo Mayor*, edited by E. H. Boone. Washington. D. C., Dumbarton Oaks,1987b, pp. 411-450.

VAILLANT, George Clapp, "Tiger Masks and Platyrrhyne and Bearded Figures From Middle America", *Actas del XXVII Congreso Internacional de Americanistas.* México, 1939, 2 vols.

VETANCURT A., *Chronica de la Provincia del Santo Evangelio de México,*

Parte IV al Teatro Mexicano: de los sucessos religiosos. México, edición de María Benavides, viuda de Juan Ribera, 1697.

WECKMANN, L., *Panorama de la cultura medieval.* México, FFyL-UNAM, Manuales universitarios, 1962.

WRIGHT, David, "Signos toponímicos en el *Códice de Huichapan*", *Estudios de Cultura Otopame,* núm. 2. México, 2000, pp. 45-72.

WUTHENAU, Alex, *Altamerikanische Tonplastik. Das Mens-Chenbild der Neuen Welt Die aussereuropaischen Kulturen, Kunst der Welt.* Baden-Baden, Holle Verlag, 1969.

ZAPATA Y MENDOZA, J. B., *1662-1691. Historia cronológica de la noble ciudad de Tlaxcala,* L. Reyes García y A. Martínez Baracs (eds.). Tlaxcala, México, UAT, 1995.

ZÚÑIGA, Julio, "Personaje pintado sobre piso junto a un desagüe", *La pintura mural prehispánica en México. I. Teotihuacan,* Beatriz de la Fuente (coord.). México, IIE-UNAM, 1995, t. I, catálogo.

ZURITA, Alonso de, "Breve relación de los señores de la Nueva España. Varias relaciones antiguas (siglo XVI)", *Nueva colección de documentos para la historia de México.* México, Salvador Chávez Hayhoe, 1941, pp. 68-289.

OTRAS OBRAS DE CARMEN AGUILERA

Códices de México. Una selección, México, INAH/SEP, 1979.

Lienzos y códices de Tepetícpac, ed. facsimilar y estudio introductorio, México, Instituto Tlaxcalteca de Cultura, 1986.

Mapa de México-Tenochtitlan y sus contornos, ca. 1550, en coautoría con Miguel León-Portilla, México, Celanese Mexicana S.A. de C.V., 1986.

México, genio que perdura, en coautoría con Porfirio Martínez Peñaloza, fotografías de Antonio Vizcaíno, México, Nacional Financiera, 1988.

Tlaxcala, una historia compartida. Los orígenes, antropología e historia, México, Gobierno del Estado de Tlaxcala/Conaculta, 1991.

Tlaxcala, textos de su historia. Los orígenes, antropología e historia, en coautoría con Angélica Ríos, México, Gobierno del Estado de Tlaxcala/Conaculta, México, 1991.

Lienzo 1 de Tepetícpac, México Gobierno del Estado de Tlaxcala, 1998.

Coyolxauhqui the Mexica Milky Way, California, Editorial Labyrinthos, 2001.

Ensayos sobre iconografía, volumen II
se terminó de imprimir en mayo
de 2010 en los talleres gráficos del
Instituto Nacional de Antropología e Historia.
Producción: Dirección de Publicaciones
de la Coordinación Nacional de Difusión.